Marcus Bär, Melanie Arriagada & Alexander Gropper (edd.)

Diálogos en el aula
Digitales Lehren und Lernen als Schnittstelle für die Kompetenzförderung im Spanischunterricht

Marcus Bär, Melanie Arriagada &
Alexander Gropper (edd.)

DIÁLOGOS EN EL AULA
Digitales Lehren und Lernen als Schnittstelle für die
Kompetenzförderung im Spanischunterricht

Bibliografische Information der Deutschen Nationalbibliothek
Die Deutsche Nationalbibliothek verzeichnet diese Publikation in der Deutschen Nationalbibliografie; detaillierte bibliografische Daten sind im Internet über http://dnb.d-nb.de abrufbar.

Bibliographic information published by the Deutsche Nationalbibliothek
Die Deutsche Nationalbibliothek lists this publication in the Deutsche Nationalbibliografie; detailed bibliographic data are available in the Internet at http://dnb.d-nb.de.

ISSN 1862-2909
ISBN-13: 978-3-8382-1900-4
© *ibidem*-Verlag, Stuttgart 2023
Alle Rechte vorbehalten

Das Werk einschließlich aller seiner Teile ist urheberrechtlich geschützt. Jede Verwertung außerhalb der engen Grenzen des Urheberrechtsgesetzes ist ohne Zustimmung des Verlages unzulässig und strafbar. Dies gilt insbesondere für Vervielfältigungen, Übersetzungen, Mikroverfilmungen und elektronische Speicherformen sowie die Einspeicherung und Verarbeitung in elektronischen Systemen.

All rights reserved. No part of this publication may be reproduced, stored in or introduced into a retrieval system, or transmitted, in any form, or by any means (electronic, mechanical, photocopying, recording or otherwise) without the prior written permission of the publisher. Any person who does any unauthorized act in relation to this publication may be liable to criminal prosecution and civil claims for damages.

Printed in the EU

Inhaltsverzeichnis

MARCUS BÄR, MELANIE ARRIAGADA & ALEXANDER GROPPER
Vorwort / Prólogo 7

Diálogos pragmáticos

MELANIE ARRIAGADA
Sprachmitteln ohne das Gesicht zu verlieren – Sprachmittlung und die Förderung der pragmatischen Kompetenz mit der Unterstützung audiovisueller Medien 15

ANA MARÍA CALLEJAS TORO
El fenómeno de los YouTubers: Cambios del diálogo oral y alternativas didácticas en la clase de ELE 43

KATJA FREDRICHS & ANJA SCHRECK
Inwiefern können mit Gesprächsleitfäden authentische(re) Dialoge im Fremdsprachenunterricht simuliert werden? 63

TANJA HAGENHOFF & SYBILLE LEIENBACH
¿Tú o usted? ¿Pasantía o prácticas? – Wie der konstruktive Umgang mit digitalen Übersetzungstools interkulturelle Perspektiven eröffnet .. 79

Diálogos audiovisuales

VICTORIA DEL VALLE LUQUE
Cuando los "muros" hablan: Diálogos poéticos en las redes sociales – Descubrir dimensiones poéticas en el espacio digital para incorporarlas en el aula de lengua extranjera 103

BENJAMIN INAL
Latinoamérica der puertoricanischen Band Calle 13 – un diálogo entre culturas 119

LISI BARROS-SEHRINGER
"Mi obra maestra": Escenas de película para el aula inclusiva 133

Diálogos digitales

BARBARA THOMAS
„Also, wir haben gelacht – so als Freunde." Sprechen als sozialer Akt
– Die Förderung der Sprechkompetenz in einem digitalen Begegnungsprojekt 159

SVENJA HABERLAND
Die zielgerichtete Verknüpfung ausgewählter mehrsprachigkeitsdidaktischer Ansätze mit digitalen Medien im Spanischunterricht 183

JENNIFER WENGLER
Digital Storytelling: Potenziale für den Spanischunterricht 209

BEATRIZ MORIANO MORIANO
"El gran apagón": un *podcast* de ficción distópica en el aula de ELE ... 235

HENNING PEPPEL
Grammatikarbeit im Rahmen der *aula invertida* 249

Vorwort / Prólogo

Die Idee zum vorliegenden Sammelband entstand bereits kurz nach den *XXV Jornadas Hispánicas*, die Anfang März 2020 als für lange Zeit letzter großer Kongress mit nahezu 400 Teilnehmer*innen in Präsenz an der Bergischen Universität Wuppertal stattgefunden hat. Niemand konnte zum damaligen Zeitpunkt erahnen oder voraussehen, mit welchen Irrungen und Wirrungen die Menschheit im Allgemeinen in den darauf folgenden Monaten und Jahren zu kämpfen haben würde und – bezogen auf unseren fachlichen Schwerpunkt – welche einschneidenden Veränderungen und Herausforderungen auf Lehrkräfte sowie Lernende hinsichtlich des Lehrens und Lernens von Sprachen in einem institutionellen Kontext zukommen würden. Sowohl im beruflichen als auch im privaten Alltag mussten Prioritäten verschoben und althergebrachte Grundsätze neu justiert bzw. an die Realität der pandemischen Lage angepasst werden. Hierunter litt leider auch die Erarbeitung sowie die Bearbeitung der für diesen Sammelband vorgesehenen Beiträge, sodass es zu teilweise erheblichen Verzögerungen kam und der Veröffentlichungszeitpunkt mehrfach verschoben werden musste.

Sin embargo, el equipo de editores se ha mantenido fiel a la idea original durante todo este tiempo, queriendo contribuir mediante el presente volumen con el desarrollo de la didáctica y la enseñanza del español tanto desde la teoría como, primordialmente, desde la práctica. Siguiendo el lema del congreso, los artículos aquí seleccionados se extienden como una renovada invitación a seguir entablando "diálogos en el aula". Con el fin de lograr este cometido, las contribuciones en esta antología no solo capitalizan en temáticas de actualidad para el aula de español como lengua extranjera, sino que ponen a disposición de las lectoras y los lectores novedosos materiales didácticos para facilitar su transferencia al aula. Las y los invitamos a explorar y a poner en práctica las hojas de trabajo y los apéndices listados en la tabla "Material didáctico para descargar" que se incluyen al final de cada contribución. Estas propuestas pueden ser descargadas usando el código QR o visitando la página web señalada en la tabla de resumen.

En el centro del interés de esta publicación se encuentra la enseñanza y el aprendizaje digital como interfaz para el desarrollo de competencias en la clase de español. Bajo esta rúbrica, los medios digitales cumplen con una función de apoyo para la consecución tanto del objetivo general del fomento de la competencia comunicativa de las y los aprendientes, como del objetivo transversal del desarrollo de la competencia digital del profesorado y del alumnado.

La presente antología comprende un total de doce contribuciones, las que hemos dividido en tres bloques temáticos. Estas abordan, a nuestro parecer, tareas fundamentales de la enseñanza y del aprendizaje de español. La primera sección dirige su atención a los "diálogos pragmáticos", enfocando la discusión en la concienciación lingüística del alumnado con la finalidad de facilitar una interacción culturalmente sensible y adecuada según las expectativas de las receptoras y los receptores en el contexto hispanohablante. En la sección "diálogos audiovisuales" se examinan diversas formas textuales auditivas y/o visuales en relación con su potencial para la enseñanza intercultural e inclusiva. Por último, el bloque temático "diálogos digitales" incluye contribuciones que presentan diferentes enfoques relativos al uso de medios digitales seleccionados para promover distintas competencias.

Im Einzelnen behandeln die Beiträge die folgenden Fragestellungen:

Melanie Arriagada plädiert in ihrem Beitrag für eine stärkere Berücksichtigung der pragmatischen Kompetenz im Kontext der Förderung von Sprachmittlungskompetenz, zumal eine Nicht-Beachtung oder Verletzung sozialer Konventionen bspw. zu *critical incidents* oder auch zu Verfälschungen der Aussagen führen kann und somit die Verständigung maßgeblich beeinflusst. Ihr Beitrag zielt darauf ab, die Förderung der pragmatischen Angemessenheit am Beispiel audiovisueller Texte zu untersuchen, wofür sie auf eine Sequenz aus der bekannten Netflix-Serie *La casa de papel* zurückgreift. Die Autorin konzipiert u.a. eine Lernaufgabe mit verschiedenen Arbeitsblättern, die verdeutlichen, welchen Beitrag die audiovisuelle Analyse von Höflichkeitsstrategien im Sprachenpaar Spanisch-Deutsch zur Förderung der Sprachmittlungskompetenz leisten kann.

Ana María Callejas Toro nos aproxima no solo a la relevancia sociocultural del fenómeno de los YouTubers como "microcelebridades" representativas de los intereses de las y los aprendientes, sino que pone en relieve el valor didáctico de sus "vlogs" como una muestra auténtica del estado sociolingüístico del español hablado. Precisamente los cambios en el diálogo oral, con especial énfasis en los conectores familiares y la prosodia, se perfilan como elementos particularmente sobresalientes en el comportamiento lingüístico de los YouTubers. Capitalizando en la forma verbal y no verbal en la que los YouTubers comunican su contenido, la autora propone primeramente actividades de comprensión y producción junto a retos o *tags*. Finalmente, la autora presenta una planificación con un vídeo del YouTuber LuisitoComunica. Tanto la propuesta para la clase como sus respectivas hojas de trabajo se extienden como una invitación a descubrir de forma práctica el potencial didáctico de los YouTubers para la clase de ELE.

Im Mittelpunkt des Beitrags von **Katja Fredrichs** und **Anja Schreck** stehen Authentizität und die Förderung der Sprechkompetenz im Spanischunterricht durch den Einsatz eines Gesprächsleitfadens. Vor dem Hintergrund der Herausforderung, diese Kompetenz aus psycholinguistischer Sicht zu fördern und Materialien zu entwickeln, die die Lernenden gezielt bei der Systematisierung solcher Prozesse unterstützen, schlagen die Autorinnen die Entwicklung und den Einsatz von Gesprächsleitfäden zur Förderung der Sprechkompetenz in zielsprachlichen Kommunikationssituationen vor. Die Autorinnen schreiben dem Gesprächsleitfaden das besondere Potenzial zu, den Lernenden den Weg zur spontanen Kommunikation zu ebnen, indem sie in authentischen Rollen üben und mit unerwarteten Situationen konfrontiert werden. Diese Eigenschaften spiegeln sich auch in den praktischen Vorschlägen der Autorinnen wider, die im Anhang zu finden sind und sich unter anderem mit einer Hotelreservierung oder dem Fundbüro eines Flughafens befassen.

Vor dem Hintergrund der rasanten Entwicklung der Übersetzungstechnologien schlagen **Tanja Hagenhoff** und **Sybille Leienbach** vor, den Einsatz von Online-Übersetzern in den Spanischunterricht zu integrieren, um das interkulturelle Bewusstsein der Schüler*innen zu fördern. Mit konkreten Aktivitäten für den Spanischunterricht laden die Autorinnen zu einem reflektierten, kontrastiven und kommunikativen Umgang mit Online-Übersetzern ein. Die vorgestellten Unterrichtsvorschläge beziehen sich auf den Einsatz von maschinellen Übersetzungen in Bezug auf den Sprachgebrauch, wie z.B. Wortschatzarbeit und Morphosyntax, sowie auf kommunikative Aktivitäten, die den Fokus auf die Adressat*innen und das soziokulturelle Wissen legen, welches für eine kommunikative Situation im Rahmen eines Hotelpraktikums relevant ist.

La autora **Victoria del Valle Luque** nos adentra en las redes sociales como espacio digital que alberga una riqueza infinita de comunicación literaria, artística y poética para el profesorado y el alumnado. Se centra en dos fenómenos de la poesía popular: la poesía urbana y la poesía social. Invita a los y las profesores y profesoras a prestar más atención a los fenómenos poéticos que pueden encontrarse en las redes sociales para integrarlos en las clases de español. Una propuesta didáctica que está a disposición en el anexo ejemplifica el trabajo con los diálogos poéticos.

Der Beitrag von **Benjamin Inal** untersucht das Lied *Latinoamérica* der puertoricanischen Band *Calle 13* und sein inter- und transkulturelles Potenzial für den Spanischunterricht. Das Lied thematisiert verschiedene Aspekte der lateinamerikanischen Kulturen und inszeniert eine supranationale Identität. Es fördert dadurch das Bewusstsein für Vielfalt, Solidarität und kritische Haltungen. Der Artikel stellt didaktische Hinweise vor, wie das Lied genutzt werden kann, um Wissen über Kulturen zu vermitteln und Bewusstseinsbildung bei den Lernenden zu fördern. Der Autor betont die Bedeutung eines ganzheitlichen Ansatzes, der sowohl den interkulturellen als auch den transkulturellen Blick berücksichtigt, um den spezifischen Bildungspotenzialen des Fremdsprachenunterrichts gerecht zu werden.

Lisi Barros-Sehringer nos invita a apreciar la película "mi obra maestra" a través de la lente del aula inclusiva. Centrándose en las necesidades educativas propias del o de la aprendiente en el espectro del Síndrome de Asperger, la autora discute a través de aplicaciones prácticas y un breve comentario didáctico cómo escenas seleccionadas de la película pueden emplearse de forma inclusiva en el marco del aprendizaje de español como lengua extranjera. El visionado de "Mi obra maestra" y el planteamiento de estrategias para un aula sensible a la o al aprendiente en el espectro de Síndrome de Asperger confluyen en materiales didácticos dirigidos a orientar la decodificación pragmática de saludos, despedidas, uso del lenguaje corporal y expresiones faciales, además del trabajo con la lengua enfocado en el empleo de ser y estar con adjetivos.

Der Artikel von **Barbara Thomas** behandelt die Förderung der Sprechkompetenz im Fremdsprachenunterricht und beleuchtet hierbei insbesondere die sozialen Faktoren. Um die Kommunikationsfähigkeit zu fördern, werden Schüler*innen-

Vorwort / Prólogo 11

austausche und digitale Begegnungen als Möglichkeiten genannt. Um die Komplexität des Sprechens und die Bedeutung sozialer Faktoren zu verdeutlichen, baut die Autorin ihre Ausführungen in das Sprachproduktionsmodell nach Levelt und das Kommunikationsmodell von Schulz von Thun ein. Dieser theoretische Rahmen findet in einem digitalen Begegnungsprojekt seine praktische Umsetzung. Es ermöglichte Schüler*innen den Kontakt mit Erstsprachler*innen, um die Fremdsprache in authentischen Kommunikationssituationen anzuwenden und das freie Sprechen zu fördern. Die Lernenden entwickelten freundschaftliche Beziehungen zu ihren Tandempartner*innen und überwanden ihre Sprechhemmungen. Dies unterstreicht die Bedeutung der sozialen Dimension des Sprechens im Fremdsprachenunterricht.

Der Beitrag von **Svenja Haberland** geht von der Annahme aus, dass digitale Medien diverse Möglichkeiten eröffnen, um eine an Mehrsprachigkeit orientierte Gestaltung des Spanischunterrichts zu bieten. Die Autorin sieht hierbei sowohl Mehrsprachigkeit als auch digitale Medien als Ankerpunkte hinsichtlich der Förderung von *multiliteracies*. Im Beitrag wird konkret aufgezeigt, wie eine Verbindung ausgewählter mehrsprachigkeitsdidaktischer Ansätze und digitaler Medien erfolgen kann. Neben den didaktisch-methodischen Erläuterungen finden unsere Leser*innen drei Unterrichtsvorschläge im Downloadbereich.

Jennifer Wengler beschäftigt sich mit dem didaktischen Potenzial des digitalen *Storytellings* im Spanischunterricht und betont dessen Bedeutung als motivierendes und handlungsorientiertes Lernwerkzeug. Sie beschreibt die Ursprünge des digitalen *Storytellings* und diskutiert dessen Vorzüge für den Fremdsprachenunterricht, wie die Förderung von Schreib- und Sprechkompetenzen sowie die Entwicklung von Medienkompetenz und kritischem Denken. Zudem wird betont, dass digitale Geschichten den Lernenden ermöglichen, ihnen im Sinne der Individualisierung und Differenzierung eine Stimme zu geben. Im zweiten Teil ihres Artikels werden empfehlenswerte Apps für die Erstellung klassischer und moderner *Digital Stories* vorgestellt, die eine einfache Umsetzung und Bearbeitung ermöglichen.

En el artículo de **Beatriz Moriano Moriano** se presenta la propuesta de integrar el podcast de ficción distópica "El gran apagón" en el aula de ELE. Se describen las características del podcast y la metodología utilizada en su aplicación con dos grupos de estudiantes. Además, se ofrece una guía didáctica para explorar el podcast en el aula. Los resultados de la propuesta muestran que los estudiantes evaluaron la experiencia como innovadora y motivadora, estimulando el pensamiento crítico y la reflexión sobre temas contemporáneos. Sin embargo, también surgieron aspectos negativos, como momentos violentos en la narración que afectaron la experiencia de algunos estudiantes. En general, la propuesta demostró ser efectiva para desarrollar la competencia comunicativa y fomentar la cohesión del grupo.

Ausgehend von der Problematik einer oftmals fehlenden nachhaltigen Verankerung grammatischer Phänomene bei den Lernenden plädiert **Henning Peppel** in seinem Beitrag für einen reflektierten Umgang mit Grammatik im Unterricht, um dem Gesamtbild von Sprache als lexiko-grammatischem Konstrukt gerecht zu werden. Der Beitrag geht hierbei der Frage nach, welche Wege eine sowohl mehrkanalige als auch nachhaltige Grammatikarbeit gehen kann und welchen Raum dabei digitale Medien einnehmen können, um ausgewählte Phänomene zu erschließen und zu konsolidieren.

Como notará a lo largo de la lectura, tanto las contribuciones en alemán como en español acogen el lenguaje inclusivo. Mientras que en alemán nos hemos decantado por el uso del asterisco, hemos dejado a discreción de cada una de las autoras la elección del marcador de su preferencia en español, reflejando y respetando así la pluralidad de discursos presentes en el mundo hispanohablante.

Abschließend möchten wir uns zum einen bei den Autor*innen der einzelnen Beiträge für die Zusammenarbeit und ihre Geduld bedanken und zum anderen bei Isabel Tomás van Ewijk, die uns bei der Formatierung bzw. Layouterung der Aufsätze unterstützt hat.

Agradecemos en especial también a la Asociación Alemana del Profesorado de Español (DSV), que ha hecho posible la edición de esta publicación mediante una subvención para su impresión.

Wuppertal, im Juli 2023
Marcus Bär
Melanie Arriagada
Alexander Gropper

Diálogos pragmáticos

Melanie Arriagada

Sprachmitteln ohne das Gesicht zu verlieren – Sprachmittlung und die Förderung der pragmatischen Kompetenz mit der Unterstützung audiovisueller Medien

1 Einführung

Das besondere Potenzial der Sprachmittlungskompetenz, die interkulturelle Kompetenz fördern zu können, hat bereits häufig Beachtung in der fachdidaktischen Diskussion gefunden. So wird in Anbetracht der Komplexität der Sprachmittlung aus der Sicht der Sprachmittelnden im aktuellen fachdidaktischen Diskurs zurecht auf die kulturell bedingten und für die Kommunikation relevanten Inhalte und den hierfür spezifischen Wortschatz hingewiesen, welche zu antizipieren, zu identifizieren und mit Hilfe von Expansionsstrategien[1] zu erklären sind (vgl. Caspari & Schinschke 2010; Grünewald 2013; Hallet 2008; Rössler 2009). Die Bewusstmachung bezüglich interkultureller Unterschiede auf sprachlicher Ebene im kulturell geladenen Wortschatz bietet zwar einen willkommenen Zugang für eine Reflexion, welche den Zusammenhang zwischen Sprache und Kultur veranschaulicht. Bedenkt man aber, dass die zugeschriebene Aufgabe der Sprachmittelnden darin liegt, eine **Verständigung zwischen zwei Sprecher*innen zu ermöglichen**, gewinnt ihre Rolle eine noch tiefgreifendere Komplexität. So haben Sprache und Kultur, dem Modell des Eisbergs der Kulturen folgend (vgl. Roche 2005, 364), eine sichtbare und eine unsichtbare Seite. Während „[o]berhalb der Wasserlinie" u. a. Aspekte wie Musik, Kunst, Essen, und die sprachliche Oberfläche (Wortschatz, Grammatik, Aussprache) zu finden sind, liegen hingegen sowohl die grammatischen Funktionen, wie z. B. Höflichkeit, als auch die kommunikativen Verfahren und Konzepte „[u]nterhalb der Wasserlinie" (ebd.). Obwohl letztere einen tragenden Einfluss auf die (De-)Kodierung von sprachlichen Oberflächen-

---

[1] Unter Expansionsstrategien sind diejenigen zu verstehen, die im Kontext einer Sprachmittlung von dem*der Sprachmittler*in angewendet werden, um dem*der Adressat*in interkulturell geladene Konzepte und/oder missverständliche Informationen genauer zu erläutern. Diese bilden somit die Gegenseite von Reduktionsstrategien (vgl. Rössler 2009).

strukturen aufweisen und emotional wichtige Bestandteile innerhalb der interkulturellen Kommunikation entsprechen, stellen sie sich zugleich als nicht unmittelbar erkennbar heraus (vgl. ebd.). Unabhängig davon, ob es sich um mangelnde Bekanntheit oder mangelndes Bewusstsein handelt, kann die Nichtbeachtung oder Verletzung sozialer Konventionen durch den*die ungeschulte*n Sprecher*in nicht nur zu *critical incidents*, sondern auch zur Verfälschung der Aussage führen (vgl. Erll & Gymnich 2018, 103 ff.).

Die Metapher des Eisbergs verdeutlicht somit konkrete Anforderungen an das Lehren und Lernen der Sprachmittlungskompetenz, will man ihrem Potenzial zur Förderung interkultureller Handlungsfähigkeit dezidert Rechnung tragen. Ausgehend davon, dass die Sprachmittelnden „vor der ganz konkreten Herausforderung [stehen], Unterschiede zwischen Ausgangs- und Zieltext in Bezug auf Inhalt, Sprache, Pragmatik, kulturelle Referenzen, Diskursorganisation, Textsorte und kommunikative Funktion zu erkennen und damit verbundene Probleme zu lösen" (Kolb 2016, 179), erscheint eine Beschränkung auf *hotwords* und soziokulturelles Orientierungswissen zur Förderung dieser komplexen Kompetenz daher zu kurz gegriffen. Vielmehr sollte die Förderung der Sprachmittlungskompetenz in besonderer Weise die **pragmatische Kompetenz** umfassen, denn diese beinhaltet „die Fähigkeit zur angemessenen Sprachverwendung, aber auch das Erkennen von sprachlichem Verhalten, das von den Erwartungen des Interaktionspartners abweicht" (Sarter 2010, 92).

Angesichts der Relevanz der Pragmatik in interkulturellen kommunikativen Begegnungssituationen zielt dieser Artikel darauf ab, den **Beitrag audiovisueller Medien** zur Förderung interlingualer und interkultureller **pragmatischer Angemessenheit** im Kontext der Sprachmittlungskompetenz zu untersuchen. Dieses Vorhaben wird auf der Grundlage einer kontrastiven Analyse zwischen dem spanischen Originalton und den deutschen Untertiteln der Streaming-Serie *La casa de papel* verfolgt. Diese *a priori* Entscheidung wird damit begründet, dass die Analyse des spanischen Originaltons und der deutschen Untertitelung eine Verkettung analoger Defizite hinsichtlich der Förderung der Sprachmittlungskompetenz im Fremdsprachenunterricht Spanisch verdeutlicht. Zum einen adressiert die Arbeit mit Untertiteln das Plädoyer für die Didaktisierung audiovisueller Materialien im Rahmen der Sprachmittlung als komplexe Kompetenz (vgl. De Florio-

Hansen 2013; Sarter 2010). Zum anderen trägt dieses Vorhaben zur **Konzeption von Lehr- und Lernmaterialien** zur Förderung der pragmatischen Kompetenz von Sprachmittelnden bei (vgl. Reimann 2019; Siebold 2017). Demzufolge wird im vorliegenden Beitrag in Kapitel 2 theoretisch dargelegt, welche Rolle die pragmatische Kompetenz und das *facework* für die Sprachmittlung im Allgemeinen und für die Sprachmittelnden als *intercultural speakers* im Spezifischen spielen. Darauf aufbauend wird in Kapitel 3 erläutert, wie sich anhand des kontrastiven Vergleichs der interlingualen Untertitelung Spanisch-Deutsch von *La casa de papel* die interkulturell bedingte Realisierung von Sprechhandlungen besonders illustrieren lässt. Das abschließende praxisorientierte Kapitel 4 widmet sich der Didaktisierung der obigen Ausführungen zum *facework* im interkulturellen Vergleich anhand einer ausgewählten Sequenz aus *La casa de papel*. Die Lernaufgabe wird zeigen, wie die audiovisuelle Analyse der Höflichkeitsstrategien im Sprachenpaar Spanisch-Deutsch **gewinnbringend zur Förderung der Sprachmittlungskompetenz** eingesetzt werden kann.

2 *Facework* und interkulturelle Kommunikation: Implikationen für die Förderung der Sprachmittlungskompetenz

Die Verständigung und das Verstehen bilden die Grundlage der interkulturellen Kommunikation und sind für den*die Sprecher*in sogar in der L1 schwer zu bewältigen (vgl. Erll & Gymnich 2018, 103 ff.), weshalb es umso verständlicher ist, dass angemessene Äußerungen in der Zielsprache eine zusätzliche Herausforderung für die Lernenden darstellen, insbesondere weil diese von kulturspezifischen Werten und Normen abhängen (vgl. Jansen 2008, 31 f.).

Die Höflichkeitstheorie von Brown & Levinson (1987) basiert auf der Annahme, dass „die Beteiligten einer Interaktion stets darauf bedacht sind, ihr öffentliches Selbstbild (*face*) zu wahren" (Jansen 2008, 30). Die Autor*innen gehen in ihrem Modell von einem „Modellsprecher" aus, der als kompetentes Mitglied der Gesellschaft nicht nur rational ist, d. h., „es capaz de sacar inferencias conversacionales con el fin de garantizar una comunicación eficiente durante la comunicación directa e indirecta" (Félix-Brasdefer 2018, 160), sondern außerdem ein *face* besitzt oder „una imagen pública con el fin de reclamar o defender su imagen social según dos tipos de deseos" (ebd.). Diese Wünsche stehen für das *positive* *face*, welches ein öffentliches, nach Anerkennung strebendes Selbstbild ist, und das *negative face*, d. h. der Wunsch nach Handlungsfreiheit und Autonomie. Brown & Levinson (1987, zit. nach Biały 2016, 134 ff.) argumentieren, dass die Wahrung des Gesichts das Hauptmotiv für menschliche Interaktion darstellt. Es gibt jedoch Gesprächssituationen, in denen das *positive face* oder das *negative face* eines*einer Sprechers*Sprecherin oder eines*einer Hörers*Hörerin potenziell gefährdet wird. Diese werden als *face-threatening acts* (FTA) bezeichnet. Eine Auswahl einiger Beispiele für FTAs sind in der folgenden Tabelle aufgelistet:

Face-threatening acts (FTAs)

Face: *Öffentliches Selbstbild*	**Sprecher*in**	**Hörer*in**
Positive Face: *Wunsch nach Anerkennung durch andere Mitglieder der Gesellschaft*	**Bedrohung des *positive face*** Entschuldigungen, Bekenntnisse, Selbstkritik, Annahme von Komplimenten, Eingeständnisse von Schuld oder Verantwortung	**Bedrohung des *positive face*** Kritik üben, Zurückweisungen, Beleidigungen, Widersprechen
Negative Face: *Wunsch nach Freiheit und Autonomie/Vermeidung von Zwängen*	**Bedrohung des *negative face*** Ausreden, Danksagungen, Annahme von Entschuldigungen, Annahme von Angeboten	**Bedrohung des *negative face*** Befehle, Angebote, Komplimente, Versprechungen, Ausdruck des Neids oder der Bewunderung

Abb. 1: *Face-threatening acts (FTAs)*, adaptiert nach Ionela (2011, 142)

Wie diese nicht exhaustive Abbildung zeigt, sind FTAs innerhalb der alltäglichen Interkation nahezu unvermeidlich. Das Risiko eines FTA wird nach Brown & Levinson (1987) unter Berücksichtigung folgender soziologischer Faktoren bewertet:

	D = Social distance: Bezieht sich auf die Nähe oder Distanz der Beziehung zwischen Sprecher*in und Hörer*in. Die Beziehung kann von symmetrischer oder asymmetrischer Natur sein.
Risiko des FTAs **= D + P + R**	**P = Relative power:** Bezieht sich auf die Machtverhältnisse zwischen Sprecher*in und Hörer*in. Gemeint ist die Macht des*der Sprechers*Sprecherin, seinen*ihren Willen dem*der Hörer*in gegenüber durchzusetzen.
	R = Absolute ranking of impositions: Bezieht sich auf die Kosten oder auf das Risiko für den*die Hörer*in, hervorgerufen durch die Äußerung des*der Sprechers*Sprecherin. Diese sind kulturell- und situationsbedingt.

Abb. 2: Risiko eines FTAs in Anlehnung an Levinson & Brown (1987) und Félix-Brasdefer (2018)

Dem*Der Sprecher*in stehen unterschiedliche Strategien zur Verfügung, um die FTAs abzumildern und zur Gesichtswahrung beizutragen. Kompensatorische oder flankierende Maßnahmen in Form von positiver und negativer Höflichkeit tragen dazu bei, dass die Imagebedrohung reduziert wird (vgl. Biały 2016, 137).

2.1 *Face-threatening acts* als Bestandteil von Sprachmittlungsaktivitäten

Die Reflexion gesichtsbedrohender Sprechakte ist im Rahmen der Förderung der Sprachmittlungskompetenz dementsprechend relevant, da sich die Sprachmittlungssituationen einerseits stark auf diese ausrichten. So sind Bitten, Aufforderungen, Ausreden und Annahmen von Angeboten o. Ä. als typische Sprechakte innerhalb von Handlungssituationen wie Restaurantbesuche, Hotelreservierungen oder Einladungen intrinsische FTAs, welche in Aufgabenstellungen stets inszeniert werden. Andererseits sind die Strategien zur erfolgreichen Bewältigung gesichtsbedrohender Sprechakte interlingual in einigen Fällen abweichend. Diese interkulturellen Unterschiede bringen z. T. erhebliche Schwierigkeiten für die Fremdsprachenlernenden mit sich (vgl. Jansen 2008, 31 ff.). Erstens ist zu beachten, dass die Einschätzung, ob eine Äußerung höflich oder unhöflich ist, stark von den Bedingungen abhängt, in denen sie geäußert wird. Zweitens variiert der Einsatz von Höflichkeitsstrategien zwischen Sprachgemeinschaften, sodass „dieselbe Absicht sprachlich unterschiedlich realisiert [wird]: Nicht das „'Was-sag-ich?' sondern ‚Wie-sag-ich´s'" ist oftmals auschlaggebend für interkulturelle Verständigung" (Sarter 2010, 91).

Aufgrund des kulturellen Spezifikums der Realisierung von Sprechakten kann es zu fehlerhaften Dekodierungen oder Enkodierungen seitens der Sprachmittelnden innerhalb der Sprachmittlungssituation kommen, welche das Ziel der Sprachmittlung in seinem Kern verzerren könnte. So betonen Erll & Gymnich, dass z. B. die Sprechakte Bitten und Aufforderungen zu den möglichen *critical incidents* gehören, „in denen die pragmatisch-kommunikative Teilkompetenz im besonderen Maße auf die Probe gestellt wird" (2018, 103). Während aufgrund fehlenden Wissens verursachte grammatische Fehler in einer in der Fremdsprache geführten Unterhaltung von dem*der Hörer*in in der Regel repariert werden, besteht jedoch die Gefahr, dass dem*der Sprecher*in aufgrund von Fehlern im pragmatischen Bereich negative Charakterzüge zugeschrieben werden, und zwar insbesondere dann, wenn die sprachlichen Kompetenzen des*der Sprechers*Sprecherin von dem*der Hörer*in insgesamt als hoch eingeschätzt werden (vgl. Jansen 2008; Sarter 2010). Somit werden pragmatische Fehler direkt mit der Persönlichkeit einer Person in einen Zusammenhang gebracht (vgl. Siebold 2008), indem sie als absichtliche Unhöflichkeit, Rücksichtslosigkeit oder sogar als Beleidigung interpretiert werden (vgl. Jansen 2008). Ein mangelndes sprachliches Repertoire auf der pragmalinguistischen Ebene, samt der Fehleinschätzung soziopragmatischer Erwartungen, wie z. B. die angemessene Nutzung vom Siezen und Duzen, haben das Potenzial, Missverständnisse und sogar einen Abbruch der interkulturellen Kommunikation zu verursachen. Dem pragmatischen Wissen darf somit keine untergeordnete, rein stilistische Funktion in der interkulturellen Kommunikation zugeschrieben werden. Vielmehr sollte es als eine zentrale Kompetenz für erfolgreiches kommunikatives Handeln hervorgehoben werden, insbesondere im Rahmen der Förderung der Sprachmittlungskompetenz.

2.2 Anforderung an den Sprachmittelnden als *intercultural speaker*

In der interkulturellen und interlingualen Kommunikation, welche die Sprachmittlungen in besonderer Weise abbildet, fungieren die Sprachmittelnden als *intercultural speakers*. Somit sollten sie in der Lage sein, sich „flexibel mit wechselnden Situationen und Personen auseinanderzusetzen und die eigenen Positionen und Wissensbestände ggf. zu hinterfragen und zu modifizieren oder auch zu revidieren" (Schmenk 2016, 144). Erkenntnisse aus der Theorie und der Praxis signalisieren, dass zwischen den mündlichen und den schriftlichen Sprachmittlungssituationen erstere diejenigen zu sein scheinen, in denen die Sprachmittelnden unter besonderen Druck geraten können. Dies liegt einerseits an der erforderlichen Spontaneität und der zeitlichen Begrenzung für die Durchführung der Aktivitäten der Sprachproduktion, welche die mentalen Prozesse vom Konzeptualisierungs- zum Formulierungssystem bis hin zur Artikulation umfassen.[2] Andererseits muss eine sofortige Einschätzung auf der sozio-pragmatischen Ebene bezüglich der relevanten und kulturell bedingten Parameter wie z. B. Nähe und Distanz erfolgen, um bestimmte pragmalinguistische Elemente und lexikalisch-grammatische Einheiten wählen zu können, die eine angemessene sprachliche Realisierung (Pragmalinguistik) in dem gegebenen Kontext und der Gesprächskonstellation (Soziopragmatik) erst erlauben. Zwar gehört zum Spezifikum der Sprachmittlungssituation, dass sowohl die spanische als auch die deutsche Rolle Sprechakte durchzuführen haben. Erste Befunde im Bereich der Lerner*innenpragmatik in Sprachmittlungssituationen in einem von Reimann (2019) durchgeführten Pilotprojekt zeigen jedoch, „dass verbale Höflichkeit für die Lernenden in den einsprachigen Rollen, auch in der einsprachig spanischsprachigen Rolle, leichter zu realisieren scheint als in der besonders anspruchsvollen Dolmetscherrolle" (ebd., 564). Weitere Befunde im Bereich der Lerner*innenpragmatik unterstützen diese Ansicht. Lernende verfügen in der Regel über eingeschränkte sprachliche Mittel (vgl. Jansen 2008, 32 ff.), welche die Realisierung von Sprechakten seitens des*der Sprechers*Sprecherin hemmen könnten. Wenn Sprecher*innen sich auch über ihr eigenes lückenhaftes sprachliches Repertoire bewusst sind, setzen sie potenziell Vermeidungsstrategien ein, welche sie sogar dazu veranlassen, auf die Versprachlichung von Schlüsselkomponenten in Entschuldigungen wie *closing remarks* zu verzichten (vgl. Warga 2007). Fehlendes oder lückenhaftes

---

[2] Vgl. Sprachproduktionsmodell von Levelt (1989). Für eine kommentierte Fassung siehe Meißner (2010).

pragmalinguistisches Repertoire kann somit zur Konsequenz haben, dass das *face* des*der Hörers*Hörerin oder des*der Sprechers*Sprecherin ungewollt und/oder unbewusst aufgrund einer mangelhaften Performanz verletzt wird. Sind den Sprachmittelnden die Einzelelemente ritualisierter Routinen auf der Ebene des Konzeptualisierers wiederum bewusst, führt die Unsicherheit in der Versprachlichung solcher Sprechakte zum Verbositätseffekt, welcher in der interkulturellen Kommunikation zur Folge haben kann, dass der*die Hörer*in negativ auf die für den Sprechakt und für die Situation unnötigen Informationen reagieren kann (vgl. Warga 2007). Für die sprachmittelnde Rolle wird somit ersichtlich,

> welch grundlegende und essentielle Funktion das Verfügen über sprachliche Mittel mit Blick auf das Sprachhandeln auch und gerade im Kontext der Sprachmittlung hat – schließlich soll der Mittler zwischen zwei Personen vermitteln, die einander nicht direkt verstehen können, und nicht für zusätzliche Verständnisschwierigkeiten oder Missverständnisse sorgen (Reimann 2019, 541).

Lernende sollten infolgedessen besonders in der Sprachmittlerrolle gezielt für pragmalinguistische und soziopragmatische Besonderheiten in interlingualen Handlungssituationen sensibilisiert werden. Dieses Unterfangen lässt die Relevanz der kontrastiven Pragmatik innerhalb der Förderung der Sprachmittlungskompetenz veranschaulicht.

2.3 Zur Relevanz des kontrastiven Vergleichs von Sprechakten Spanisch-Deutsch für die Sprachmittlungskompetenz

Angesichts der oben skizzierten Schwierigkeiten und Unsicherheiten der Lernenden bezüglich der Durchführung ihrer Rolle als Sprachmittelnde eröffnet der kontrastive Vergleich von Sprechakten „auch mit Blick auf Interkulturalität und interkulturelles Lernen" (Gnutzmann 2010, 147) eine sprachlich-inhaltliche Akzentverschiebung, welche nicht zuletzt die Schulung der Sprachenbewusstheit und Sprachlernkompetenz im Fremdsprachenunterricht umfasst (vgl. ebd.).

Die Angemessenheit, welche in den gängigen Definitionen von Sprachmittlung explizit und implizit abzulesen ist, verleiht der kontrastiven Pragmatik eine besondere Relevanz für den Spanischunterricht und rückt das tradierte und sowohl didaktische als auch bildungspolitische Verständnis von Grammatik in ihrer dienenden Funktion in ein neues Licht. Die vergleichende Analyse des Sprachenpaares Spanisch-Deutsch ermöglicht den Lernenden als *intercultural speakers* im Rahmen einer spezifischen kommunikativen Situation die Strategien der Sprecher*innen einer bestimmten sprachlichen und kulturellen Zugehörigkeit zu identifizieren und datengeleitet diejenigen Ausdrücke und Strategien in der Zielsprache herauszufiltern, die für die Bewältigung interkultureller Handlungssituationen relevant sind. In interkulturellen kommunikativen Tätigkeiten sind jedoch nicht nur die sozialen Rahmenbedingungen zu beachten und im Unterricht zu integrieren, die eine Äußerung kontextualisieren und durch die Soziopragmatik beleuchtet werden. Für die Schulung der Sprachmittlung spielt ebenfalls die Verfügbarkeit über sprachliche Mittel eine zentrale Rolle (vgl. Reimann 2019), damit überhaupt Aussagen versprachlicht werden können, die in der Zielsprache erwartet und von daher als angemessen empfunden werden.

Eine stärkere Berücksichtigung des Sprachvergleichs im Spanischunterricht sollte jedoch nicht als Wunsch missverstanden werden, die Grammatik-Übersetzungs-Methode im Fremdsprachenunterricht zu neuem Leben zu erwecken. Vielmehr geht es darum, dass die kontrastive pragmatische Analyse von Sprechakten die Sprachmittelnden zu befähigen, situationsangemessen und im Interesse des*der Adressat*in zu agieren. Der Mehrwert des Sprachvergleichs liegt somit in der Förderung der interkulturellen Handlungskompetenz. Die kontrastive Analyse, verbunden mit der Spracharbeit im Fremdsprachenunterricht, dient somit der Förderung der Perspektivübernahmekompetenz und der Perspektivenkoordination, welche das aktive und fließende Sich-Hineinversetzen im doppelten Fokus des deutsch- und spanischsprachigen Sprechens seitens der Sprachmittelnden abbildet und somit besonders fördern könnte. Das Potenzial des Sprachvergleichs liegt ferner darin begründet, dass z. B. Online-Übersetzungsmaschinen trotz ihrer avancierten grammatischen und lexikalischen Korrektheit, nicht in der Lage sind, zu überprüfen, ob die übersetzte Aussage angemessen ist oder nicht (siehe hierzu auch Arriagada 2019; Hagenhoff & Leienbach 2020 und in diesem Band). Dies betont erneut, welche Bedeutung die Bewusstmachung für kulturell abweichende Sprechakte in interkulturellen Begegnungssituationen in der Sprachmittlung innehat, und unterstreicht somit die Verantwortung der Sprachmittelnden als *enabler* interpersonaler und interlingualer Kommunikation.

3 Didaktisches Potenzial des Mediums Film für die Förderung der pragmatischen Kompetenz im Rahmen von Sprachmittlungssituationen

3.1 Der Beitrag interlingualer Untertitelung für die kommunikative Bewusstheit

Um dem in Reimann & Rössler (2013, 9) implizierten Plädoyer für eine Diversifizierung von Textsorten in Sprachmittlungsaufgaben Rechnung zu tragen, werden Filme auf ihre Zweckmäßigkeit hin analysiert, das Bewusstsein für interkulturelle Unterschiede bei der sprachlichen Kodierung von Sprechakten zu sensibilisieren (vgl. Martínez-Flor 2008). Im Gegensatz zu Schulbüchern ist der didaktische Wert von Filmen insofern von potenzieller Bedeutung, als dass Bücher

> im Allgemeinen nicht in der Lage sind, den Lernenden einen realistischen Input zu liefern, [sodass] Lehrbücher nicht als verlässliche Quelle für pragmatischen Input für Sprachschüler im Klassenzimmer angesehen werden können (Bardovi-Harlig 2001, 25, zitiert nach Sarter 2010, 92).

Das Unterrichtsgespräch und die Interkationen im Klassenzimmer beschränken die Schüler*innen zudem in ihrer traditionellen Rollenzuschreibung auf den Status von Lernenden (vgl. Meißner 2010, 52 ff.) anstatt von Handelnden, welche das Repertoire an von ihnen durchzuführenden Sprechakten einschränkt. Im Gegensatz dazu sind die pragmatischen Sprachbeispiele in Filmen näher an der authentischen gesprochenen Sprache zu verorten (vgl. Rose 1997, zitiert nach Martinez-Flor 2008), welche den Lernenden, die noch keinen direkten Kontakt mit Erstsprachler*innen des Spanischen gehabt haben, einen Zugang zur Zielkultur und zum quasi-authentischen Sprachgebrauch erlauben. In der Diskussion, ob Untertitelung in ihrer Eigenschaft als Produkt „written-to-be-spoken-as-if-not-written" (Gregory & Carroll 1978, 42, zitiert nach Bruti 2016, 190 ff.) authentische Sprachverwendung nachahmen, weist Bruti (2016, 191) darauf hin, dass korpusbasierte kontrastive Analysen zwischen Filmtranskriptionen und lebensechten Gesprächen gezeigt haben, dass „movies employ a wide range of conversational strategies and devices [so that these can] consequently [...] be very useful for raising awareness of key conversational processes among language learners."

Die Filmauswahl zur Sensibilisierung für interkulturelle Unterschiede in der sprachlichen Codierung von Sprechakten orientiert sich daher am mimetischen Potenzial des gesprochenen Diskurses des Filmdrehbuchs, die Wirklichkeit nachzuahmen (vgl. Mulder 1998, zitiert nach Monjour 2006) und an den Möglichkeiten, die die Untertitelung für eine vergleichende pragmatische Untersuchung bietet (vgl. Bruti 2016; Monjour 2006). Die Arbeit mit Filmen wird auch als geeignet für die Förderung von soziopragmatischem Wissen angesehen, welches die Auswahl von spezifischen pragmalinguistischen Äußerungen beeinflusst (vgl. Martínez-Flor 2008). Analog zu den für den lernaufgabenorientierten Ansatz charakteristischen Prinzipien der Authentizität und Handlungsorientierung ist die interlinguale Untertitelung in Filmen „für das Verständnis einer Fremdsprache in ihrem sozialen Kontext geeignet, da die zielsprachigen Redebeiträge im interlingualen Untertitel in ihrer jeweiligen Kommunikationssituation eingebettet sind und so ein natürliches Sprachverständnis unterstützt wird" (Schröpf 2013, 237). So führt Schröpf (ebd., 237 f.) weiter aus:

> Die Integration des kommunikativen Ansatzes in einen realen Kontext ist die Motivation der Lernenden, und sie sind besser in der Lage, aus ihrem eigenen kulturellen Hintergrund Nutzen zu ziehen und ihn in ihrem eigenen kulturellen Schema zu nutzen. Darüber hinaus geht das Lernen durch Untertitelung über das passive Lernen hinaus und fördert das aktive Zuhören, Zusehen und Lesen der Sprache in ihrem natürlichen Kontext.

Die Verwendung von Untertiteln als *tertium comparationis* wird im Hinblick auf ihr didaktisches Potenzial zur Förderung einer Sprachverwendungskompetenz der Sprachmittelnden als *intercultural speakers* in der Sprachmittlungssituation als durchaus zweckdienlich erachtet. Dies ist einerseits in dem multimodalen Charakter der Untertitelung begründet. Dieser ist „für didaktische Zwecke von besonderem Potential, da der Filmdialog gleichzeitig verbal – in authentischer Aussprache und Intonation in der Ausgangssprache – [...] dargestellt wird" (ebd., 235). Andererseits wird die vergleichende Analyse von interlingualen Untertiteln (d. h. von einer Sprache in die andere) als ein geeignetes Instrument „für das Erlernen oder Trainieren einer idiomatischen Sprachverwendung oder kommunikativer Praktiken, z. B. im Bereich Begrüßungs- und Abschiedsfloskeln" (ebd., 249) angesehen. Ausgehend davon, dass durch die Untertitel „die Parallelität von Ausgangs- und Zieltext nutzbar gemacht werden kann" (ebd.), könnte die kontrastive Arbeit mit Untertiteln dazu beitragen, die Lernenden für die Realisierung von Sprechakten im interkulturellen Vergleich zu sensibilisieren. Durch die kontrastive Analyse der Äußerung im spanischen Originalton und der deutschen Untertitelung können Sprechakte in ihren spanisch-deutschen Konvergenzen und

Divergenzen innerhalb eines spezifischen, gleichen und für alle Zuschauer*innen transparenten kommunikativen Kontext untersucht und auf ihre kulturelle Relevanz hin geprüft werden. Insbesondere mit Blick auf die für die Unterrichtsrealität typische Heterogenität kommt Schröpf (ebd.) zu dem Schluss, dass „interlinguale Untertitel für Lerner mit geringen Fremdsprachenkenntnissen insbesondere [...] zur Diskussion kulturspezifischer Elemente geeignet sind". Unter Berücksichtigung dieser Charakteristika wird das audiovisuelle Medium daher als eine nützliche Öffnung für die interkulturelle pragmatische kontrastive Arbeit im Rahmen der Sprachmittlung angesehen, indem pragmatische und soziopragmatische kulturelle Unterschiede in einem mimetischen, konkreten und exemplarischen Kontext durch das Medium Film transparent gemacht werden.

Auf der soziopragmatischen Ebene bietet das Medium Film durch z. B. die Handlung oder die Charaktere konkrete Informationen über den Kontext und die Bedingungen, in denen die Sprechakte realisiert werden und die für eine interkulturelle kontrastive Analyse ausschlaggebend sind. Durch die Charakterkonstellation lassen sich exemplarisch die Variablen, die für die Einschätzung der Gewichtung des *face-threatening acts* bedeutend sind, analysieren und als Grundlage für den interkulturellen Vergleich herausarbeiten. Die Berücksichtigung der Handlungssituation und des Adressat*innenbezugs ist in Sprachmittlungsaufgaben von wesentlicher Bedeutung. Sind diese wie durch die dargelegte Filmsequenz bekannt, kann ein Gespräch, in dem ein Gesichtsverlust droht, vor dem Hintergrund der Rolle des jeweiligen Charakters und des Kontextes, in dem die Äußerung getätigt wird, exemplarisch analysiert werden. Auf diese Weise lassen sich die Schlüsselfaktoren zur Berechnung der Gewichtung des FTAs seitens des*der Sprechers*Sprecherin in der dargebotenen Gesprächskonstellation exemplarisch erarbeiten und für die interlinguale Analyse transparent aufbereiten. Die soziale Nähe oder Distanz zwischen Sprecher*in und Hörer*in, das Machtverhältnis zwischen Sprecher*in und Hörer*in als auch das Risiko, dass die Aussage des*der Sprechers*Sprecherin das *face* des*der Hörers*Hörerin bedroht, lassen sich somit beispielhaft identifizieren. Dieser kontextuelle und interaktionale Rahmen bildet die Grundlage für die kontrastive Analyse auf pragmalinguistischer Ebene. Die kontrastive Analyse interlingualer Untertitelung stößt Reflexionsprozesse an. Die Aufmerksamkeit der Lernenden soll auf die Gemeinsamkeiten und Unterschiede des syntaktischen, lexikalischen und grammatikalischen Strategiegebrauchs gelenkt werden, um im Sinne eines bewusstmachenden Verfahrens das *noticing* transkultureller pragmatischer Unterschiede anzubahnen. Die erarbeiteten syntaktischen, grammatischen und lexikalischen Unterschiede bilden die Grundlage des sprachlichen Repertoires für eine sinn-, situations- und adressat*innengerechte Übermittlung von Inhalten, welche in der Sprachmittlungssituation von dem *intercultural speaker* aktiv zum Einsatz gebracht werden können.

3.2 Beispiel zu pragmatischen Unterschieden in der Untertitelung von Sprechakten in der Serie *La casa de papel*

Die spanische Produktion *La casa de papel* wurde im ersten Halbjahr 2020 mit 65 Millionen Zuschauer*innen weltweit als eine der meistgesehenen Serien des Streaming-Dienstes Netflix gekrönt. Zwei weitere spanische Serien waren 2020 in den weltweiten Top 10 vertreten: *Élite* und *Vis a Vis*. Die rasant steigende Beliebtheit von spanischen Serien in Streamingdiensten wie Netflix prädestiniert diese für die Nutzung im Spanischunterricht. An der Schnittstelle zwischen der Förderung der pragmatischen Kompetenz und der Sprachmittlungskompetenz bieten Serien ertragreiche Möglichkeiten, um durch ein vergleichendes Verfahren die Sensibilisierung für interkulturelle Unterschiede bei der Realisierung von Sprechakten anzubahnen. In Anlehnung an Folge 8 der ersten Staffel der Serie *La casa de papel* wird im Folgenden erläutert, wie sich die kontrastive Realisierung des Sprechaktes „Auffordern" (siehe hierzu auch Abb. 1) im Sprachenpaar Spanisch-Deutsch identifizieren und didaktisieren lässt.

3.3 Begründung für die Szenenwahl aus pragmatischer Sicht

Die ausgewählte Szene zeichnet sich durch eine klare Beziehungsstruktur zwischen den Sprecherinnen aus. Das Gespräch wird mit deutlicher Stimme, überlappungsfreiem *turn-taking* und ohne Satzabbrüche geführt. Kern der Handlungssituation ist ein Konflikt und die anschließende Aushandlung einer für alle akzeptablen Vereinbarung. Die Szene veranschaulicht somit, wie soziopragmatische Faktoren wie Macht, Distanz und Risiko die Realisierung von Höflichkeitsstrategien in unterschiedlichen Sprecher*innenkonstellationen beeinflussen können.

Darüber hinaus zeigt der interlinguale pragmalinguistische Vergleich zwischen dem spanischen Originalton und der deutschen Untertitelung markante Unterschiede in der Realisierung des in der Sequenz durchgeführten Sprechaktes, die eine didaktische Sensibilisierung für *facework* im interkulturellen Vergleich initiieren können.

3.4 Handlung der ausgewählten Szene: *La casa de papel* (Staffel 1, Folge 8, Sequenz 3:23-5:18)

In Folge 8 findet ein ernstes Gespräch zwischen Mariví, Raquel und ihrer Tochter Paula statt. Das Thema des Gesprächs stellt für die Mutter und die Tochter eine große Belastung auf der Beziehungsebene dar, insbesondere weil die sich noch im Grundschulalter befindende Paula ihrer Mutter mitteilt, dass sie zusammen mit ihrer Tante und ihrem leiblichen Vater leben möchte. Die Situation ist für Raquel besonders schwierig, da ihr früherer Ehemann ihr gegenüber gewalttätig gewesen ist. Dies hat letztlich zur Scheidung und einer von ihm orchestrierten Demütigungskampagne gegen Raquel geführt. Paulas Wunsch lässt daher sowohl die Mutter Raquel als auch die Großmutter Mariví vermuten, dass Paula von ihrem Vater manipuliert wurde.

Die Szene beginnt, indem die Großmutter Mariví ihre Enkelin Paula auffordert, Raquel mitzuteilen, was sie vor Raquels Eintreffen im Raum gesagt hat. Diese Aufforderung steht im Fokus der im Folgenden exemplarisch dargestellten Analyse, um die interkulturellen Unterschiede hervorzuheben.

3.5 Kontrastive Analyse des Sprechakts „Aufforderung" in der ausgewählten Szene

Die Aufforderung bildet den zentralen Sprechakt in der ausgewählten Szene aus *La casa de papel* (vgl. Staffel 1, Folge 8, **Sequenz** 3:31-3:34). Der Sprechakt „Aufforderung" ist direktiv und entspricht somit einem FTA, der das negative *face* des*der Hörers*Hörerin gefährdet. Durch die Aufforderung möchte der*die Sprecher*in den*die Hörer*in dazu bewegen, etwas zu tun. Der*Die Hörer*in sieht sich durch die Aufforderung des*der Sprechers*Sprecherin somit in seiner Freiheit und Selbstbestimmung beschränkt. Das mit der Aufforderung einhergehende Risiko, ein FTA auszulösen, kann nach der Formel von Brown & Levinson (1987) wie folgt eingeschätzt werden:

FTA: Marivís Aufforderung an Paula

- *Social distance:* verwandtschaftliche Nähe zwischen Mariví und Paula.
- *Relative power:* asymmetrisch aufgrund der Rollenverteilung (Mariví als Großmutter und Paula als Enkelin). Die Macht geht aufgrund des Alters von Mariví aus.
- *Absolute ranking of impositions:* groß aufgrund der Auswirkungen des Sachverhaltes im familiären Kontext.

Obwohl die durch den Plot dargelegten kontextuellen Rahmenbedingungen und Beziehungskonstellationen des Sprechaktes gleichbleiben, lassen sich im Spanischen (gesprochene Sprache) und Deutschen (Untertitelung) Unterschiede in Bezug auf die verwendeten Höflichkeitsstrategien erkennen. Exemplarisch wird nur eine Aufforderung detailliert analysiert (Staffel 1, Folge 8, 3:31-3:34), mit dem Ziel, die Vielfalt der pragmalinguistischen Unterschiede in der Realisierung einer Äußerung zu veranschaulichen, obwohl diese Sequenz lediglich nur ein paar Sekunden lang ist. Die anhand des Frameworks für *Cross-Linguistic Analysis of Speech Act Patterns* (Blum-Kulka & Olsthain 1984) durchgeführte kontrastive Analyse zeigt, dass die ausgewählte Aufforderung im spanisch-deutschen Vergleich Unterschiede auf der Ebene der Dimensionen, Kategorien und dazugehörigen Elemente aufweist:

Español			Alemán		
Paula, cariño. ¿Por qué no le cuentas a mamá qué te ha dicho tu papi? Anda... [3]			Paula, sag deiner Mama doch, was dein Papa dir gesagt hat.[4]		
Dimensión	**Categoría**	**Elemento**	**Dimensión**	**Categoría**	**Elemento**
Address Term	First Name	Paula	*Address Term*	First Name	Paula
	Endearment term	cariño		-	-

---

[3] Quelle: Pina (2017).
[4] Quelle: Mushenko (2017).

Request perspective	Hearer oriented	¿Por qué no **le** cuentas...?	*Request perspective*	Hearer oriented	**Sag** deiner Mama doch,
Request strategy	Suggestory formula → Conventionally indirect requests	**¿Por qué no** le cuentas...?	*Request strategy*	Mood derivable → impositive	**Sag** deiner Mama **doch**,
Downgraders	Syntactic downgrader → interrogative	**¿Por qué no** le cuentas...?	*Downgraders*	-	-
Upgraders	-	-	*Upgraders*	Intensifier → adverbial	**Sag** deiner Mama **doch**,
Adjuncts to Head act	Disarmer	Anda...	*Adjuncts to Head act*	-	-

Abb. 3: Kontrastive Analyse *La casa de papel* (Staffel 1, Folge 8, Sequenz 3:31-3:34)

Obwohl die spanische und deutsche Aufforderung *hearer oriented* ist (s. o.), und die Sprecherin direkt durch die Nennung ihres Vornamens adressiert wird, unterscheiden sich die interlingualen Realisierungen beider Sprechakte strukturell stark voneinander. Auf der Ebene der Dimensionen fällt auf, dass im Spanischen – im Gegensatz zum Deutschen – keine *upgraders* sondern Abmilderungspartikel (*downgraders*) und *adjuncts to head act* verwendet werden. Letztere komplementieren den *head act* (die Aufforderung selbst, z. B.: „*¿Por qué no le cuentas a mamá qué te ha dicho tu papi?*") mit dem *disarmer* „*Anda*". Diese externe Modifizierung zeigt, dass im spanischen Original „the speaker indicates his/her awareness of a potential offense, thereby attempting to anticipate possible refusal" (Blum-Kulka & Olshtain 1984, 205).

Die Strategien zur Realisierung von FTAs berücksichtigend fällt auf, dass im spanischen Original die Strategie *on record with redressive action and negative politeness* verwendet wird. Mit dieser Strategie zwingt die Großmutter ihrer Enkelin ihren eigenen Willen nicht direkt auf, sondern äußert Respekt und Rücksicht gegenüber Paula. Dies lässt sich pragmalinguistisch am Satzbau ablesen, indem die Aufforderung in Form einer Frage gestellt wird. Diese Strategie befindet sich auf der mittleren bis unteren Ebene von Blum-Kulka & Olshtains (vgl. ebd.) Direktheitsskala und entspricht somit einer konventionalisierten indirekten Aufforderung. Diese wird pragmalinguistisch durch die Vorschlagsformel „¿*Por qué no...?*" als syntaktische Abschwächung realisiert. Obwohl der Sprechakt eine implizite Aufforderung beinhaltet, wahrt der Vorschlagscharakter das Gesicht der Hörerin, auch wenn die Äußerung der Großmutter die Freiheit Paulas einschränkt. Die Sprecherin verwendet weitere Strategien, um das *positive face* der Hörerin zu stimulieren, wie z. B. die Koseform „*cariño*", sodass die gemeinsame Gruppenzugehörigkeit der Hörerin und der Sprecherin betont wird. Diese Höflichkeitsmittel dienen als Strategie zur Abmilderung des FTAs und werden weiter durch den interpersonellen Marker „*Anda*" komplementiert, welcher ebenfalls das positive *face* der Hörerin schützt.

Im Gegensatz dazu wird in der deutschen Untertitelung des gleichen Sprechaktes die Strategie *on record without redressive action* bevorzugt. Der FTA erfolgt ohne Abmilderung „porque, en estas circunstancias, la acción directa se considera pertinente" (Félix-Brasdefer 2018, 160). Die Direktheit der Äußerung manifestiert sich pragmalinguistisch in der Imperativkonstruktion des Satzes: „Sag deiner Mama doch" ist ein Beispiel für die Strategie der Modusableitungen, d. h. „Äußerungen, in denen der grammatische Modus des Verbs illokutionäre Kraft signalisiert" (Meyer 2007, 70). Modusableitungen stellen die direkteste Strategie in Blum-Kulka & Olshtains Direktheitskala dar (vgl. ebd., 75). Die Direktheit in der deutschen Untertitelung wird pragmalinguistisch noch weiter verschärft. So nutzt Mariví den Verstärker „doch" innerhalb des Satzes, welcher als Abtönungspartikel die Bitte oder die Aufforderung – abhängig vom jeweiligen Ton der Äußerung – mehr oder weniger dringlich erscheinen lässt (vgl. Stocker 2012, 84). Davon ausgehend, dass Paulas Wunsch in der Handlungssituation besonders dramatisch ist und dass die Großmutter um die Bedeutsamkeit, die eine solche Wunschäußerung im vorliegenden familiären Kontext hat, weiß, unterstreicht „doch" die Notwendigkeit, dass Paula diese Information umgehend ihrer Mutter mitteilt, was zur Folge hat, dass Paulas negatives Gesicht erneut bedroht wird.

4 Mögliche Didaktisierung am Beispiel einer Sequenz aus *La casa de papel*

Ausgehend von den oben genannten Überlegungen wurde die im Anhang zu findende Lernaufgabe (AB 1 bis AB 6) für spätbeginnende Lernende des Spanischen im zweiten Lernjahr konzipiert.[5] Die fast dreiminütige Sequenz aus Folge 8 der ersten Staffel von *La casa de papel* (3:23-5:18) bildet den Kern für die kontrastive Arbeit mit dem Originalton und der Untertitelung zur Förderung der pragmatischen Kompetenz in Sprachmittlungsaktivitäten.[6] Die Lernaufgabe strebt die Bewusstmachung bezüglich interkultureller Unterschiede im Hinblick auf soziopragmatische und pragmalinguistische Realisierungen von Sprechakten an. Diese Unterschiede finden in der *tarea final* anhand einer mündlichen Sprachmittlungssituation Anwendung.

4.1 *Tarea final*: "Visitando Berlín"

Die Sprachmittlungsaktivität „Visitando Berlín" (vgl. „AB 6: Actividad de mediación: Visitando Berlín") ist die *tarea final* der Lernaufgabe und findet zwischen drei Aktanten statt, welche ähnliche Beziehungen (Freunde und Familie) und Machtstrukturen (symmetrisch und asymmetrisch) wie in der o. g. Folge von *La casa de papel* widerspiegeln. Als Handlungssituation wird die Planung des gemeinsamen Wochenendes in Berlin dargestellt, wobei die deutsche und die spanische Sprechrolle zwei unterschiedliche Vorstellungen haben.

> Ahora pondremos en práctica lo aprendido con el siguiente juego de rol. Habrá un o una estudiante que hará el rol del mediador o de la mediadora, otro u otra del alumno o de la alumna de intercambio de España y otro u otra de un padre o de una madre. Puedes usar la información de la secuencia para preparar tu rol.

---

[5] Die Wahl der genannten Zielgruppe erfolgte u.a. auf der Grundlage der offiziellen Altersfreigabe der Serie durch die FSK ab 16 Jahren.
[6] Es wird empfohlen, den Lernenden ein zweispaltiges Transkript Spanisch-Deutsch des Dialogs vorzulegen.

Sprachmitteln ohne das Gesicht zu verlieren   33

The Story of Berlin Museum   Bikini Berlin Einkaufszentrum

Tarjeta 1: Mediador o Mediadora

Estudias aquí en un colegio en Alemania y en tu casa se hospeda el alumno o la alumna de intercambio de España. Como siempre, tus padres han hecho muchos planes pero el alumno o la alumna de intercambio no está muy convencido o convencida... Como mediador o mediadora te harás cargo de la situación de negociación de planes para el fin de semana entre ustedes. Recuerda usar estrategias lingüísticas para dar a entender exactamente lo que dicen las otras personas. El padre o la madre inicia la conversación. Usa los códigos QR de *The Story of Berlin Museum* y *Bikini Berlin Einkaufszentrum* para guiar la mediación.

Abb. 4: *Tarea de mediación* und Rollenkarte der Sprachmittelnden

Die Sprachmittelnden sehen sich in der Verantwortung, die Äußerungen innerhalb der Diskussion angemessen wiederzugeben. Die Sequenz in *La casa de papel* ist insofern für die Vorbereitung aller drei Rollen von wesentlicher Bedeutung, als diese das Aushandeln zwischen Sprecher*innen unterschiedlicher Meinungen zeigt, wobei die Realisierungen der Sprechakte im spanischen Original und der deutschen Untertitelung interkulturell voneinander abweichen. Die Sequenz in *La casa de papel* bietet somit quasi-authentische und kulturrelevante Gebrauchsbeispiele. Somit bietet die Sequenz soziopragmatische Rahmenbedingungen und pragmalinguistische Strukturen, welche für alle drei Rollen für die Versprachlichung ihrer kommunikativen Intentionen dienen könnten.

4.2 Die Lernaufgabe: *Facework* im Sprachenpaar Spanisch-Deutsch

Die Lernaufgabe beginnt mit der Aktivierung von Weltwissen und einer Reflexion über die Erfahrungen der Lernenden mit ihren Eltern in Bezug auf das Handeln und/oder Durchsetzen des eigenen Willens oder der eigenen Wünsche (vgl. „AB 1: ¿Cómo ser cortés como mediador o mediadora?" / „Übung 1. Antes de ver el vídeo."). Während das Schauen der Sequenz im Originalton der Orientierung bezüglich der Charakterkonstellation, dem Globalverstehen (vgl. „AB 1 /

Übung 2. Veamos el vídeo") und der Einordnung des situativen Rahmens und Sachverhalts dient, baut der kontrastive Vergleich auf dem zentralen kontextuellen Rahmen auf (vgl. „AB 2: Analizando cómo hacer una petición en la secuencia de *La casa de papel*").

Der kontrastive Vergleich zur Erarbeitung interkultureller Unterschiede in der Realisierung von Sprechakten findet über ein korpusanalytisches Verfahren statt, welches auf die ausgewählte Sequenz angewendet wird. Kern der kontrastiven Arbeit bilden die „Estrategias para no perder la cara en una mediación" in AB 3, AB 4 und AB 5. Anhand der Analyse der Transkription der Szene (Spanisch (Ton) / Deutsch (Untertitel)) erarbeiten die Lernenden zur Förderung des kommunikativen Bewusstseins datengeleitet, welche interkulturellen Unterschiede im Hinblick auf die pragmalinguistische Realisierung der Sprechakte im Sprachenpaar Spanisch-Deutsch zu identifizieren sind. Mithilfe des „AB 3: Estrategias para no perder la cara en una mediación: Preguntas breves" reflektieren die Lernenden, wie im Spanischen mit *preguntas breves* Höflichkeit ausgedrückt werden kann und auf welche Art und Weise die Sprecher*innen, abhängig von der Sprecherkonstellation, diese Strategie für das *facework* anwenden.

Beim „AB 4: Estrategias para no perder la cara en una mediación: Guiando al o a la oyente", richtet sich die kontrastive Arbeit auf die kommunikative Funktion von *conectores pragmáticos* im Spanischen. Die *conectores pragmáticos* erfüllen nicht nur eine Schlüsselfunktion zur Diskursorganisation und zur Klärung der Zielsetzung der Kommunikation für den*die Adressat*in (vgl. Martí Sánchez 2008, 10). Die aktive Anwendung von *conectores pragmáticos* trägt auch dazu bei, den Redefluss positiv zu beeinflussen (vgl. ebd.). Jedoch bleiben sie in Lehr- und Lernmaterialien noch unterrepräsentiert (vgl. Crasset 2019, 2). Dagegen möchte die kontrastive Analyse zwischen Dialog und Audio im Rahmen der Förderung der Sprachmittlungskompetenz einen Beitrag leisten.

Conector pragmático	Uso	¿Quién lo usa y en qué situación? Persona 1 → 2: Cuando...	Ejemplo en el texto en español	Traducción en alemán
Vale	Para decir que estamos de acuerdo con algo.	Paula → Raquel: Cuando...		
	Para decir que alguien deje de hacer o de decir algo.	Raquel → Mariví: Cuando...		
	Para decir que vamos a hacer lo que la otra persona nos pide.	Mariví → Raquel: Cuando...		

Abb. 5: Kontrastive Analyse von *conectores pragmáticos* in der ausgewählten Sequenz von *La casa de papel*

Wie der Tabelle entnommen werden kann, werden die drei Bedeutungen des *conector pragmático* „Vale" in der dargestellten kommunikativen Situation der Sequenz verwendet. Der kommunikative Kontext der Sequenz dient als diskursiver Rahmen, um die Funktion von „Vale" in der kommunikativen Situation zu verdeutlichen.

Die kontrastive Arbeit wird mit „AB 5: Estrategias para no perder la cara en una mediación: ¿Ser directo o indirecto?" abgeschlossen. Hier wird der Fokus der Lernenden auf die Direktheit gelegt. Nach der Einordnung verschiedener Realisierungsformen (von indirekt bis direkt) analysieren sie anschließend, welche syntaktischen, grammatikalischen oder lexikalischen Unterschiede bei der Realisierung der Sprechakte im spanisch-deutschen Vergleich anhand der in Kapitel 2 analysierten Aufforderung zu erkennen sind.

5 Fazit

An der Schnittstelle zwischen der Förderung der pragmatischen Kompetenz und der Sprachmittlungskompetenz ermöglichen **Serien und/oder Filme** ertragreiche Öffnungen, um durch ein vergleichendes Verfahren die **Sensibilisierung für interkulturelle Unterschiede bei der Realisierung von Sprechakten** anzubahnen.

Anhand der kontrastiven Analyse der mündlichen Dialoge auf Spanisch und der entsprechenden Untertitelung auf Deutsch kann veranschaulicht werden, wie sich auf der pragmalinguistischen Ebene die Versprachlichung von Sprechakten, welche eine potenzielle Bedrohung für den*die Hörer*in innerhalb der interkulturellen Kommunikation darstellen, im spanisch-deutschen Vergleich unterscheiden. Ausgehend von der Schlüsselposition der Sprachmittelnden sind diese Erkenntnisse von großer Relevanz, da durch ihre Tätigkeit die Kommunikation zwischen den Sprecher*innen aufrechterhalten wird. Für das kommunikative Bewusstsein (vgl. House 1997, 68) der **Sprachmittelnden als *intercultural speakers*** wird somit vorausgesetzt, dass die Intention des*der Sprechers*Sprecherin einer bestimmten sprachlichen und kulturellen Gemeinschaft nicht nur im Hinblick auf die Intention korrekt dekodiert, sondern auch angemessen für den*die Hörer*in enkodiert wird. Der kontrastive Vergleich des Scripts, bestehend aus dem spanischen Originalton und der deutschen Untertitelung, als Basis für eine korpusbasierte Analyse, eignet sich für die Förderung einer Sprachverwendungskompetenz, welche der Sprachmittlung eigen ist. Die datengeleitete Analyse erlaubt die Erarbeitung von Bedeutungsäquivalenzen bei Äußerungen von Sprechakten, welche dann als Teil des sprachlichen Repertoires der Lernenden aktiv in Sprachmittlungssituationen Anwendung finden können. Das audiovisuelle Material birgt das Potenzial, soziologische Faktoren im Kontext zu veranschaulichen und die Unterschiede in der Realisierung auf syntaktischer, grammatischer und lexikalischer Ebene für eine bestimmte Sprecherkonstellation und Situation beispielhaft aufzuzeigen. Diese Erkenntnisse lassen sich in Einklang mit den Prinzipien der Lernaufgabenorientierung didaktisieren. Das vorliegende Vorhaben möchte darüber hinaus die Desiderata in Bezug auf Materialentwicklung, pragmatische Kompetenz und Textsortenspektrum innerhalb der Sprachmittlungskompetenz aufgreifen. Die kontrastive Arbeit mit Untertitelungen leistet darüber hinaus einen Beitrag zur Förderung der interkulturellen kommunikativen Kompetenz, indem sie ermöglicht, ethnozentristische Perspektiven zu relativieren. Asymmetrische Bewertungen, in denen die eigene Kultur als höflich und die Zielkultur als vergleichsweise unhöflich angesehen werden, können durch die Lernaufgabe dekonstruiert werden. Durch das in der Lernaufgabe angestoßene bewusstheitsfördernde Verfahren erkennen die Lernenden anhand konkreter

Beispiele, dass es verschiedene Arten gibt, Höflichkeit dem Kontext entsprechend und kulturell angemessen auszudrücken, und dass diese Höflichkeitsformen während des Sprachmittlungsprozesses berücksichtigt werden müssen. Die Wahrung des Gesichts aller am Gespräch beteiligten Personen ist für die Sprachmittelnden von großer Bedeutung. Wollen die Sprachmittelnden sinn-, situations- und adressat*innengerecht in einer mündlichen Sprachmittlungssituation mitteln, so hat die **Pragmatik einen berechtigten Platz** innerhalb der **Schulung der Sprachmittlungskompetenz.**

	Material didáctico para descargar / Didaktisches Material zum Herunterladen
Descripción / Beschreibung	Durch die Analyse des spanischen Dialogs und des deutschen Untertitels der Serie *La casa de papel* bieten die Arbeitsblätter den Lernenden die Möglichkeit, interkulturell-pragmatische Unterschiede bei der Realisierung von Sprechakten im Spanischen und Deutschen zu entdecken und zu systematisieren. Dieses erworbene Wissen wird in einer mündlichen Sprachmittlungsaufgabe Spanisch-Deutsch transferiert.
Título / Titel	AB 1: ¿Cómo ser cortés como mediador o mediadora?
	AB 2: Analizando cómo hacer una petición en la secuencia de *La casa de papel*
	AB 3: Estrategias para no perder la cara en una mediación: Preguntas breves
	AB 4: Estrategias para no perder la cara en una mediación: Guiando al o a la oyente
	AB 5: Estrategias para no perder la cara en una mediación: ¿Ser directo o ser indirecto?
	AB 6: Actividad de mediación: "Visitando Berlín"
Acceso / Zugang	https://www.ibidem-verlag.de/pdf/1900/01.pdf

Bibliographie

ARRIAGADA, Melanie. 2019. „Traductores en línea: afortunada casualidad y necesaria causalidad para el desarrollo de la clase de español", in: *Hispanorama* 165, 106-107.

ARRIAGADA, Melanie. 2020. „Veo, veo ¿pero qué ves? Aprendiendo a ver, escuchar, entender y mediar comerciales de televisión en la clase de ELE", in: *Der fremdsprachliche Unterricht Spanisch* 70, 23-29.

BIAŁY, Paulina. 2016. „The usage of diminutives in polite phrases as a way to express positive/negative politeness or to formulate face-threatening acts in Polish", in: Bogdanowska-Jakubowska, Ewa. ed. *New ways to face and (im)politeness*. Katowice: Wydawnictwo Uniwersytetu Śląskiego, 133-156.

BLUM-KULKA, Shoshana & OLSTHAIN, Elite. 1984. „Requests and Apologies: A Cross-Cultural Study of Speech Act Realization Patterns (CCSARP)", in: *Applied Linguistics* 5/3, 196-213. Online: https://doi.org/10.1093/applin/5.3.196 (09.06.2023).

BROWN, Penelope & LEVINSON, Stephen. 1987. *Politeness. Some universals in language usage*. Cambridge: Cambridge University Press.

BRUTI, Silvia. 2016. „Audiovisual texts and subtitling in the teaching of pragmatics", in: *trans-kom* 9/2, 186-207. Online: www.trans-kom.eu/bd09nr02/trans-kom_09_02_02_Bruti_Pragmatics.20161220.pdf (09.06.2023).

CASPARI, Andrea & SCHINSCHKE, Andrea. 2010. „Sprachmittlungsaufgaben gestalten. Zum interkulturellen Potenzial von Sprachmittlung", in: *Der fremdsprachliche Unterricht Französisch* 108, 30-32.

CRASSET, Olivia. 2019. *Los marcadores del discurso en narraciones orales de E/LE: Análisis comparativo de la interlengua de aprendices francófonos con el habla nativa y sus implicaciones didácticas*. Louvain: Université catholique de Louvain (Diss.). Online: https://dial.uclouvain.be/memoire/ucl/object/thesis:21456 (09.06.2023).

DE FLORIO-HANSEN, Inez. 2013. „Sprachmittlung in alltagsweltlicher Kommunikation. Eine komplexe Herausforderung für Fremdsprachenlehrer und -lerner". in: Reimann, Daniel & Rössler, Andrea. edd. *Sprachmittlung im Fremdsprachenunterricht*. Tübingen: Narr Francke Attempto, 65-92.

ERLL, Astrid & GYMNICH, Marion. 2018. *Interkulturelle Kompetenzen*. Stuttgart: Klett.

FÉLIX-BRASDEFER, J. César. 2018. *Pragmática del español: contexto, uso y variación (Kindle Ausgabe)*. New York: Routledge.

GNUTZMANN, Claus. 2010. „Sprachenbewusstheit und Sprachlernkompetenz", in: Hallet, Wolfgang & Königs, Frank G. edd. *Handbuch Fremdsprachendidaktik*. Seelze-Velber: Kallmeyer/Klett, 144-149.

GRÜNEWALD, Andreas. 2013. „Interkulturelle Kompetenz und Sprachmittlung", in: *Hispanorama* 139, 91-95.

HAGENHOFF, Tanja & LEIENBACH, Sybille. 2020. „Übersetzungstools im Spanischunterricht – ein Plädoyer für einen kritischen Umgang", in: *Hispanorama* 168, 72-78.

HALLET, Wolfgang. 2008. „Zwischen Sprachen und Kulturen vermitteln. Interlinguale Kommunikation als Aufgabe", in: *Der fremdsprachliche Unterricht Englisch* 93, 2-7.

HOCH, Christoph. 2015. „Sprachmittlungsstrategien im Italienischunterricht – Bausteine für die Spracherwerbs- und Übergangstufe", in: De Florio-Hansen, Inez & Klein, Erwin. edd. *Sprachmittlung im Fremdsprachenunterricht. Akten des GMF-Sprachentages, Aachen 2013.* Online: http://geb.uni-giessen.de/geb/volltexte/2015/11300/pdf/GiFon_3.pdf (09.06.2023).

HOUSE, Juliane. 1997. „Zum Erwerb interkultureller Kompetenz im Unterricht des Deutschen als Fremdsprache", in: *Zeitschrift für Interkulturellen Fremdsprachenunterricht* 1/3. Online: http://tujournals.ulb.tu-darmstadt.de/index.php/zif/article/view/734/711 (09.06.2023).

IONELA, Duduţă. 2011. „Höflichkeitsstrategien zur Reduzierung von Gesichtsbedrohung", in: *Analele Universităţii Ovidius din Constanţa. Seria Filologie* 22/1. Online: http://www.diacronia.ro/ro/indexing/details/A3715/pdf (09.06.2023).

JANSEN, Silke. 2008. „'Der Ton macht die Musik'. Gesichtsbedrohende Sprechakte im Spanischunterricht", in: *Zeitschrift für Romanische Sprachen und ihre Didaktik* 2/1, 27-52.

KOLB, Elisabeth. 2016. *Sprachmittlung. Studien zur Modellierung einer komplexen Kompetenz.* Münster: Waxmann.

MARTÍ SÁNCHEZ, Manuel. 2008. *Los marcadores en el español L/E: conectores discursivos y operadores pragmáticos.* Madrid: Arco Libros.

MARTÍNEZ-FLOR, Alicia. 2008. „Analysing Request Modification Devices in Films: Implications for Pragmatic Learning in Instructed Foreign Language Contexts", in: Alcón Soler, Eva & Safont Jordà, Maria Pilar. edd. *Intercultural Language Use and Language Learning.* Luxemburg: Springer, 245-280.

MEIßNER, Franz-Joseph. 2010. „Sprachliche Teilkompetenzen und ihre Passung in Aufgabenformate", in: Meißner, Franz-Joseph & Tesch, Bernd. edd. *Spanisch kompetenzorientiert unterrichten.* Stuttgart: Klett-Kallmeyer, 47-56.

MEYER, Katrin. 2007. *Interkulturelle Pragmatik: Aufforderungen, Entschuldigungen und Beschwerden. Eine Untersuchung zur interkulturellen Sprechhandlungskompetenz deutscher Austauschschüler in den USA.* Hamburg: Universität Hamburg (Diss.). Online: https://d-nb.info/984711171/34 (09.06.2023).

MONJOUR, Alf. 2006. „Pasad-Pasad. Kommen Sie bitte rein. Pedro Almodóvar, los actos de habla y la comparación intercultural", in: Schrader-Kniffki, Martina. ed. *La cortesía en el mundo hispánico. Nuevos contextos, nuevos enfoques metodológicos.* Frankfurt am Main: Vervuert, 15-42.

MUSHENKO, Tanja. 2017. *Haus des Geldes, Staffel 1, Folge 8 – deutsche Untertitelung.* Vancouver Media, 6. Juni 2017. Online: www.netflix.com.

PINA, Álex. 2017. *Haus des Geldes, Staffel 1, Folge 8.* Vancouver Media, 6. Juni 2017. Online: www.netflix.com.

PFEIFFER, Alexander. 2013. „Was ist eine sinnvolle Sprachmittlungsaufgabe? Ein Instrument zur Evaluation und Erstellung von Aufgaben für den Fremdsprachenunterricht", in: Reimann, Daniel & Rössler, Andrea. edd. *Sprachmittlung im Fremdsprachenunterricht.* Tübingen: Narr Francke Attempto, 44-64.

REIMANN, Daniel. 2016. „Sprachmittlung", in: Bär, Marcus & Franke, Manuela. edd. *Spanisch-Didaktik. Praxishandbuch für die Sekundarstufe I und II*. Berlin: Cornelsen, 53-60.

REIMANN, Daniel. 2019. „Pragmatische Aspekte mündlicher Sprachmittlungssituationen im Fremdsprachenunterricht am Beispiel des Sprachenpaares Deutsch-Spanisch (Kindle Ausgabe)", in: Reimann, Daniel & Robles i Sabater, Ferran & Sánchez Prieto, Raúl. edd. *Kontrastive Pragmatik in Forschung und Vermittlung: Deutsch, Spanisch und Portugiesisch im Vergleich*. Tübingen: Narr Francke Attempto Verlag, 517-579.

ROCHE, Jörg. 2005. *Fremdsprachenerwerb – Fremdsprachendidaktik*. Tübingen: utb.

RÖSSLER, Andrea. 2008. „Die sechste Fertigkeit? Zum didaktischen Potenzial von Sprachmittlungsaufgaben im Französischunterricht", in: *Zeitschrift für Romanische Sprachen und ihre Didaktik* 41/1, 53-57.

RÖSSLER, Andrea. 2009. „Strategisch sprachmitteln im Spanischunterricht", in: *Fremdsprachen Lehren und Lernen* 38/1, 158-174.

RÖSSLER, Andrea. 2016. „Sprachmittlung als Lernaufgabe im Spanischunterricht", in: Bär, Marcus & Bernecker, Walter L. & Lüning, Marita. edd. *Interkulturalität und Mehrsprachigkeit. Beiträge zu Sprache, Literatur und Kultur Spaniens und Lateinamerikas*. Berlin: edition tranvía, 313-328.

RÖSSLER, Andrea & REIMANN, Daniel. 2013. „Wozu Sprachmittlung? Zum fremdsprachendidaktischen Potenzial einer komplexen Kompetenz", in: Reimann, Daniel & Rössler, Andrea. edd. *Sprachmittlung im Fremdsprachenunterricht*. Tübingen: Narr Francke Attempto, 11-23.

SARTER, Heidemarie. 2010. „Sprachmittlung und pragmalinguistische Aspekte interkulturellen Fremdsprachenunterrichts", in: Caspari, Daniela & Küster, Lutz. edd. *Wege zu interkultureller Kompetenz. Fremdsprachendidaktische Aspekte der Text- und Medienarbeit*. Frankfurt am Main: Peter Lang, 85-101.

SCHMENK, Barbara. 2017. „Intercultural Speaker", in: Surkamp, Carola. ed. *Metzler Lexikon Fremdsprachendidaktik. Ansätze – Methoden – Grundbegriffe*, 2. Aufl. Stuttgart: J. B. Metzler, 143-144.

SCHRÖPF, Ramona. 2013. „Zum Stellenwert der audiovisuellen Translation in der Fremdsprachendidaktik am Beispiel der interlingualen Untertitelung Französisch-Deutsch", in: Reimann, Daniel & Rössler, Andrea. edd. *Sprachmittlung im Fremdsprachenunterricht*. Tübingen: Narr Francke Attempto, 229-243.

SCHUMANN, Adelheid. 2009. „Förderung funktionaler kommunikativer Kompetenzen", in: Grünewald, Andreas & Küster, Lutz. edd. *Fachdidaktik Spanisch. Tradition – Innovation - Praxis*. Stuttgart: Klett-Kallmeyer, 185-212.

SIEBOLD, Kathrin. 2008. „Interkulturelle Pragmatik – Angenehm, Sie kennen zu lernen!", in: *mAGAzin* 18, 8-13. Online: https://institucional.us.es/revistas/magazin/18-2008/04_KATHRIN_SIEBOLD.pdf (09.06.2023).

SIEBOLD, Kathrin. 2017. „Zur pragmatischen Kompetenz im Spanischunterricht: Warum Forderung und Förderung nicht Hand in Hand gehen", in: Bürgel, Christoph & Reimann, Daniel. edd. *Sprachliche Mittel im Unterricht der romanischen Sprachen. Aussprache,*

Wortschatz und Morphosyntax in Zeiten der Kompetenzorientierung. Tübingen: Narr Francke Attempto, 291-306.

STOCKER, Paul. 2012. *A Student Grammar of German.* Cambridge: Cambridge University Press.

WARGA, Muriel. 2007. „Pragmatische Kompetenz und Auslandsaufenthalt: Eine Studie zur Länge von Entschuldigungen", in: Doff, Sabine & Schmidt, Torben. edd. *Fremdsprachenforschung heute. Interdisziplinäre Impulse, Methoden und Perspektiven.* Frankfurt am Main: Peter Lang, 101-116.

Ana María Callejas Toro

El fenómeno de los YouTubers:
Cambios del diálogo oral y alternativas didácticas en la clase de ELE

El fácil acceso al mundo que nos ofrece internet hoy en día ha influido de forma definitiva en la manera como nos relacionamos con los otros. Estamos en una era en donde la comunicación y el contacto interpersonal no dependen de la presencialidad. De esta manera, no solo el canal de diálogo entre el emisor y el receptor varía, sino también la formxa de interacción. Desde la creación en 2005 y rápida popularización en 2006 del portal de vídeos YouTube emerge una nueva forma de comunicación y es ahora una de las mayores fuentes de entretenimiento de los internautas. El formato que ofrece este portal permite a los usuarios crear toda clase de contenido, hacerlo público, acceder al contenido de otros, manifestar el gusto o disgusto mediante un ícono, reaccionar en la sección de comentarios, entre otras posibilidades de interacción. Resultado de esta nueva manera de comunicación digital surge el YouTuber, como usuario del portal con una audiencia significativa. La influencia de estos personajes y su contenido en la interrelación de millones de jóvenes en el mundo hacen de este un fenómeno de masas que transforma no solo el diálogo digital sino la lengua misma en su oralidad. El presente artículo pretende, en un primer momento, revisar el fenómeno sociolingüístico del YouTuber en relación con el cambio del diálogo oral y, en un segundo momento, describir el potencial que tiene este formato en la clase de español como lengua extranjera, así como ofrecer alternativas didácticas de trabajo en el aula.

1 El fenómeno de los YouTubers

Según una encuesta realizada por Rummler y Wolf (2012, 259), la popularidad de YouTube entre los jóvenes se debe principalmente a la gran variedad de música y entretenimiento que ofrece, a la facilidad de acceso y uso, a la posibilidad de aprendizaje, así como a la actualidad e influencia del círculo de amigos. Para comprender de manera más amplia la relevancia actual de este fenómeno en los jóvenes, resulta importante tener en cuenta algunas cifras. El 96% de los jóvenes entre 13 y 24 años son consumidores activos de esta plataforma (cf. Digital Global Overview Report 2021), la cual cuenta actualmente con más de dos mil millones de usuarios (según YouTube About 2021). El contenido generado por YouTubers es el segundo contenido de mayor consumo en la plataforma después de la música (cf. JIM 2018; Pex 2018; FindaSense 2018). Como se menciona anteriormente, el YouTuber es un usuario de YouTube cuya numerosa audiencia lo convierte en una celebridad de internet, entendiendo este término como un personaje "ampliamente conocido" (RAE 2021) que goza de fama y atención por parte de un grupo considerable de personas o medios de comunicación. Así, los YouTubers, a través de su actividad en esta plataforma, reúnen ciertas características que los hacen atractivos entre los jóvenes, lo cual les permite no solo mantener un considerable número de seguidores y vistas sino también hacer de su popularidad un negocio. Llamados también "creadores" (Bonaga y Turiel 2016, 120), o "microcelebridades" (Smith 2017, 3; Marwick 2013, 114), estos personajes se diferencian de las celebridades tradicionales en el tipo de relación que se establece entre ellos y el público. Según Theresa Senft (2012, 4), mientras el público de una celebridad es denominado como audiencia, los seguidores de una microcelebridad son considerados como comunidad. El foco de la audiencia, según Senft (ibid.), es la admiración pasiva de la persona célebre. En una comunidad, en cambio, el foco se desplaza a la relación que se establece entre la celebridad y su público, quien se identifica e interactúa activamente.

    La aún creciente popularidad de los YouTubers entre el público juvenil se debe a una serie de particularidades tanto en la forma de comunicación -verbal y no verbal- con sus seguidores como de la manera en que elaboran las secuencias y el discurso de sus vídeos. Como precisan los investigadores Ismael Márquez y Elisenda Ardèvol (2018, 36), "lo que tienen en común estos *youtubers* no es el contenido de sus videos, sino haber sabido conectar una manera original, auténtica y creativa con un amplio número de usuarios para crear su propia audiencia". De esta manera, no es solo el contenido audiovisual que producen lo que ha hecho que estos personajes incluso desplacen a las celebridades de cine o televisión; son el discurso que producen y el diálogo que entablan con su audiencia los factores de éxito entre los jóvenes. ¿Cuáles son entonces los rasgos representativos de este discurso?

En primer lugar, atendiendo al lema de YouTube "broadcast yourself", esta plataforma ofrece la posibilidad de grabar y publicar vídeos de forma casera desde cualquier tipo de locación. De esta manera, los YouTubers más populares ofrecen una "Inszenierung von Realität" (Knaller & Müller 2016) o puesta en escena de la realidad mediante el vídeo blogging o Vlog.[1] Estos personajes graban y publican sus experiencias más cotidianas, dejando al descubierto sus problemas, miedos, deseos, confesiones, etc. Esta mezcla entre la intimidad escenificada en el vídeo y la distancia física con su público produce un efecto simultáneo de identificación y admiración entre sus seguidores (cf. Westenberg 2016). El YouTuber se muestra como auténtico, un chico como cualquier otro cuya privacidad es accesible fácilmente a los ojos de sus usuarios, pero es a su vez popular, lo que lo hace no solo estimado, sino que lo convierte en un modelo a seguir. Este efecto de identificación–admiración–imitación es la clave de su popularidad y de su influencia en el público juvenil.

Adicionalmente a hacer pública su intimidad, elemento que según Senft (2012, 6) representa su "identidad de marca", el YouTuber célebre crea comunidad, método fundamental para atraer masivamente a un público de temprana edad. Él y sus seguidores hacen parte de un grupo con características marcadas cuya interrelación produce dependencia y permanencia. La importancia de la idea del otro es un constructo de suma importancia durante la adolescencia, lo cual genera una fuerte necesidad de pertenencia y miedo al rechazo en este grupo generacional (cf. Leibovich et al. 2018). Este tipo de identificación con la celebridad individualmente y con el grupo de seguidores colectivamente se logra, entre otros recursos, mediante marcas lingüísticas específicas. Por una parte, el uso del argot juvenil contemporáneo o "lenguaje de cercanía" (Koch & Oesterreicher 1985), con referencias al mundo actual de los jóvenes, que de solo mencionarlas son

---

[1] La palabra "blog", resultado del truncamiento del término "weblog" (Blood 2000), se refiere a una anotación (en inglés *log*) que se realiza en un diario o bitácora. Así mismo el neologismo "vlog", resultado de la fusión de "vídeo" y "blog", se refiere a una grabación en formato de vídeo de pensamientos, opiniones o experiencias que se publican en internet (cf. Cambridge 2021).

reconocidas por los usuarios, permite la identificación, pues el adolescente siente que hablan su lenguaje y comparten sus referencias. Por otro lado, el uso del lenguaje propio del YouTuber es imitado y reproducido por sus seguidores, así como empleado como marca identitaria. La forma de saludar o despedirse, las maneras de nombrar ciertos objetos o situaciones, algunas palabras o frases que se repiten con frecuencia en sus vídeos, referencias recurrentes, entre otras características representan la comunidad lingüística del YouTuber y sus seguidores.

Por otro lado, otro de los rasgos representativos de su discurso es la manera de entablar y mantener el diálogo con sus seguidores. A diferencia de las celebridades tradicionales, los YouTubers no solo se muestran accesibles escenificando su privacidad, sino que se hacen en efecto accesibles a su audiencia mediante la interacción virtual (cf. Ault 2014). La cercanía de la celebridad los hace aún más populares entre sus seguidores. Esta comunicación YouTuber/aficionado se lleva a cabo de diferentes maneras, dadas las alternativas que ofrece la plataforma. Por una parte, y de manera más frecuente, el YouTuber se comunica con sus seguidores a través de una interacción simulada: habla a la cámara como si estuviera hablando directamente con cada seguidor, usa la segunda persona, graba su vídeo en un lugar íntimo como su cuarto o la sala de su casa, apela a sus interlocutores con preguntas o expresiones, señala, sonríe, envía expresiones de afecto, entre otros mecanismos propios del diálogo cara a cara. Por otra parte, el YouTuber se hace presente en la sección de comentarios de manera semi directa a través del botón de "me gusta/no me gusta", o de manera directa mediante respuestas escritas. Esta sección de comentarios no solo permite la comunicación entre la celebridad y su audiencia, sino entre los seguidores, lo cual estimula el sentimiento de comunidad. Sin la presencialidad, que puede ser rechazada por muchos adolescentes introvertidos (cf. Bringué Salá 2009, 318) o restringida públicamente en el caso extraordinario de una pandemia (como p. e. la del COVID-19), el diálogo íntimo y comunitario tiene lugar en la plataforma que, más allá de la simulación, representa la forma actual de interacción de muchos jóvenes en el mundo.

2   Los YouTubers y los cambios en el diálogo oral

Teniendo en cuenta lo anterior, la celebridad de YouTube no solo atrae a un gran número de seguidores a través de los mecanismos anteriormente mencionados, sino que también influye en la formación y el desarrollo de sus personalidades. Dicha influencia abarca varios aspectos tanto individuales como grupales, entre los cuales se encuentra el uso del lenguaje. De la misma manera que lo han hecho otros medios de comunicación de masas, las redes sociales, y específicamente YouTube, han influido en la manera en la cual los jóvenes usan el lenguaje y tienen consciencia de él. Estos cambios en el diálogo oral se producen en la coyuntura de varios aspectos políticos y sociales como la globalización, la migración, así como posibilidades tecnológicas de acceso instantáneo a la información y de una comunicación sin presencialidad. El uso particular de la lengua deviene la marca personal del YouTuber y se expande entre sus seguidores como marca comunitaria que, al ser usada, transmite un sentido de pertenencia y aceptación. Si bien la comunicación que tiene lugar en espacios como YouTube es considerada como "multimodal" (Kress & Van Leeuwen 2001; Kress 2010), en la medida en que se emplean diversos recursos semióticos para significar (cf. Kress & Van Leeuwen 2001, 20-23), en esta parte de nuestro artículo, y teniendo en cuenta nuestra orientación hacia la didáctica de ELE, nos concentraremos en la lengua y sus variaciones. En este orden de ideas, ¿qué características específicas se evidencian en los YouTubers más célebres que los convierten en factores de cambio lingüístico?

Para responder a esta pregunta tomaremos y analizaremos ejemplos de algunos de los canales de YouTube más difundidos de habla hispana. Este ejercicio nos permitirá no solo poner en evidencia la manera en la cual se escenifica la lengua oral como herramienta retórica, sino también cómo el uso de la lengua por parte de estos personajes transforma varios aspectos tanto fonéticos como prosódicos y pone de manifiesto la variedad y pluralidad de la lengua oral. Estos fenómenos sociolingüísticos resultan relevantes y, sobre todo, prácticos, para el campo de la didáctica, como lo veremos más adelante. En la siguiente tabla se relacionan los canales seleccionados como muestra de análisis.

Tipo	YouTuber	Seguidores	País
Vlogger	HolaSoyGerman	42,9 mill.	Chile
Gamer/Vlogger	ElRubiusOMG	40,1 mill.	España
Gamer/Vlogger	Fernanfloo	43,3 mill.	El Salvador
Viajes/Vlogger	Luisito Comunica	37,4 mill.	México
Críticas/humor	Auronplay	28,6 mill.	España
Moda y maquillaje	Yuya	24,9 mill.	México
Vlogger	Los Polinesios	25 mill.	México
Vlogger	Hamza Zaidi	1,4 mill.	España

Tabla 1: YouTubers hispanohablantes con mayor número de seguidores

2.1 Conectores familiares

El primer elemento relevante del comportamiento lingüístico de los YouTubers es el uso de conectores familiares (cf. Cocker & Cronin 2017), los cuales contribuyen a la identificación comunitaria y entablan una relación íntima y cercana con los usuarios, como se mencionó en el apartado anterior. Los saludos y despedidas fijas, así como apodos específicos para el grupo de seguidores, brindan un espacio de reconocimiento e intimidad. Además, estos dispositivos lingüísticos tienen efectos retóricos, cómicos e incluso lúdicos en la medida en que ofrecen la familiaridad de grupo, invitan a la interacción (apelación a suscribirse al canal, pulsar el botón de "me gusta", comentar, ver los siguientes vídeos, etc.), conectan de forma amena con el público y mantienen el interés por su canal.

YouTuber	Saludo fijo	Apodo a seguidores	Despedida fija
ElRubiusOMG	"Muy buenas…"	"Criaturitas del señor"	Canción final: "susususcribete y dale a like, si quieres sususususcribete…"
Auroplay	"Hey, hey, hey, pero ¿qué pasa chavales, todo bien?, ¿todo correcto? Y yo que me alegro."	"Chavales" "Amigos"	"Déjate un like que yo lo vea y nos vemos en un próximo vídeo, muaa"

Los Polinesios	"Hola Polinesios, ¿cómo están?"	"Polinesios"	"Adiós Polinesios, muaaa, los amooo"
Yuya	"Hola guapuras, ¿cómo están el día de hoy?"	"Guapuras, guapuritas"	"¡Te mando muchos besos aplastantes y muchas pero muchas letras de amor, adiós!"

Tabla 2: Ejemplos de conectores familiares

2.2 Prosodia

Otra característica del habla del YouTuber tiene que ver con la prosodia, específicamente en la manera particular de producir los sonidos de la lengua con el objetivo de llamar y mantener la atención del público. Este fenómeno se puede analizar mediante la fonoestilística (Troubetzkoy 1939), según la cual la modificación de la pronunciación, la articulación, la entonación, entre otras marcas, tiene una significación en sí misma y transmite un mensaje. En la siguiente tabla se registran algunos de los procedimientos prosódicos empleados por los YouTubers en sus vídeos. Cabe mencionar que, si bien cada personaje intenta presentarse de manera auténtica, el uso de los elementos prosódicos se repite en la mayoría de ellos generando un patrón llamado como la "YouTube voice" (Baron 2008) o el "estilo youtuber" (Márquez & Ardèvol 2018). En este artículo nos limitamos a mencionar algunos mecanismos fonoestilísticos con miras a la propuesta de trabajo didáctico en el aula. Un análisis exhaustivo de estos elementos, si bien necesario, desborda los límites de nuestro estudio.

Alargamiento	Adición	Acento dinámico	Entonación
" bueeeeno" "tíiiiiipico" "soooooon:" "¿quéeeeeeee?" "Noooooo"	"boeno" "tarabajar" "hombere" "choririzo"	*División silábica*: "o-se-a", "gra-cias", "os a-mo" *Énfasis*: "La hostia" *Contraste*: "No es **un** vídeo, es el vídeo, ¿vale?"	"¿Cómo se llaman sus gatos?" "¡Oh shit! ¡Ésta está difícil!"

Tabla 3: Ejemplos Prosodia

Muchos de los ejemplos referenciados en la tabla son característicos del habla juvenil actual. Las adiciones de sílabas o fonemas transmiten no solo el componente lúdico del lenguaje propio de la variedad del grupo poblacional, sino que adhieren vitalidad y humor al discurso. Las manifestaciones del acento dinámico y el alargamiento responden también a la variedad generacional. Sin embargo, son ejecutadas de manera exagerada por los YouTubers para mantener a la audiencia conectada con el vídeo. Si bien, como se mencionó con anterioridad, este tipo de vídeos simulan una conversación, se trata a la larga de un monólogo, por lo cual este tipo de mecanismos prosódicos son vitales para apelar al interés de los oyentes. La entonación, como se observa en el ejemplo, presenta subidas melódicas bruscas y exageraciones de contrastes rítmicos y melódicos. La exageración de la prosodia propia de la variación diastrática juvenil deviene una teatralidad que responde a la puesta en escena de la realidad que los YouTubers ejecutan en sus vídeos. Este fenómeno rebosa las fronteras de la plataforma virtual y es replicado e imitado por la audiencia en su cotidianidad, lo cual genera un cambio lingüístico en el habla oral, principalmente de los adolescentes.

- FG3-Chico1: Hamza. Hamza Zaidi. Es de Marruecos, pero es español y habla español y todo, y es muy gracioso.

– Moderadora: ¿Y lo imitas? ¿O qué tiene de gracioso?

– FG3-Chica2: No, es que a veces usa expresiones que repetimos... [...] no nos reímos de él.

– Moderador: Entonces no os reís de él, pero es divertido.

– FG3-Chico1: No, lo hace a propósito. Por ejemplo, en lugar de decir «cama», dice «caaaaama».

– Moderadora: ¿Y eso lo repetís cuando estáis en el patio de recreo y así?

– FG3-Chico1: Sí.

(Aran-Ramspott et al. 2018)

De la misma manera que ha ocurrido con otros fenómenos de la lengua, específicamente en el argot juvenil como el *verlan* en francés, los medios masivos de comunicación representan un importante motor de cambio lingüístico. En el ejemplo anterior se evidencia cómo los jóvenes reproducen las marcas prosódicas del YouTuber porque las encuentran graciosas y porque, al ser parte de la comunidad de seguidores, las transferencias son entendidas y aceptadas por el grupo. El alcance que tienen este tipo de medios puede generar o replicar un cambio lingüístico en específico, sobre todo si se tienen en cuenta las edades de la audiencia. De esta manera, este tipo de plataformas no solo influencian el, por Bourdieu (1990) denominado, "mercado lingüístico", puesto que orientan inconscientemente la producción lingüística, sino que también representan un espacio para la "heteroglosia", término utilizado en este contexto por Androutsopoulos (2010, 434) como "Koexistenz, Mischung oder auch Kontrastierung verschiedener Sprachen, Varietäten oder Sprachstile".

Esta teatralidad no se limita a la variedad diastrática. La puesta en escena de la realidad que los YouTubers elaboran con sus vídeos implica también una puesta en escena del lenguaje en sus diversas manifestaciones. Por esto, también la variedad diatópica juega un papel importante en la caracterización de su discurso oral y constituye un fenómeno lingüístico relevante en la actualidad. La representación de la variedad lingüística en los medios de comunicación, llamada "Intermediale Varietätendynamik" (Androutsopoulos 2012), resulta un elemento atractivo de análisis, específicamente en el caso de los YouTubers hispanohablantes. Por una parte, teniendo en cuenta la pluralidad de una lengua como el español, hablada por más de 480 millones de personas de manera nativa en más de 20 países, la facilidad de acceso a la variedad diatópica por medio de portales como YouTube implica un cambio en su representación. Por medio de los YouTubers, los jóvenes tienen acceso frecuente y directo a las variedades regionales de su propia lengua mediante sus ídolos. Resultado de esto es no solo la aceptación sino la imitación y reproducción de algunas marcas variacionales. Adicionalmente, los YouTubers son conscientes de que su forma de hablar, por una parte, los acerca a su audiencia por compartir la misma variedad diastrática; por otra parte, los hace únicos por, entre otros aspectos, la especificidad de su variedad diatópica. Este último componente deviene entonces otro elemento de la teatralidad: la exageración de su propia variedad regional, la cual constituye su marca personal, hace parte dinámica de su particular uso del lenguaje. Se estima que este tipo de marcas lingüísticas variacionales podrían representar un potencial de transferencia o imitación por parte de los seguidores del modo de hablar de los YouTubers. En la siguiente tabla se relacionan algunos ejemplos en donde se evidencian principalmente algunas realizaciones fonéticas y, en mayor medida, lexicales de la variedad diastrática particular.

YouTuber	Marcas variacionales recurrentes	Proveniencia
ElRubiusOMG	"¿Vale?", "¡hostias!" (interjección) "vamos /[baːmo']" (aspiración de la "s") "chicos /[ʃiːko']" (fricatización de la "ch")	España - Málaga
AuronPlay	"chistecillos", "farolillo" (diminutivos en "illo", "illa") "que te lo digo" (uso recurrente del "que" expletivo) "faena" (catalanismos)	España - Barcelona
Luisito Comunica	"¡vaya!", "mis cuates", "platicar" "órale" (mexicanismos) "vamo [baːmo'] a darle" (transferencia) "córrele" (adición de 'le' al imperativo)	México - Puebla
HolaSoyGerman	"pesao" (omisión de la "d" en terminaciones "ado") "mucha cosa" /[mutʃaːkosa'] (aspiración de la "s" final) "ya, ya" (interjección) "guagüita" (chilenismos)	Chile - Copiapó

Tabla 4: Ejemplos Variedades diatópicas

Aparte de las marcas características de la variedad diatópica que diferencian el habla peninsular del habla latinoamericano (uso del vosotros, zezeísmo, entonación, acentuación, etc.), los elementos relacionados en la tabla caracterizan, por su uso recurrente, el habla particular del YouTuber y corresponden a una variedad regional específica. Algunas de estas realizaciones lingüísticas son acentuadas por los YouTubers para marcar su originalidad e intensificar el componente humorístico de su discurso. Los seguidores, a su vez, replican estos elementos, entre otros mencionados anteriormente, como características de la comunidad de aficionados. Al imitar las marcas lingüísticas variacionales no solo se muestra la pertenencia al grupo, sino que se le otorga significado: las referencias implícitas se activan y se comunican sin ser mencionadas. Muchos de estos elementos, propios de un habla regional específica, migran a geografías diferentes, lo cual hace que la variedad diatópica difumine sus fronteras locales. Estos fenómenos de cambio lingüístico no solo representan una modificación en el diálogo oral de los jóvenes hablantes nativos, sino que resultan relevantes a la hora de abarcar el español como lengua extranjera. ¿En qué medida es importante tener en cuenta estos fenómenos en el aprendizaje del español? ¿De qué manera se puede hacer uso en el aula de ELE de estas manifestaciones? ¿Cómo el formato del YouTuber puede resultar atractivo, significativo y auténtico en la enseñanza del español como lengua extranjera?

3 Alternativas didácticas en el aula de ELE

Como se ha señalado hasta ahora, los YouTubers, aparte de representar una parte importante del entretenimiento de los jóvenes, son una muestra auténtica del estado sociolingüístico del español actual. La pluralidad variacional y el dinamismo de sus fenómenos de contacto se evidencian en la comunicación audiovisual que los YouTubers entablan con su público. Uno de los factores determinantes en el éxito de este tipo de formato tiene que ver con la forma en la cual estas celebridades hacen uso de la lengua para atraer, conectar, mantener y dialogar con sus seguidores. Tanto la variedad diastrática, específicamente el argot juvenil, como la diatópica constituyen un elemento atractivo y distintivo, que no solo caracteriza al creador de contenido, sino que representa un elemento identitario en la comunidad de seguidores. Este fenómeno ha tenido un impacto en el uso del diálogo oral entre los jóvenes hablantes nativos de español y representa un factor de cambio lingüístico actual.

Esta situación de cambio lingüístico es relevante también desde la perspectiva del aprendizaje del español como lengua extranjera. La conciencia de la artificialidad de la lengua aprendida, mal llamada "estándar", y la lengua naturalmente adquirida hace parte importante de la competencia comunicativa y cultural (cf. Fernández Marín 2014, 34). Dicha conciencia se alcanza a través de una reflexión y un contacto permanente con la lengua natural, tanto en condición de inmersión como de distancia geolingüística. Por esto, el dinamismo y la pluralidad de la lengua hablada son elementos esenciales en el aula de ELE. Teniendo en cuenta esta situación, el formato del YouTuber se muestra como una alternativa didáctica eficaz para el desarrollo de competencias tanto comunicativas como interculturales en los aprendices de español como lengua extranjera. Por una parte, así como el YouTuber resulta atractivo para los seguidores en su lengua materna, este puede constituir un medio atrayente para los hablantes no nativos, pues al compartir las mismas edades, comparten también los mismos gustos, los cuales desbordan generalmente las barreras de la lengua. En este sentido, el YouTuber como opción didáctica posibilita un acercamiento al español actual y auténtico de sus pares generacionales hispanohablantes, así como un aprendizaje centrado en los intereses del alumno.

Adicionalmente, la dinámica combinación de los vídeos y los comentarios, llamada "YouTube-Spektakel" (Androutsopoulos 2012, 13), ofrece un doble potencial didáctico. Por una parte, la recepción activa del contenido audiovisual permite el desarrollo de competencias comunicativas de comprensión (ver-escuchar-leer). Actividades de comprensión y reflexión del contenido propuesto, como por ejemplo preguntas acerca del mensaje transmitido, la identificación de marcas lingüísticas o particularidades propias de la variación, reconocimiento de elementos culturales específicos, entre otras estimulan el aprendizaje por medio de la reflexión o "Lernen durch Reflexion" (Wolf & Rummler 2012). Por otra parte, la posibilidad de recrear el contenido partiendo del modelo o "Lernen am Modell" (ibid.) potencia las habilidades de producción de manera significativa. No solo la reproducción de las marcas variacionales del modelo sino la creación de las propias permite eliminar la distancia entre la lengua artificial, homogénea y estable y la lengua natural, cambiante y heterogénea. En la siguiente tabla se relacionan algunas alternativas de trabajo en cuanto al desarrollo de las competencias comunicativas de comprensión y producción mediante el uso de contenido de YouTubers en el aula.

Comprensión	Producción
Identificar conectores familiares: saludos, despedidas, frases fijas.	Repetición y/o creación de conectores familiares: saludos, despedidas, frases fijas.
Trabajo con subtítulos: subtítulos en lengua meta/pronunciación, tono, acento y musicalidad de oraciones.	Trabajo con subtítulos: elaboración de subtítulos en lengua de origen.
Reconocer elementos de la cultura meta: rutinas, alimentos, horarios, humor, etc.	Comparar / discutir elementos de la cultura meta con la cultura de origen.
Retos (*tags*): comprensión oral/competencias, temas y habilidades específicas.	Retos (*tags*): elaboración de un vídeo

Tabla 5: Actividades de comprensión y producción

Al tratarse de material auténtico, el trabajo previo de selección, modificación y ajuste de acuerdo con el nivel es fundamental para potenciar el desarrollo de las competencias de acuerdo con los temas de la clase y los conocimientos previos de los estudiantes. Sin esta preparación el material auténtico puede generar un efecto contrario y producir frustración. El formato de vídeos de YouTube ofrece la posibilidad tanto a profesores como a estudiantes de modificar algunas funciones de manera que pueda adaptarse a diferentes niveles de lengua. La modificación de la velocidad de reproducción es una herramienta fundamental para las actividades de comprensión. Basta con reducir la velocidad a tres cuartos (0.75), un nivel por debajo de la velocidad estándar, para acceder a la información sin modificación de la voz. Adicionalmente, los subtítulos representan también un instrumento útil para el trabajo en el aula. Los vídeos de la mayoría de YouTubers con una importante cantidad de seguidores cuentan con subtítulos, no solo de reconocimiento automático sino elaborados por sus seguidores en lengua de origen y extranjera. Esta herramienta ofrece alternativas didácticas de trabajo desde distintos ángulos. La simultaneidad del código escrito con el hablado permite identificar y reproducir marcas fonéticas y prosódicas propias de la lengua objeto, así como de la variedad específica del YouTuber. Asimismo, la posibilidad de acceder a la traducción escrita, por lo general mediante los subtítulos en inglés, puede posibilitar no solo una mejor comprensión del mensaje sino un trabajo multilingüe de comparación, adaptación y traducción de la lengua objeto frente a otras lenguas extranjeras o maternas.

De la misma manera que el contenido de YouTubers se presenta como modificable y adaptable para diferentes niveles de lengua, este también ofrece diversas posibilidades de trabajo en el aula, de acuerdo con la planeación específica de los temas.[2] Específicamente los retos o *tags* resultan atractivos para el trabajo didáctico. La diversidad de retos permite que el vídeo se adapte a la situación actual de los estudiantes y del curso. Por ejemplo, el *tag* de "50 cosas sobre mí", en donde los YouTubers describen sus gustos, preferencias, miedos,

---

[2] No solo las competencias comunicativas se fortalecen mediante el uso de este tipo de formato. La competencia digital tiene también un espacio fundamental en la recepción y producción de los vídeos. La alfabetización mediática tiene lugar a través, por un lado, del conocimiento de las leyes en cuanto a protección de datos y privacidad online, derechos de autor, plagio, acceso y publicación de contenido, entre otros aspectos legales importantes a tener en cuenta a la hora de consumir y hacer público contenido en la red. Por otro lado, la reflexión acerca de las fronteras entre lo público y lo privado, las ventajas y las consecuencias de la publicación de contenido en internet y la utilidad y los peligros de las redes sociales permite el fomento de un uso responsable y consciente de los medios de comunicación actuales.

experiencias, etc. que los definen puede ser empleado incluso en los niveles más básicos. Con un trabajo previo de comprensión, teniendo en cuenta las herramientas anteriormente mencionadas, se puede proponer la creación de una lista similar mediante la cual los estudiantes empleen lo aprendido y usen la lengua extranjera para describirse de la misma manera que lo hace el YouTuber en su vídeo. Los *tags* tienen el potencial didáctico de poder ser utilizados tanto como actividades aisladas para el desarrollo de competencias comunicativas puntuales, como para un proyecto de curso a lo largo del año, nivel o semestre. A continuación, se relacionan algunos de los *tags* más populares y se proponen vídeos de los YouTubers más populares en español para el trabajo en el aula.

Reto (*tag*)	Descripción	Vídeos sugeridos
Un día conmigo	Descripción de la rutina diaria.	Hamza Zaidi: "Ramadam" https://www.youtube.com/watch?v=JEFftT-RHpc
Tutoriales	Descripción del paso a paso de alguna actividad.	LosPolinesios: "¡Haciendo una piñata para mañana!" https://www.youtube.com/watch?v=o8qz-kQSQAs
Reseñas de productos	Desempacar un producto de interés común, describir su funcionamiento, compartir su experiencia.	AuronPlay: "Galaxy S4 & iPhone 4S - Opinión PERSONAL" https://www.youtube.com/watch?v=Cr5rQfKiEpw
Storytime	Contar una anécdota o describir un evento personal	ElRubiusOMG: "Cómo me enamoré de una japonesa" https://www.youtube.com/watch?v=lrr8_qCTNYQ
Preguntas y respuestas	Hacer una selección de preguntas de seguidores y contestarlas.	ElRubiusOMG: "Preguntas y respuestas casi serias" https://www.youtube.com/watch?v=0lZx4kp-iCE
Tour de casa, cuarto, colegio	Mostrar y describir algún lugar relevante.	LuisitoComunica: "Tour por mi casa 2020" https://www.youtube.com/watch?v=WQPiDnBIVxQ
Recetas	Describir y cocinar de forma simultánea alguna receta.	Yuya: Haz los mejores cupcakes del mundo https://www.youtube.com/watch?v=dfh3aYZ7jg0

Antes vs. ahora	Comparación entre el pasado y el presente de situaciones, objetos, personas, costumbres, etc.	HolaSoyGerman: "Nada es como antes" https://www.youtube.com/watch?v=pCJqZLaiySU
50 cosas sobre mí	Enumeración de 50 aspectos que definen la personalidad.	AuronPlay: "50 cosas nuevas sobre mí" https://www.youtube.com/watch?v=chDY-IXlIns&t=929s
Qué llevo en mi mochila	Descripción de elementos de uso diario.	Yuya: "¿Qué traigo en mi bolsa?" https://www.youtube.com/watch?v=Pbkzj5CWEC4
Gameplay	Narración de una partida de videojuegos mientras se juega simultáneamente.	Fernanfloo: "Un Gameplay con mi madre #2" https://www.youtube.com/watch?v=1sF4dfJIgyE
Consejos para…	Enumeración de ayudas para superar una situación en particular.	HolaSoyGerman: "Consejos para olvidar a alguien" https://www.youtube.com/watch?v=Cm__JeYl9OY
Draw my life	Narración de la autobiografía por medio de dibujos.	LuisitoComunica: "Draw my life" https://www.youtube.com/watch?v=-LfGh6bmSx0

Tabla 6: Alternativas didácticas / Retos (*tags*)

Por último, más allá del desarrollo de competencias comunicativas funcionales, el empleo didáctico de los vídeos de YouTubers tiene el potencial de incentivar tanto las competencias de conciencia lingüística y de aprendizaje, como la competencia intercultural. Siendo este portal, como se mencionó anteriormente, un espacio para la heterogeneidad de lenguas, variaciones y estilos, el estudiante de ELE se ve confrontado con la diversidad lingüística del español acercándose así al estado actual y auténtico de esta lengua. El trabajo didáctico de los elementos anteriormente analizados permite al alumno comparar y contrastar aspectos propios del español con aquellos de su lengua materna, así como ser consciente de la variedad. Adicionalmente, más allá del componente meramente lingüístico, este tipo de vídeos ofrece la posibilidad de conocer e interactuar con elementos culturales de primera mano a través de hablantes nativos. La identificación, el contraste y el encuentro de la identidad entre la variedad son elementos que promueven el desarrollo de la competencia intercultural. El trabajo en el aula con los retos, por ejemplo, propicia el reconocimiento de marcas culturales específicas que pueden ser usadas posteriormente como punto de comparación para hablar de las propias en la fase de producción.

4 Conclusiones

El portal de vídeos YouTube, específicamente el YouTuber como creador de contenido con una audiencia representativa y en crecimiento, ha transformado la comunicación digital hasta el punto de convertirse en generador de cambio lingüístico. De forma particular en una lengua con tantos usuarios y tantas geografías como el español, este fenómeno no pasa desapercibido, específicamente al acercarnos a la lengua como objeto de estudio. El YouTuber se presenta entonces como muestra auténtica del estado actual del español, lengua plural, diversa y heterogénea. Por esta razón, la inclusión del contenido creado por estos personajes ofrece alternativas atractivas de trabajo en el aula de ELE con diferentes objetivos. En primer lugar, promover actividades que se centren en los alumnos, que partan de sus intereses y les permitan aprender de ellos. En segundo lugar, desarrollar competencias interculturales donde no solo se abarca la lengua y la cultura meta sino se impulsa un pensamiento crítico (comparación, análisis, discusión) dentro de la diversidad. Adicionalmente, fomentar la alfabetización mediática en cuanto a los roles de usuarios y creadores y analizar los riesgos y las ventajas del uso de redes sociales. Así, el YouTuber y sus vídeos representan un formato que permite el desarrollo de diversas competencias no solo lingüísticas (comprensión y producción) sino competencias interculturales, mediales, personales, trabajo en equipo, organización, planeación, retroalimentación. Es nuestra tarea como docentes mantener una apertura a las tendencias actuales y aprovecharlas como material de clase en cuanto hacen parte de la contemporaneidad de los estudiantes, así como representan la actualidad y autenticidad de la lengua.

	Material didáctico para descargar / Didaktisches Material zum Herunterladen
Descripción / Beschreibung	La propuesta didáctica se basa en el vídeo "Tour por mi casa 2020" del YouTuber mexicano LuisitoComunica. A través de una propuesta de planificación dirigida a un segundo año de aprendizaje y que contempla una extensión de 3 a 4 sesiones de 45 minutos, la autora presenta una guía de comprensión audiovisual del vídeo y una guía para la elaboración de un guion para grabar un Vlog al estilo de LuisitoComunica.
Título / Titel	AB 1: Preguntas orientadoras AB 2: Elaboración de guion Anexo: Propuesta de planificación de la unidad
Acceso / Zugang	https://www.ibidem-verlag.de/pdf/1900/02.pdf

Bibliografía

ANDROUTSOPOULOS, Jannis. 2010. „Multimodal – intertextuell – heteroglossisch: Sprach-Gestalten in „Web 2.0"-Umgebungen", in: Deppermann, Arnulf & Linke, Angelika. edd. *Spracheintermedial. Stimme und Schrift, Bild und Ton*. Berlin [u.a.]: de Gruyter, 419-445. Online: https://doi.org/10.1515/9783110223613.419 (22.05.2023).

ANDROUTSOPOULOS, Jannis. 2012. „Intermediale Varietätendynamik: Ein explorativer Blick auf die Inszenierung und Aushandlung von ‚Dialekt' auf YouTube", in: *Sociolinguistica* 26, 87-101.

ARAN-RAMSPOTT, Sue & FEDELE, Maddalena & TARRAGO, Anna. 2018. „Funciones sociales de los youtubers y su influencia en la preadolescencia", in: *Comunicar - Revista Científica de Comunicación y Educación* 57/26, 71-80.

AULT, Susanne. 2014. „Survey: YouTube Stars More Popular Than Mainstream Celebs Among U.S. Teens", in: *Variety*. Online: https://variety.com/2014/digital/news/survey-youtube-stars-more-popular-than-mainstream-celebs-among-u-s-teens-1201275245/ (22.05.2023).

BARON, Naomi. 2008. *Always On. Language in an Online and Mobile World*. Oxford: Oxford University Press.

BLOOD, Rebecca. 2000. "Weblogs: A History and Perspective", in: *Rebecca's Pocket*. Online: http://www.rebeccablood.net/essays/weblog_history.html (22.05.2023).

BONAGA, Cristina & TURIEL, Héctor. 2016. *Mamá, ¡quiero ser youtuber!*. Barcelona: Planeta.

BOURDIEU, Pierre. 1990. *Sociología de cultura*. México, D.F.: grijalbo.

BRINGUÉ SALA, Xavier. 2009. *La generación interactiva en España niños y adolescentes ante las pantallas*. Madrid: Fundación Telefónica.

COCKER, Hayley L. & CRONIN, James. 2017. "Charismatic authority and the YouTuber: Unpacking the new cults of personality", in: *Marketing Theory* 17/4, 455-472. Online: https://doi.org/10.1177/1470593117692022 (22.05.2023).

DEFY MEDIA. 2015. *Acumen report: Youth Video Diet*. Online: https://docplayer.net/29166945-Acumen-youth-video-diet.html (22.05.2023).

FERNÁNDEZ MARTÍN, Patricia. 2014. "La conciencia lingüística en el aula de ELE: lengua artificial, lengua natural y diversidad sociolingüística", in: *Revista Internacional de Lenguas Extranjeras = International Journal of Foreign Languages* 3, 31-61. Online: https://www.raco.cat/index.php/RILE/article/view/292414 (22.05.2023).

HÖFLER, Elke. 2017. "Mit YouTube-Stars Fremdsprachen lernen. Eine interdisziplinäre Annäherung", in: Corti, Agustín & Wolf, Johanna. edd. *Romanistische Fachdidaktik Grundlagen – Theorien – Methoden*. Münster: Waxmann, 147-159.

JERSLEV, Anne. 2016. "In the Time of the Microcelebrity: Celebrification and the YouTuber Zoella", in: *International Journal of Communication* 10, 5233-5251. Online: https://bit.ly/2shZq4T (22.05.2023).

KAPLAN, Andreas M. & HAENLEIN, Michael. 2010. "Users of the world, unite! The challenges and opportunities of Social Media", in: *Business Horizons* 53/1, 59-68.

KNALLER, Susanne & MÜLLER, Harro. 2006. "Einleitung", in: Knaller, Susanne & Müller, Harro. edd. *Authentizität. Diskussion eines ästhetischen Begriffs*. München: Wilhelm Fink, 7-16.

KOCH, Peter & OESTERREICHER, Wulf. 1985. "Sprache der Nähe – Sprache der Distanz. Mündlichkeit und Schriftlichkeit im Spannungsfeld von Sprachtheorie und Sprachgeschichte", in: *Romanistisches Jahrbuch* 36, 15-43.

KRESS, Gunther. 2010. *Multimodality. A social semiotic approach to contemporary communication*. London: Routledge.

KRESS, Gunther & VAN LEEUWEN, Theo. 2001. *Multimodal Discourse. The Modes and Media of Contemporary Communication*. London: Arnold Publishers.

LEIBOVICH, Nora & SCHMIDT, Vanina & CALERO, Alejandra D. 2018. "The Need to Belong (NB) in Adolescence: Adaptation of a Scale for its Assessment", in: *Psychology and*

Behavioral Science International Journal 8/5. Online: https://doi.org/10.19080/PBSIJ.2018.08.555747 (22.05.2023).

MÁRQUEZ, Israel, & ARDÈVOL, Elisenda. 2018. „Hegemonía y contrahegemonía en el fenómeno youtuber", in: *Desacatos* 56, 34-49. Online: https://www.scielo.org.mx/pdf/desacatos/n56/2448-5144-desacatos-56-34.pdf (22.05.2023).

MARWICK, Alice. 2013. *Status update: Celebrity, publicity and branding in the social media age*. New Haven, CT: Yale University Press.

OECD. 2007. *Participative Web and User-Created Content. Web 2.0, Wikis and Social Networking*. Paris: OECD Publishing. Online: http://www.oecd-ilibrary.org/content/book/9789264037472-en (22.05.2023).

RUMMLER, Klaus & WOLF, Karsten D. 2012. „Lernen mit geteilten Videos: aktuelle Ergebnisse zur Nutzung, Produktion und Publikation von Onlinevideos durch Jugendliche", in: Sützl, Wolfgang & Stalder, Felix & Maier, Ronald. edd. *Media, Knowledge and Education / Medien - Wissen - Bildung. Cultures and Ethics of Sharing / Kulturen und Ethiken des Teilens*. Innsbruck: Innsbruck University Press, 253-266.

SENFT, Theresa M. 2012. „Microcelebrity and the branded self", in: Hartley, John & Burgess, Jean & Bruns, Axel. edd. *A companion to new media dynamics*. Oxford: Wiley Blackwell, 346-354.

SMITH, Daniel R. 2017. „The tragedy of self in digitised popular culture: The existential consequences of digital fame on YouTube", in: *Qualitative Research* 17/6, 699-714. Online: https://doi.org/10.1177/1468794117700709 (22.05.2023).

WOLF-ZAPPEK, Sabine & SAWELLION, Sandra. 2016. „Planung und Durchführung von kompetenzorientiertem Spanischunterricht", in: Bär, Marcus & Franke, Manuela. edd. *Spanisch-Didaktik. Praxishandbuch für die Sekundarstufe I und II*. Berlin: Cornelsen, 174-210.

Katja Fredrichs & Anja Schreck

Inwiefern können mit Gesprächsleitfäden authentische(re) Dialoge im Fremdsprachenunterricht simuliert werden?

1 Mündlichkeit stärken – Sprechen schulen

Das übergeordnete Ziel des modernen Fremdsprachenunterrichts ist die Ausbildung einer kommunikativen Kompetenz in Kombination mit interkultureller Handlungsfähigkeit (vgl. Jansen 2008, 27). Inhalte und Themen sollen sich an den kommunikativen Herausforderungen orientieren, denen die Fremdsprachenlernenden im Land der Zielsprache begegnen können (vgl. ebd.). Hierbei spielt die mündliche Kompetenz eine besondere Rolle, denn Sprache wird zu 95% gesprochen und nur zu 5% geschrieben, sowohl im privaten als auch im beruflichen Umfeld (vgl. Taubenböck 2007, 3). Dieses Verhältnis muss sich daher auch im Fremdsprachenunterricht widerspiegeln. Nicht nur durch die Einführung des „Gemeinsamen Europäischen Referenzrahmens für Fremdsprachen" ist die Mündlichkeit stärker ins Zentrum des Fremdsprachenunterrichts gerückt, sondern auch durch den Beschluss der Kultusministerkonferenz zu den Bildungsstandards für die erste Fremdsprache wird der Mündlichkeit auch in bundesweiten offiziellen Dokumenten ein besonderer Stellenwert eingeräumt. Dieser wird in den Bildungsstandards für die Allgemeine Hochschulreife fortgeführt und ausgebaut, was auch die Einführung einer mündlichen Sprechprüfung in der gymnasialen Oberstufe bestätigt (vgl. KMK 2003, 7; 2012, 11).

Doch die Unterrichtsrealität im Fremdsprachenunterricht sieht anders aus. So existiert in dieser weiterhin eine Dominanz der Schriftlichkeit. Daneben wird der Förderung der Sprechkompetenz auch durch äußere Faktoren wie bspw. große Klassenstärken von bis zu 30 Schüler*innen ein bisher (zu) kleiner Raum zugewiesen. Dies haben auch die Ergebnisse einer Videostudie belegt, die begleitend zur Schulleistungsstudie DESI (2006) durchgeführt wurde. In dieser wurde der Redeanteil von Schüler*innen im Unterricht untersucht. Es konnte festgestellt werden, dass der Redeanteil der Lehrer*innen mehr als doppelt so hoch ist wie der der Lernenden (vgl. Taubenböck 2007, 3). Dieser niedrige Sprechanteil der Schüler*innen besteht darüber hinaus zu 6,2% aus freien Äußerungen in deutscher

Sprache, zu 26,8% aus Ablesen, zu 19,1% aus mündlichen Aktivitäten wie Nachsprechen, Wiederholen u. Ä. und zu 47,9% aus freien Äußerungen in der Fremdsprache. Dabei setzen sich diese freien Äußerungen aus einem Drittel Ein-Wort-Antworten, einem Drittel unvollständigen Sätzen und einem Drittel ganzen Sätzen zusammen. Es konnten keine Äußerungen ermittelt werden, die über die Länge eines Satzes hinausgehen. Die Ergebnisse bringen die „Sprachlosigkeit" (ebd.) der Schüler*innen im Unterricht zum Ausdruck und machen die Unzulänglichkeit einer gezielten Förderung der Sprechkompetenz deutlich.

1.1 Herausforderung Sprechen

Das Sprechen, insbesondere das dialogische Sprechen in der Fremdsprache, bringt viele Herausforderungen mit sich. Um zu klären, warum Sprechen so ein komplexer Prozess ist, bietet es sich an, das Sprechen im Vergleich zum Schreiben zu betrachten. Im Gegensatz zum Schreiben ist das Sprechen, v. a. das dialogische, mental weitaus komplexer, weil Sprecher*innen direkt agieren und reagieren müssen, d. h. sie müssen in Sekundenbruchteilen Äußerungen des Gegenübers verstehen, verarbeiten, angemessen darauf eingehen, formulieren, artikulieren und dabei ihr kommunikatives oder Handlungsziel im Auge behalten (vgl. Levelt 1989, 9). Diese Vielzahl an Prozesskomponenten sind vom Sprecher bzw. von der Sprecherin teils simultan teils sukzessiv zu planen und auszuführen, wohingegen ein*e Schreiber*in seine*ihre Reaktion reiflich überlegen kann und unendlich oft die Möglichkeit hat, das bereits Geschriebene zu überdenken und zu modifizieren. Folglich ist Sprechen ein flüchtiger, komplexer, mehrteiliger Prozess, dessen Ergebnis nicht auf Dauer fassbar ist (vgl. Nieweler 2002, 8; vgl. auch Kieweg 2000, 6f. sowie Blume 2006, 3). Die größte Herausforderung für den*die Sprecher*in ist dabei der Zeitdruck, unter dem die Nachricht enkodiert werden muss.

Für ein detaillierteres Verständnis der Komplexität des Sprachproduktionsprozesses wird an dieser Stelle das Modell zur Sprachproduktion von Willem J. M. Levelt (1989) herangezogen, eines der bekanntesten Modelle. Er geht von einem Sprechenden als „Informationsverarbeiter" aus (Levelt 1987, 1). In strikter Abfolge werden bei der Sprachproduktion somit die folgenden Teilprozesse realisiert: Zunächst wird die sprachliche Äußerung gedanklich-begrifflich geplant (vgl. ebd., 9ff.). Es wird festgelegt, welche relevanten Informationen in eine Äußerung aufgenommen (Makroplanung) und in welcher Reihenfolge sie präsentiert werden müssen (Mikroplanung). Hierfür wird auf deklaratives und prozedurales Wissen zurückgegriffen. Hierzu gehört auch, Wissen über den bisherigen Gesprächsverlauf sowie die Gesprächspartner*innen. Das Produkt dieses Teilprozesses ist die sogenannte „präverbale Mitteilung", die gleichzeitig der Input für den nächsten Teilschritt ist. Im nächsten Teilprozess wird die konzeptuelle Struktur (präverbale Mitteilung) in eine linguistische Struktur übersetzt, wofür auf grammatisches und lexikalisches Wissen zurückgegriffen wird (vgl. ebd., 11f.). Dies geschieht in zwei Schritten: Zunächst wird während der grammatischen Enkodierung auf die jeweiligen Lemmata zugegriffen, d. h. für alle Elemente, die in der konzeptuellen Struktur vorhanden sind, werden passende lexikalische oder grammatische Ausdrucksformen ausgewählt und dem grammatischen Wissen entsprechend in eine angemessene Form gebracht. Bei der phonologischen Enkodierung werden dann den Lemmata die entsprechenden Lexeme zugeordnet und miteinander verbunden. Das Ergebnis ist der „artikulatorische Plan", welcher wiederum den Input für den folgenden Teilschritt darstellt. Bei der Artikulation wird der artikulatorische Plan ausgeführt und in motorische Aktivität der Sprechwerkzeuge umgesetzt (vgl. ebd., 12f.). Das Produkt ist das Sprechereignis. Ein*e Sprecher*in kann das eigene Sprechen überwachen (Monitoring), indem auf das Ergebnis der Artikulation zurückgegriffen wird (vgl. ebd., 13f.), da der*die Sprechende zugleich auch Zuhörende*r ist und die eigene Äußerung versteht. Es kann somit überprüft werden, ob das Sprechergebnis bedeutsamen Wörtern und Sätzen entspricht oder fehlerhaft ist. Allerdings kann auch schon die präverbale Mitteilung überwacht und ggf. korrigiert werden, da derselbe Überwachungsmechanismus, der das Sprechergebnis prüft, auch Zugriff auf die Konzeptualisierung hat.

Wenn auch die verschiedenen Teilprozesse strikt seriell arbeiten, so sind sie doch während der Sprachproduktion allesamt gleichzeitig aktiv, sodass auch „Teilergebnisse" weiterverarbeitet werden können (vgl. ebd., 24f.). Nachdem im „Konzeptualisierer" ein Teil einer „Mitteilung" generiert und dann zur linguistischen Enkodierung an den „Formulierer" weitergeleitet wurde, werden im „Konzeptualisierer" sogleich weitere Teile der „Mitteilung" erzeugt. Oder wenn „Lemmata" zur phonologischen Enkodierung im „Formulierer" weitergegeben worden sind, werden auf der Ebene der grammatischen Enkodierung, auf der Basis neuer, vom „Konzeptualisierer" empfangenen Teile der „Mitteilung", sogleich neue „Lemmata" erzeugt. Während eine Äußerung artikuliert wird, denkt der*die Sprecher*in somit schon darüber nach, was er*sie als nächstes sagen will. Häufig beginnt die Artikulation eines Satzes, bevor der gesamte Inhalt geplant ist. Levelts Modell macht die Komplexität des Sprechvorgangs mehr als deutlich.

Die Ausführungen zeigen zum einen, dass das Sprechen, insbesondere das dialogische Sprechen, in der Fremdsprache einen höchst komplexen Prozess darstellt, der vielfältige Herausforderungen an die Sprecher*innenstellt. Zum anderen verdeutlichen sie die Notwendigkeit der gezielten Schulung dieser Kompetenz. Hierfür gilt es, wie auch die Ergebnisse der Videostudie aufgezeigt haben, geeignete Sprechanlässe zu wählen, die nicht nur eine Sprechhandlung evozieren, sondern auch längere und komplexere Sprechbeiträge erfordern. Die Frage der Progression spielt für gute Sprechaufgaben demnach eine zentrale Rolle. Des Weiteren ist gezeigt worden, dass der Sprechanteil der Schüler*innen gegenüber der Lehrkraft insgesamt erhöht werden muss. In Anbetracht der derzeitigen Klassenstärken besteht die Herausforderung in diesem Zusammenhang darin, möglichst viele Schüler*innen zeitgleich zu aktivieren.

1.2 Authentische Dialoge im Fremdsprachenunterricht

Eine zentrale Rolle für die Förderung der Sprechkompetenz spielt der Sprechanlass. Er muss authentisch sein, um eine Sprechhandlung zu motivieren. Authentizität bedeutet Echtheit im Sinne von nicht gekünstelt (vgl. Thaler 2017). Für den Fremdsprachenunterricht bedeutet dies, dass der Sprachgebrauch im Unterricht mit dem außerhalb des Unterrichts übereinstimmen soll (vgl. ebd.). Authentische Dialoge können somit als realitätsnahe und inhaltlich bedeutsame Kommunikationssituationen verstanden werden, in denen relevante Routineformeln angewendet und Bedeutungen ausgehandelt werden (*negotiation of meaning*). Eine authentische Interaktion in der Zielsprache setzt allgemein auch die Beteiligung eines nativen Sprechers oder einer nativen Sprecherin voraus und erlaubt es, dass ein*e Sprecher*in als er*sie selbst handeln kann (vgl. Rössler 2010, 30). Dies alles ist in außerschulischen Begegnungen mit Vertreter*innen der Zielsprache naturgemäß der Fall. Im Fremdsprachenunterricht besteht die Herausforderung darin, diese Realität ins Klassenzimmer zu holen und die Kommunikationsform Dialog für die Lernenden derart aufzubereiten, dass sie in und mit der Sprache gleichzeitig handeln wie auch lernen. Je größer dabei die persönliche Relevanz für den*die einzelne*n Lernende*n ist, umso größer ist auch die Motivation und letztendlich der Lerneffekt. Wenn jedoch die nicht-didaktische Intention ein wichtiges Kriterium für Authentizität ist, scheint es sinnvoll, im unterrichtlichen Kontext von „simulierter Authentizität" zu sprechen (vgl. ebd., 29). Der Begriff hebt dennoch hervor, worum es im Wesentlichen geht.

2   Authentische Dialoge durch Gesprächsleitfäden

Wenn authentische Interaktion in der Zielsprache sich durch die Beteiligung eines nativen Sprechers oder einer nativen Sprecherin kennzeichnet sowie durch die Tatsache, dass die Fremdsprachenlernenden als sie selbst handeln, wie können dann Dialoge im Fremdsprachenunterricht authentischer gestaltet werden? Im Folgenden soll eine Methode vorgestellt werden, mit der für authentischere Dialoge im Fremdsprachenunterricht selbst gesorgt werden kann. Gleichzeitig werden die Schüler*innen auf authentische Kommunikationssituationen außerhalb des Klassenraums vorbereitet. Bei der Methode handelt es sich um sogenannte „Gesprächsleitfäden".

Das Problem hinsichtlich der Simulation authentischer Dialoge im schulischen Kontext ist folglich die Abwesenheit von L1-Sprecher*innen des Spanischen, die diese Rolle übernehmen könnten, oder sie stehen nur in den seltensten Fällen zur Verfügung. In der Regel muss diese Rolle von den Lernenden selbst umgesetzt werden, die jedoch ein ähnliches sprachliches Niveau wie ihr*e Gesprächspartner*in haben. Dadurch verliert der Dialog automatisch an Authentizität. Denn in einer authentischen Situation, in welcher der*die Fremdsprachlernende mit einem*einer L1-Sprecher*in des Spanischen sprechen würde, müsste er*sie eben diese*n verstehen. Der*die L1-Sprecher*in würde jedoch u. a. mit einer höheren Sprechgeschwindigkeit sowie mit für den*die Fremdsprachenlernende*n unbekanntem Vokabular und komplexen Satzstrukturen sprechen. Dies kann von einem*einer anderen Sprachlernenden nicht oder kaum umgesetzt werden.

Doch nicht nur die zielsprachige L1-Rolle, sondern auch die authentische Rolle der Schüler*innen, ist ohne Unterstützungsangebot im 2. Lernjahr in der Regel nicht umsetzbar. Die Komplexität des dialogischen Sprechens ist eingangs aufgezeigt und somit auch die Notwendigkeit der gezielten Schulung verdeutlicht worden. Das bedeutet, dass die Lernenden vom gelenkten zum freieren Sprechen schrittweise herangeführt werden müssen.

Für beide Rollen sind aus diesem Grund sogenannte Gesprächsleitfäden entworfen worden. Bei diesen handelt es sich um eine Kombination aus Rollenkarte und Tandembogen. Beide Arten von Gesprächsleitfaden gewährleisten die Bewältigung der kommunikativen Situation, indem sie die Situation inhaltlich und in Teilen sprachlich entlasten. Allerdings ist der Fokus, aus dem sich auch der unterschiedliche Aufbau der beiden Gesprächsleitfäden-Typen ergibt, unterschiedlich. Der Gesprächsleitfaden für die Rolle des*der Spanischsprechenden verfolgt vor allem das Ziel, den Lernenden in die Lage zu versetzen, den*die nicht vorhandenen spanischsprachige*n Gesprächspartner*in zu ersetzen. Dem gegenüber steht beim Gesprächsleitfaden für die authentische Rolle des*der Fremdsprachenlernenden die Schulung der Sprechkompetenz im Vordergrund (Progression, Differenzierung, Fokus: Schulung der authentischen Rolle).

Laut Jansen (2008, 28) kann nur als kommunikativ kompetent gelten, „wer nicht nur in der Lage ist, bestimmte Ausdrucksabsichten mehr oder weniger verständlich zu versprachlichen, sondern die Fremdsprache gleichzeitig zielführend einsetzen und damit eine Interaktion zu einem erfolgreichen Abschluss bringen kann". Für ein sprachlich erfolgreiches Handeln ist es daher nicht nur notwendig, linguistische Strukturen zu beherrschen, sondern außerdem das Verhalten an die jeweilige Gesprächssituation anzupassen, das eigene Wissen flexibel einzusetzen und zu erweitern sowie ein Gespräch aufrecht erhalten zu können (vgl. ebd., 29). Auch hierbei unterstützen die Gesprächsleitfäden die Fremdsprachenlernenden. Das vorgegebene Skript dient ihnen als sprachliches und inhaltliches Gerüst, um ihre Gesprächsabsichten ausdrücken zu können. Gleichzeitig vermindert es auf diese Weise einen möglichen Gesprächsabbruch. Das Skript gibt Hinweise hinsichtlich des Formalitätsgrads der Situation, sodass den Lernenden die sozialen Interaktionsnormen der zielsprachlichen Gruppe bewusst gemacht werden (vgl. ebd., 31) und sie ihr Sprachregister sowie ihr Verhalten an die Situation anpassen können. Auch auf die Notwendigkeit, kommunikative Strategien anzuwenden, wird hingewiesen, um mögliche Verständnis- oder Ausdrucksschwierigkeiten meistern zu können. All dies geschieht innerhalb eines situativen Kontexts, der ihnen in der einleitende Situationsbeschreibung auf dem Skript bewusst gemacht wird.

Die hier vorgestellten Gesprächsleitfäden bieten konkrete, realitätsnahe Interaktionsbeispiele, die nicht nur Routineformeln und exemplarische Interaktionsmuster anbieten, sondern auch deren kommunikative Einbettung deutlich machen (vgl. ebd., 48). Auf diese Weise wird den Lernenden ein transferierbares Wissen an die Hand gegeben, mit dem sie nicht nur verschiedene Kommunikationssituationen bewältigen, sondern auch den eigenen Lernprozess steuern können. Pragmatische Aspekte der romanischen Fremd- und Lernersprache sind bisher verhältnismäßig wenig erforscht (vgl. ebd., 49). Die hier vorgeschlagenen Gesprächsleitfäden, d. h. die Auswahl der Themen und deren inhaltliche sowie sprachliche Gestaltung einschließlich gegebener Erklärungen, beruhen daher nicht auf pragmalinguistischen Studien, sondern auf der Intuition und den Erfahrungen der Autorinnen und sind somit als Praxisbeispiel zu verstehen.

Die Arbeitsblätter (AB) mit den Gesprächsleitfäden zu den Themen *En el Aeropuerto* (AB 1.1 und 1.2), *En el hostal* (AB 2.1 und 2.2), *En el mercado* (AB 3.1, 3.2 und 3.3) und *En el restaurante al mediodía* (AB 4.1 und 4.2) befinden sich im Anhang.

2.1 Der Aufbau und Einsatz von Gesprächsleitfäden

2.1.1 Inhaltliche Entlastung

Beide Gesprächsleitfäden enthalten eine Information zur Kommunikationssituation, zur Rolle, die eingenommen werden soll, und ein inhaltliches Skript mit Instruktionen, welche angeben, in welcher Reihenfolge was getan werden soll. Das bedeutet, dass an dieser Stelle dahingehend didaktisch reduziert wurde, dass der Ablauf und mögliche Gesprächsthemen festgelegt wurden und damit auch der Wortschatz eingegrenzt wurde. Um ein Verstehen der Instruktionen bei allen Lernenden zu gewährleisten, was die Grundlage für die anschließende Simulation darstellt, sind die Instruktionen sowohl auf Spanisch als auch auf Deutsch geschrieben. Dies lässt sich auch damit begründen, dass der Schwerpunkt nicht auf dem Leseverstehen von Rolleninstruktionen in der Fremdsprache liegt, sondern auf dem dialogischen Sprechen, d. h. der anschließenden Ausgestaltung der Rolle.

2.1.2 Sprachliche Entlastung

Die Gesprächsleitfäden unterscheiden sich in Bezug auf das sprachliche Skript, d. h. in der Art der sprachlichen Vorgaben und Hilfen. Die zielsprachliche L1-Rolle wird vollständig entlastet, indem nicht nur ein inhaltliches Skript vorgegeben wird, durch welches der Ablauf mittels kurzer Instruktionen deutlich wird, sondern auch ein sprachliches Skript, welches konkrete Formulierungen vorgibt, die im Prinzip einfach vorgelesen werden können. Innerhalb dieses Skripts haben die Lernenden teilweise die Möglichkeit, zwischen verschiedenen Formulierungsvarianten zu wählen. Ein wesentliches Merkmal lernersprachlicher Äußerungen ist gewissermaßen die begrenzte Verfügbarkeit sprachlicher Mittel, „die sich auf pragmatischer Ebene insofern auswirkt, als dass Fremdsprachenlernende allgemein eine geringere Bandbreite an unterschiedlichen Sprechakten verwenden oder im Sinne der zielsprachlichen Norm erwartete Sprechhandlungen nicht ausführen" (vgl. ebd., 32). Durch das Angebot an verschiedenen Formulierungsmöglichkeiten, wird dieser Tatsache entgegengewirkt und den Fremdsprachlernenden, welche die Rolle des*der L1-Sprecher*in übernehmen, ermöglich aus einer größeren linguistischen Bandbreite zu schöpfen. Gleichzeitig werden die Gesprächspartner*innen, also die Schüler*innen in der Rolle des Fremdsprachenlernenden, auch mit einer größeren Bandbreite an sprachlichen Strukturen konfrontiert, auf die sie sich nicht direkt vorbereiten können und somit Verstehen und die Anwendung von Lösungsstrategien von ihnen verlangen. Zudem haben die Schüler*innen in der Rolle des*der L1-Sprecher*in somit natürlich auch die Möglichkeit, das inhaltliche Skript eigenständig umzusetzen. Das Verstehen des sprachlichen Skriptes wird durch die Angabe der deutschen Übersetzung gewährleistet. Gleichzeitig bietet sie den Lernenden Sicherheit. Die deutsche Übersetzung stellt somit sicher, dass auch leistungsschwächere Schüler*innen die sprachlich weniger erschlossene und nicht fokussierte Rolle meistern können. Die Entscheidung, die deutsche Übersetzung durch Umknicken nicht sofort sichtbar zu machen, liegt darin begründet, dass einige Schüler*innen diese Hilfestellung nicht benötigen werden, um das Skript ausreichend zu verstehen. Um zu vermeiden, dass sie diese bei direkter Angabe neben der spanischen Formulierung dennoch sofort durchlesen, wird sie weggeknickt. Folglich wird in Bezug auf die Leistung differenziert.

Auf die Problematik, die sich automatisch ergibt, wenn von einem*einer Lernenden die zielsprachliche L1-Rolle ausgeübt werden muss, ist eingangs aufmerksam gemacht worden. Indem diese Rolle durch das sprachliche Skript vorgegeben wird, können sich die Schüler*innen vollständig auf die Vorbereitung und Ausgestaltung „ihrer" Rolle konzentrieren. Außerdem erhält der Part des*der fiktiven Spanischsprechers*-sprecherin so ein deutlich höheres Sprachniveau, als das, was die Lernenden selbst produzieren könnten. Dies entspricht einer authentischen sprachlichen Interaktion und stellt die Schüler*innen vor die lebensnahe Herausforderung, rezeptiv etwas verstehen zu müssen, was über ihrem eigenen produktiven sprachlichen Niveau liegt. Auf diese Weise steigt ebenfalls die Wahrscheinlichkeit, dass die Lernenden bei sprachlichen Defiziten Strategien von selbst anwenden, wie bspw. um Wiederholung oder eine Erklärung bitten.

2.2 Spontanes Sprechen anbahnen

2.2.1 Ausgestaltung der authentischen Rolle

Auch die eigentliche Ausgestaltung der Rolle des*der Fremdsprachenlernenden ist insofern offen gehalten, da ihm*ihr keine sprachlichen Redemittel an die Hand gegeben werden, sondern der*die Lernende diese selbst wählt. Das Gelernte wird also weitgehend frei in einem vorbereiteten Kontext selbstständig angewendet. Das bedeutet gleichzeitig, dass es an ihm*ihr selbst liegt, auf welchem sprachlichen Niveau er*sie die Situation insgesamt oder auch die einzelnen Gesprächsetappen bewältigt. So wird ein*e leistungsschwächere*r Schüler*in sich vielleicht damit behelfen, eher auf Ein-Wort-Antworten zurückzugreifen, ein*e leistungsstärkere*r Schüler*in dagegen wird gelernte Formulierungen anwenden oder mit der Sprache experimentieren und bekannte Strukturen neu zusammenfügen und anwenden. Als Differenzierungsmaßnahme für schwächere Schüler*innen enthält das Material einen zunächst abgeknickten Spickzettel (*chuleta*) am rechten Seitenrand, der von den Schüler*innen bei Bedarf genutzt werden kann. Der Spickzettel hält zu jedem Gesprächsabschnitt sprachliche Stützen in Form von Formulierungen bereit, was den Schüler*innen Sicherheit vermittelt. Davon ausgenommen sind die unerwarteten Situationen, für die keine sprachlichen Stützen angegeben sind. Hierzu wurde sich aus mehreren Gründen bewusst entschieden: Zum einen wären sie durch die Angabe nicht mehr spontan. Zum anderen wird verhindert, dass nur abgelesen wird, und gefördert, dass aktiv hin- und zugehört wird, was einen Teil des dialogischen Sprechens ausmacht (vgl. Plikat 2012, 5f.). Folglich werden gerade leistungsschwächere Schüler*innen herausgefordert, nicht nur abzulesen, sondern aufmerksam zuzuhören. Für den Fall, dass sie die Situation nicht bewältigen können, können sie sich behelfen, indem sie bspw. *No lo entiendo.* (Ich verstehe nicht.) antworten, also eine Strategie anwenden, die Nicht-Verstehen signalisiert. Dies würde gleichzeitig den leistungsstärkeren Lerner*innen die Chance bieten, den Dialog frei auszugestalten, d. h. „spielen" zu können bzw. zu müssen.

2.2.2 Unerwartete Situationen in den Gesprächsleitfäden

Durch die Vorgabe von Gesprächsleitfäden ist die Simulation in dem Sinne natürlich nicht spontan, da sich der*die Lernende darauf einstellen und vorbereiten kann. Das bedeutet, dass hier eine didaktische Reduktion in Bezug auf die von Plikat (vgl. Plikat 2012, 5f.) angesprochene Schwierigkeit, nämlich mündliche Äußerungen nur sehr kurzfristig planen zu können, vorgenommen wurde. Eine Simulation ohne einen solchen Rahmen wäre allerdings im 2. Lernjahr nicht umsetzbar.

Um das spontane Sprechen dennoch anzubahnen und zu trainieren, enthalten die Gesprächsleitfäden zusätzlich zu dem vorgegebenen Rahmen unerwartete Situationen. Diese sind zwar ebenfalls entlastet, sodass der*die Lernende auf seinem Gesprächsleitfaden darauf aufmerksam gemacht wird, dass die dort aufgeführten Aspekte eintreten könnten, allerdings erfährt er*sie nicht, welcher Aspekt oder welche Aspekte an welcher Stelle des Gesprächs und in welcher Form eintreten werden. Auf diese Weise werden die Lernenden auch mit Situationen konfrontiert, die nicht direkt von ihnen vorbereitet werden können und somit Verstehen und die Anwendung von Lösungsstrategien von ihnen verlangen. Im Zuge der Simulation nehmen die Schüler*innen abwechselnd beide Rollen ein. Damit beide Partner*innen vor spontane Herausforderungen gestellt werden, sind zwei verschiedene Gesprächsleitfäden für die zielsprachliche L1-Rolle entwickelt worden, die jeweils an anderen Stellen unterschiedliche, unerwartete Situationen enthalten. Durch das höhere sprachliche Niveau dieser Aussagen und durch die unerwarteten Situationen, auf die die Schüler*innen spontan reagieren müssen, wird gewährleistet, dass trotz der Vorgabe in Form von Gesprächsleitfäden, der von Plikat (2012) angesprochene ständige Wechsel von Hören und Sprechen tatsächlich vollzogen werden muss.

2.3 Vorteile für den Einsatz von Gesprächsleitfäden

Die Simulation mit Hilfe von Gesprächsleitfäden erlaubt es den Schüler*innen, selbstverantwortlich und ohne ständige Kontrolle zu kommunizieren. Durch sie wird zudem erreicht, dass alle zum Sprechen aktiviert werden. Gleichzeitig geben sie einen Rahmen vor, der dabei aber so viel Freiraum lässt, dass die Rolle individuell und auf dem individuellen sprachlichen Niveau ausgestaltet werden kann. Die angebotenen Hilfsmittel gewährleisten, dass die Situation von allen erfolgreich bewältigt werden kann. Die Tatsache, dass die Simulationen zeitgleich und räumlich parallel stattfinden, d. h. mit einer gewissen Geräuschkulisse verbunden sind, ermöglicht zudem unsichereren Lernenden ohne Hemmungen die Fremdsprache anzuwenden. Gleichzeitig fördert dies auch die Authentizität der Gesprächssituation, denn auch am Flughafen oder im Restaurant gibt es Nebengeräusche. Auch die Tatsache, dass mehrfach hintereinander Sprechsituationen bewältigt werden müssen, bewirkt den Abbau von Hemmungen.

2.4 Die Frage der Progression

Eine gezielte Schulung des Sprechens erfordert eine nachvollziehbare Progression. Diese besteht dabei nicht nur in der Chronologie der kommunikativen Situationen an sich. Denn der Anspruch an die mündlichen Situationen, die in den verschiedenen Simulationen bewältigt werden müssen, ist vergleichbar. Die Progression erfolgt stattdessen durch die Art der Bewältigung und das Anwenden von kommunikativen Sprechstrategien sowie die Vorgaben und die Nutzung der Hilfestellungen auf den Gesprächsleitfäden. Der Fokus der Progression liegt dabei auf der authentischen Rolle der Schüler*innen, d. h. auf der des*der Fremdsprachenlernenden. Die Progression entsteht dabei sowohl innerhalb der einzelnen Simulationen als auch innerhalb der Abfolge der verschiedenen Situationen.

Im Verlauf einer Simulation sprechen die Schüler*innen zunehmend freier, reagieren im Gespräch spontan und nutzen unter Umständen auch bereits die angebotenen Hilfsmittel weniger. Innerhalb der aufeinanderfolgenden, verschiedenen Situationen erfolgt eine Progression vom gelenkten zum freieren Sprechen sowie eine kontinuierliche Abnahme von Hilfsmitteln.

Es ist zudem anzunehmen, dass die Schüler*innen durch die Vertrautheit mit den Simulationen zunehmend sicherer werden, wodurch sie wiederum schneller auf spontane Ereignisse reagieren und selbstständiger kommunikative Sprechstrategien anwenden können.

3 Systematischer Kompetenzerwerb und Authentizität – ein Widerspruch?

Der Einsatz von Gesprächsleitfäden bietet die Möglichkeit, im Klassenraum Kommunikationssituationen zu simulieren, die authentisch sind. Unabhängig von den Gesprächsleitfäden ist hierfür allerdings die Grundvoraussetzung, geeignete, lebensnahe Sprechanlässe zu schaffen, wie dies die Alltagssituationen in den exemplarischen Aufgaben bieten. Sprechanlässe sind dann geeignet, wenn sie inhaltlich bedeutsam sind und zu einer Sprechhandlung motivieren.

Gesprächsleitfäden ermöglichen die Simulation authentischer Dialoge, da sie die verschiedenen Rollen vorgeben. Dadurch entsteht für den Lernenden trotz der Kommunikation mit einem Klassenmitglied die lebensnahe Herausforderung, im Klassenraum rezeptiv etwas verstehen zu müssen, was ein deutlich höheres sprachliches Niveau enthält als das, was selbst produziert werden könnte. Die angestrebte Strategieverwendung wird auf diese Weise bei sprachlichen Defiziten, wie bspw. um Wiederholung oder eine Erklärung bitten, von selbst erforderlich.

Im Rahmen des Fremdsprachenunterrichts scheinen sich eine systematische Kompetenzschulung und die Frage der Authentizität auf den ersten Blick nicht unbedingt immer vereinen zu lassen. Es ist klar, dass ein Dialog authentischer wäre, wenn keine*r der beiden Gesprächspartner*innen schriftliche Vorgaben benötigen würde und sie vollkommen frei miteinander sprechen könnten. Sicherlich kann hinsichtlich der zielsprachlichen L1-Rolle eine fehlerhafte Aussprache der

Lernenden als kritisch betrachtet werden. Gleichzeitig steht aber fest, dass die Lernenden für ein erfolgreiches Bewältigen der Aufgabe einen Rahmen und Unterstützungsangebote benötigen. Dies verdeutlicht, dass im schulischen Kontext, wo in den ersten Lernjahren der Fremdsprachenerwerb der Lernenden im Fokus steht, teilweise didaktische Entscheidungen im Sinne des Kompetenzerwerbs getroffen werden müssen, die der Situation zwar Authentizität nehmen, wie eben bspw. die Vorbereitung einer mündlichen Situation durch einen Gesprächsleitfaden, die aber notwendig und in Anbetracht der Schulung des Kompetenzschwerpunkts funktional sind. Mit dem Gesprächsleitfaden für die Rolle der Schüler*innen wurde versucht, innerhalb dieser beiden Pole einen Kompromiss zu finden. Aufgrund der Tatsache, dass es sich dabei um einen Kompromiss handelt, scheint es daher angemessener von **authentischeren** Dialogen im Sinne einer simulierten Authentizität zu sprechen.

Einerseits soll der Gesprächsleitfaden genügend Rahmen und Unterstützung bieten, sodass der Kompetenzzuwachs gewährleistet wird, andererseits aber auch ausreichend Freiraum, sodass die Rolle je nach Kompetenzstand sprachlich selbstständig ausgestaltet wird. Zusätzlich zu dem vorgegebenen Rahmen der Gesprächsleitfäden werden die Lernenden durch die Integration von unerwarteten Situationen zudem in die authentische Situation gebracht, auf Äußerungen eingehen und reagieren zu müssen, die sie nicht direkt vorbereiten können. Folglich bietet der Einsatz von Gesprächsleitfäden die Möglichkeit, authentische(re) Dialoge im Fremdsprachenunterricht zu simulieren. Gleichzeitig werden die Schüler*innen auf authentische Kommunikationssituationen außerhalb des Klassenraums vorbereitet.

Die Progression in der Mündlichkeit wird im Fremdsprachenunterricht stets eine Herausforderung sein. Der Einsatz von Gesprächsleitfäden erlaubt es, nicht nur eine Progression anhand immer komplexer werdender Kommunikationssituationen und linguistischer Strukturen anzubahnen, sondern auch im Hinblick auf die Eigeninitiative der Lernenden fremdsprachliche Diskurse anzuregen. Es geht also vielmehr um die Art der Bewältigung und die der Nutzung von Hilfen. Die Aufgabe der Lehrperson ist es, die Lernenden vom gelenkten zum freien Sprechen zu führen, ihnen dabei zu helfen kommunikative Sprachinseln aufzubauen, die es den Lernenden ermöglichen, grundlegende Alltagssituationen zu meistern (z. B.

Freizeitgestaltung). Diese Sprachinseln gilt es zu automatisieren, damit die Schüler*innen nicht mehr nur vorgegebene Sprechanlässe sprachlich umsetzen, sondern als sie selbst sprachlich agieren können (vgl. Nieweler 2002, 6). Vielfach ist in den ersten Lernjahren eine Diskrepanz zwischen der Mitteilungsabsicht und dem noch begrenzten Ausdrucksvermögen der Lernenden in der Fremdsprache zu beobachten. Daher ist es wichtig, dass sie Unterstützungsangebote erhalten, die den Sprechvorgang entlasten, aber auch Freiräume, die es erlauben, sprachliche Interaktion selbstverantwortlich und ohne ständige Kontrolle durch die Lehrperson zu meistern.

	Material didáctico para descargar / Didaktisches Material zum Herunterladen
Descripción / Beschreibung	Die Arbeitsblätter zielen darauf ab, den Prozess der mündlichen Produktion und Interaktion mithilfe von Gesprächsleitfäden zu unterstützen. Die vier kommunikativen Situationen werden durch eine Beschreibung der Aktivität, der Situation, des im Gespräch zu befolgenden Skripts sowie mithilfe eines Spickzettels als Vorschlag zur Differenzierung erläutert.
Título / Titel	AB 1.1: En el aeropuerto – Empleado / Empleada
	AB 1.2: En el aeropuerto – Cliente / Clienta
	AB 2.1: En el hostal – Empleado / Empleada
	AB 2.2: En el hostal – Cliente / Clienta
	AB 3.1a: En el mercado – Vendedor / Vendedora 1 (1ª situación simulada)
	AB 3.1b: En el mercado – Vendedor / Vendedora 2 (2ª situación simulada)
	AB 3.2: En el mercado – Cliente / Clienta
	AB 4.1a: En el restaurante al mediodía – Camarero / Camarera (1ª situación simulada)
	AB 4.1b: En el restaurante al mediodía – Camarero / Camarera (2ª situación simulada)
	AB 4.2: En el restaurante a mediodía – Cliente / Clienta

| Acceso / Zugang | https://www.ibidem-verlag.de/pdf/1900/03.pdf  |

Bibliographie

BLUME, Otto Michael. 2006. „La pensée parle, est parlante. Sprechen fördern von Anfang an", in: *Der fremdsprachliche Unterricht Französisch* 84, 2-7.

JANSEN, Silke. 2008. „'Der Ton macht die Musik' – Gesichtsbedrohende Sprechakte im Spanischunterricht", in: *Zeitschrift für Romanische Sprachen und ihre Didaktik* 2/1, 27-52.

KIEWEG, Werner. 2000. „Zur Mündlichkeit im Englischunterricht", in: *Der fremdsprachliche Unterricht Englisch* 47, 4- 9.

KRÄLING, Katharina & SCHRECK, Anja. 2019. „¡Sobrevivir en Valencia: superar situaciones comunicativas! – Dialogisches Sprechen fördern", in: *RAAbits Spanisch* 2, 1-34.

KMK = Sekretariat der Ständigen Konferenz der Kultusminister der Länder in der Bundesrepublik Deutschland. 2012. *Bildungsstandards für die fortgeführte Fremdsprache (Englisch/Französisch) für die Allgemeine Hochschulreife. Beschluss der Kultusministerkonferenz vom 18.10.2012.* Online: https://www.kmk.org/fileadmin/veroeffentlichungen_beschluesse/2012/2012_10_18-Bildungsstandards-Fortgef-FS-Abi.pdf (22.05.2023).

KMK = Sekretariat der Ständigen Konferenz der Kultusminister der Länder in der Bundesrepublik Deutschland. 2003. *Bildungsstandards für die erste Fremdsprache (Englisch/Französisch) für den Mittleren Schulabschluss. Beschluss vom 04.12.2003.* Online: https://www.kmk.org/fileadmin/veroeffentlichungen_beschluesse/2003/2003_12_04-BS-erste-Fremdsprache.pdf (22.05.2023)

LEVELT, Willem J. M. 1989. *Speaking: From Intention to Articulation.* Cambridge: MIT Press.

NIEWELER, Andreas. 2002. „Zur Förderung mündlicher Kompetenzen im Französischunterricht", in: *Der fremdsprachliche Unterricht Französisch* 55, 4-10.

PLIKAT, Jochen. 2012. „Hable con ellos. Sprechkompetenz im Spanischunterricht gezielt fördern", in: *Der fremdsprachliche Unterricht Spanisch* 39, 4-9.

RÖSSLER, Andrea. 2010. „Zur Frage der Authentizität von Lehrwerkdialogen für den Französischunterricht", in: Frings, Michael & Leitzke-Ungerer, Eva. edd. *Authentizität im Unterricht romanischer Sprachen.* Stuttgart: ibidem, 27-44.

TAUBENBÖCK, Andrea. 2007. „Sprache kommt von sprechen. Ein Plädoyer für mehr Mündlichkeit im Englischunterricht", in: *Der fremdsprachliche Unterricht Englisch* 90, 2-9.

THALER, Engelbert. 2017. „Authentizität", in: *Praxis Fremdsprachenunterricht* 14/2, 16.

Tanja Hagenhoff & Sybille Leienbach

¿Tú o usted? ¿Pasantía o prácticas? – Wie der konstruktive Umgang mit digitalen Übersetzungstools interkulturelle Perspektiven eröffnet

Immer häufiger nutzen Schüler*innen Übersetzungssoftware (z. B. DeepL, Google Translate etc.), um spanische Texte zu lesen oder zu schreiben. Können wir diese Programme auch lernwirksam in unserem Spanischunterricht nutzen? Unser Beitrag diskutiert diese Frage und stellt Vorschläge für konkrete Unterrichtsbeispiele vor.

1 Warum gehören Übersetzungsprogramme in den modernen Sprachunterricht?

In den letzten Jahren haben sich digitale Übersetzungsdienste auf dem Markt etabliert. In kürzester Zeit können Texte mittlerweile mithilfe von wenigen Klicks kostenfrei in eine andere Sprache transferiert werden. Durch den Einsatz neuronaler Netze und Algorithmen, die durch gelungene Übersetzungen immer besser trainiert werden, entwickeln sich die maschinellen Übersetzungen zu einer ernst zu nehmenden Konkurrenz für professionelle Übersetzungsbüros und zu einer Herausforderung für den Fremdsprachenunterricht.

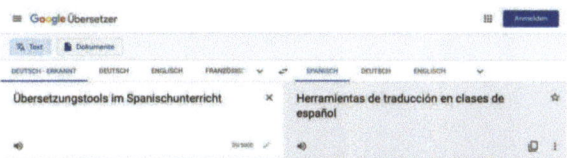

Abb.1: Eingabemaske des Tools Google Translate

In der Arbeitswelt gehören Übersetzungsprogramme bereits zum Alltag: Internationale Firmen haben eigene Übersetzungstools in ihre Intranets integriert, mit deren Hilfe Mitarbeiter*innen Informationstexte und E-Mails weltweit zeitsparend durch kurzes *copy & paste* in verschiedene Sprachen übertragen. Die Autor*innen müssen diese Übersetzungen also nur noch prüfen und, wenn nötig, überarbeiten. Der ökonomische Nutzen dieser Vorgehensweise überzeugt bereits viele Skeptiker*innen (vgl. Siepmann 2018).

99% unserer Schüler*innen bewegen sich in ihrer Freizeit regelmäßig in der digitalen Welt (vgl. JIM-Studie 2018). Es ist für sie also nur ein kleiner Schritt hin zum Gebrauch von Übersetzungssoftware, die ihnen auf den ersten Blick eine beträchtliche Zeitersparnis und einen bequemeren Weg zur Zielsprache zu bieten scheint.

Anstatt sich zuhause mühsam mit Hilfe von Wörterbüchern eigenständig einen spanischen Text zu erschließen oder ihn selbst zu schreiben, kann im alltäglichen Unterricht beobachtet werden, dass immer mehr Schüler*innen digitale Tools als Apps auf ihren Handys nutzen – meistens jedoch, ohne die sprachlichen Ergebnisse kritisch zu hinterfragen oder die Erkenntnisse lernwirksam zu dokumentieren. In Texten von Sprachanfänger*innen erscheinen daher häufig nicht gebräuchliche Formulierungen oder sprachliche Wendungen, die erkennbar über ihrem Sprachstand liegen. In den folgenden Beispielen sind dies beispielsweise unpersönliche Formen wie „no se pueden comprar" (Abb. 2) oder das Konditional (Abb. 3):

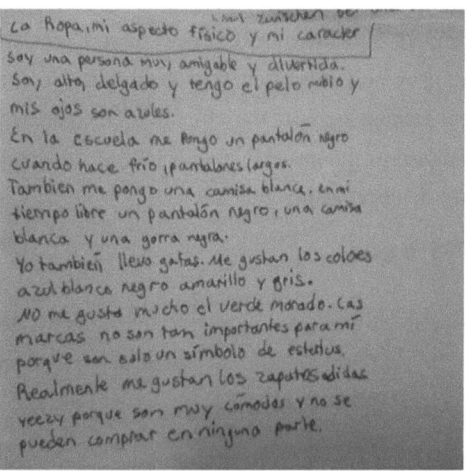

Abb. 2: Schülertext 1 aus dem 1. Lernjahr Jahrgangstufe 11 (Kaufmännische Assistent*innen Fremdsprachen)[1]

---

[1] Siehe hierzu auch Hagenhoff & Leienbach (2020, 72).

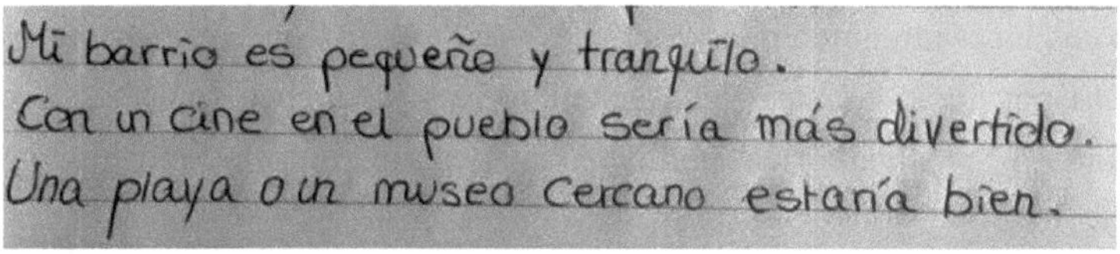

> Mi barrio es pequeño y tranquilo.
> Con un cine en el pueblo sería más divertido.
> Una playa o un museo cercano estaría bien.

Abb. 3: Schülertext 2 aus dem 1. Lernjahr Jahrgangstufe 11 (Kaufmännische Assistent*innen Fremdsprachen)

Diese unkritische Verwendung von Übersetzungssoftware scheint das eigenständige Sprachlernen der Schüler*innen zu beeinträchtigen, sodass sich die Frage stellt, wie die Lerngruppen dazu motiviert werden können, eigene Texte in der Zielsprache zu formulieren, wenn sie allein durch einen Knopfdruck bereits gute spanische Versionen geliefert bekommen?

Bislang wird der Einsatz von Übersetzungsprogrammen in der fachdidaktischen Literatur nur selten diskutiert (vgl. Arriagada 2019; Ilse 2019). Sowohl Fortbildungsveranstaltungen als auch aktuelle Veröffentlichungen zum Thema Digitalisierung stellen allerdings den lernwirksamen und motivierenden Einsatz anderer Programme und Apps vor und diskutieren ihren didaktisch sinnvollen Einsatz: Quizlet, Padlet, Biparcours und Co. haben den Unterrichtsalltag erreicht.

Die „Übersetzung" als Textform bzw. die Förderung der „Übersetzungskompetenz" ist darüber hinaus nicht mehr Teil der meisten geltenden Lehr- und Bildungspläne. Stattdessen gilt es, die Sprachmittlungskompetenz der Schüler*innen zu fördern, die Fähigkeit, Texte sinngemäß und adressatengerecht unter **Berücksichtigung interkultureller Kenntnisse** in die jeweilige Zielsprache zu übertragen.

Dass der unterrichtliche Einsatz von Übersetzungssystemen jedoch ebenso zur Förderung der **interkulturellen Handlungskompetenz, der Schreibkompetenz, der Medienkompetenz** und der **Sprachlernkompetenz** beitragen kann, soll im Folgenden gezeigt werden.

2 Unser Lernarrangement

Im Rahmen einer Lernsituation (AB 1) haben unsere Schüler*innen zum ersten Mal in ihrem Spanischunterricht durchgängig verschiedene Übersetzungstools genutzt und mit deren Ergebnissen gearbeitet. Wir beschränken uns in diesem Beitrag auf die Darstellung der Arbeit mit Google Translate, DeepL und Linguee, da es uns nicht um eine umfassende Analyse der Leistung vieler Anbieter geht, sondern um die exemplarische Darstellung des möglichen Einsatzes der Programme im Sprachunterricht und deren Auswirkung auf die Sprachlernkompetenz.

In unserem Unterrichtsbeispiel soll zunächst eine schriftliche Bewerbung für eine Praktikumsstelle in Spanien erstellt werden. Die Schüler*innen machen sich im Verlauf des Lernarrangements selbstständig auf den Weg, Kriterien für die Auswahl der geeignetsten Übersetzung zu finden. Sie überprüfen und überarbeiten Übersetzungsvorschläge und formulieren alternative und eigene Vorschläge. Das Arbeitsverhalten und die Motivation der Lerngruppe werden in unserem Beitrag zudem gesondert betrachtet.

Abschließend werden wir in unserem Fazit die Aspekte bei der Arbeit mit Übersetzungsprogrammen im Spanischunterricht herausstellen, die sich für einen Transfer in andere Unterrichtsarrangements, auch in verschiedenen Schulformen und -stufen, eignen.

Bei der Lerngruppe, die unsere Lernsituation erprobt, handelt es sich um einen Kurs der Kaufmännischen Assistent*innen Fremdsprachen an einem Berufskolleg im 2. Lernjahr, der sechsstündig unterrichtet wird. Die Schüler*innen werden mit problemorientierten Arbeitsaufträgen sowohl methodisch/inhaltlich als auch sprachlich ins interkulturelle „kalte Wasser" geworfen:

- Unsere Lerngruppe nutzt die Tools bislang zumeist unkritisch und wählt vielfach einfach die erste angebotene Übersetzung aus.
- Die Textsorte „Geschäftsbrief" und die schriftliche Bewerbung werden zum ersten Mal im Spanischunterricht behandelt.
- Die formellere Ausdrucksweise der spanischen Handelskorrespondenz ist neu.
- Landestypische Konventionen, z. B. im Hinblick auf das Duzen und Siezen, müssen ebenfalls noch erarbeitet werden.

Die Lernsituation „Mis prácticas en el Hotel Claris en España" eröffnet neben den oben genannten Punkten auch die Möglichkeit, den reflektierten Umgang mit den Übersetzungsprogrammen zu erlernen.

> **Situación:**
>
> Quieres hacer tus prácticas en España. En una página web ves el anuncio de un hotel en Barcelona. La oferta de trabajo te interesa.

Abb. 4: Lernsituation der Kaufmännischen Assistent*innen Fremdsprachen zu Beginn des 2. Lernjahres am Berufskolleg

Zunächst sollen ein deutscher Lebenslauf (AB 1, *paso* 1) und ein Anschreiben anhand von deutschen Stichwörtern (AB 1, *paso* 2) adressatengerecht auf Spanisch verfasst werden. Im zweiten Teil wird die Lernsituation fortgeführt, der Transfer findet nun vom Spanischen ins Deutsche statt. Nach der erfolgreichen Bewerbung bittet der Chef des Hotels den Praktikanten oder die Praktikantin darum, einen spanischsprachigen Werbetext für das Hotel Claris auf der Internetseite ins Deutsche zu übertragen (vgl. auch Abb. 7).

3 Förderung interkultureller Handlungskompetenz

Im Rahmen unserer Lernsituation zeigt sich, dass die Arbeit mit Übersetzungstools dazu führen kann, sich mit unterschiedlichen interkulturellen Fragestellungen auseinanderzusetzen. Eine Bewerbung für einen anderen Kulturraum zu erstellen und dort ein Praktikum zu absolvieren, ist hierfür eine geeignete Lernaufgabe.

3.1 Lebenslauf/Schullaufbahn

Den eigenen schulischen Werdegang durch eine automatische Übersetzung darzustellen, erweist sich als herausfordernd, da sich das deutsche Schulsystem von denen spanischsprachiger Länder in vielen Punkten unterscheidet. Allen Lerner*innen fällt sofort auf, dass es sowohl bei den „Schulformen" als auch bei der Bezeichnung von Praktikumsstellen durchweg unterschiedliche Vorschläge gibt. Die „Hauptschule" aber auch die „Realschule" werden in beiden Übersetzungssystemen mit „escuela secundaria" übersetzt. Die Qualifikationsunterschiede des deutschen Schulsystems werden damit nicht wiedergegeben. Spanische Leser*innen müssen davon ausgehen, dass es sich um den gleichen Schultyp handelt. Mit dieser Übersetzung entsteht demnach der Eindruck, dass die Abschlussnote z. B. eines Hauptschülers (1,5) besser sei als die einer Realschülerin mit 2,0. Dieser vermeintliche Bewerbungsvorteil für den Hauptschüler bzw. Nachteil für die Realschülerin durch die undifferenzierte Übersetzung wird von den Schüler*innen kritisch kommentiert. Wie sollen sie ihre „richtige" Qualifikation verständlich machen?

Die Schulform „Gesamtschule" wird einmal mit „escuela integral" (DeepL) oder mit „escuela comprensiva" (Google Translate) übersetzt. In den weiteren Erläuterungen finden sich ebenfalls die Vorschläge „escuela general" oder „escuela integrada". Um treffsicher die richtige Bezeichnung auswählen zu können, müssen sich die Schüler*innen auf den Weg machen und sich über das spanische Schulsystem informieren. Über die weitere Recherche im digitalen Wörterbuch Linguee, in dem die Ergebnisse weltweiter spanischsprachiger Webseiten ausgewertet werden, wird ihnen klar, dass der Begriff „escuela integral" vor allen Dingen in Uruguay genutzt wird. Welcher Schultyp ist hiermit gemeint? Warum gibt es keine Belege aus Spanien dafür? Diese Fragestellungen führen zu einer intensiven Wortschatzarbeit und damit zur Förderung der Sprachbewusstheit.

Der Begriff „Fachoberschule" wird einmal in „escuela secundaria técnica" (DeepL) oder in „colegio técnico" (Google Translate) übertragen. Hier stellt sich für die Schüler*innen nicht nur die Frage, welche Übersetzung aussagekräftiger für den Hotelbesitzer als Adressaten ist. Sind Fachoberschulen mit einem Schwerpunkt in Wirtschaft und Verwaltung ebenfalls mit dem Begriff „técnico" zu übersetzen? Wie können die Schüler*innen deutlich machen, dass ihre Qualifikationen im Bereich der betrieblichen Ausbildung und nicht im technischen Bereich liegen?

Auch die Übersetzung der „Fachhochschulreife" ist problematisch. Während DeepL „Calificación para el ingreso a la escuela técnica superior" vorschlägt, übersetzt Google Translate „Calificación de ingreso a la universidad". Der Vorschlag von Google Translate verfälscht den Blick auf die wirklich erworbene Qualifikation, denn mit der Fachhochschulreife können nur Fachhochschulen und nicht Universitäten besucht werden. Warum sollen sich aber die Schüler*innen nicht für diese für sie vorteilhafte Übersetzungsversion entscheiden? Sind sie dazu verpflichtet, diese Unterschiede zu erläutern?

Wie wird nun der Name der eigenen Schule, des Berufskollegs Südstadt, übersetzt? DeepL übersetzt gar nicht („en el Berufskolleg Südstadt"), Google Translate schlägt hingegen „escuela vocacional Südstadt" vor. Linguee, das in zweifelhaften Fällen hinzugezogen wird, gibt „escuela de formación profesional" und „centro de formación profesional" oder „instituto vocacional (menos frecuente)" an. Welche Variante ist für den spanischen Hotelbesitzer aussagekräftiger? Im Sinne der Förderung interkultureller Handlungskompetenz ist es wichtig, die Schüler*innen darauf vorzubereiten, ihren Schultyp jeweils mit Blick auf das Schulsystem ihres Gegenübers (Spanien oder Lateinamerika) zu erläutern. Das entsprechende länderspezifische soziokulturelle Wissen müssen sie sich vorher erarbeiten.

In anderen Fällen zeigt sich jedoch, wie hilfreich die Überprüfung unterschiedlicher Übersetzungsvorschläge durch Linguee ist, da hier viele konkrete Beispiele aus dem sprachlichen Kontext aufgeführt werden. „Praktikum" wurde beispielsweise sowohl von Google Translate als auch von DeepL mit „pasantía" übersetzt, DeepL führt darüber hinaus auch „prácticas" als Alternative auf. Linguee zeigt in allen Zitaten „prácticas" als geläufigstes Lexem und wird daher von den Schüler*innen favorisiert.

3.2 Lebenslauf/Berufserfahrungen

Der Name der Firma „Sperrholz", bei der ein Schüler ein erstes Praktikum absolviert hatte, wird entweder nicht übersetzt „la empresa Sperrholz" (DeepL) oder ins Englische übertragen „la empresa Playwood" (Google Translate). Beide Versionen sind für den spanischen Leser nicht aussagekräftig. Die nicht übersetzte Version ermöglicht es aber, die Webseite der Firma im Internet zu finden und sich dort zu informieren, ein von den Schüler*innen selbst herausgearbeitetes Auswahlkriterium, das fortan genutzt wird.

Auch bei dem Übersetzungsvorschlag eines Praktikumsplatzes in einem anderen Lebenslauf wird dem spanischen Leser mit „la empresa Autohaus Maler" nicht klar, in welcher Branche die Schülerin bereits Erfahrungen gesammelt hat. Deshalb müsste sie diese Übersetzung durch eine eigene Erläuterung, um welche Art von Betrieb es sich handelt, ergänzen. Die Übersetzung allein ist nicht adressatengerecht und erfüllt nicht die kommunikative Absicht.

Der Standort eines Praktikumsbetriebs in Marburg wird entweder mit „Marburgo" wiedergegeben oder bleibt unübersetzt „Marburg". Welche Version soll für die spanische Leserin ausgewählt werden? Ist es grundsätzlich wichtig, die deutsche Region schnell zu finden? Mit diesen Fragen werden die Schüler*innen immer wieder in die Rolle des spanischen Adressaten, hier des Hotelbesitzers, versetzt. Die Schulung der adressatenorientierten Perspektive ist nicht nur für den Sprachunterricht relevant.

3.3 Das Anschreiben und die Anrede

Bei der Übersetzung des Anschreibens rücken zwei weitere Beobachtungen in das Blickfeld der Schüler*innen (AB 2, *paso* 4 und *paso* 5):

- die Übersetzungen der Anredeformen („tú" oder „usted") sind sehr unterschiedlich.
- Übersetzungsprogramme bevorzugen im Bereich der Morphologie zumeist die maskulinen Formen.

Die Lerngruppe formuliert nun davon ausgehend, im Sinne des problemorientierten und entdeckenden Lernens, konkrete Fragen, um sich für eine passende Form entscheiden zu können. Die Schüler*innen wählen aus, woran sie arbeiten möchten.

Die Lerngruppe stellt fest, dass die Programme bezüglich der Anredeformen zwischen „tú" und „usted" sowie den dazugehörigen Possessivpronomen „tu" und „su" wechseln und sogar die Verbformen der 2. und 3. Person variieren, obwohl die Eingaben in der „Sie-Form" gestellt wurden (vgl. Abb. 5).

Bei DeepL hat man den Eindruck, dass die Pronomina in der 3. Person gewählt werden, bezüglich der Verbmorphologie jedoch die 2. Person Singular bevorzugt wird. Für Google Translate lässt sich kein System beobachten. Welche Form ist angemessen, wenn ich potenzielle Arbeitgeber*innen erstmalig schriftlich kontaktiere? Diese Frage führt nun zu einer selbstständigen interkulturellen Recherche und zu dem Ergebnis, dass in Bewerbungsschreiben an spanische Adressat*innen im Erstkontakt grundsätzlich gesiezt wird. In einem Padlet[2] werden

---

[2] Zur Arbeit mit Padlets im Spanischunterricht vgl. Manrique Zúñiga (2019).

dazu Screenshots von Internetseiten und aus dem Lehrwerk hochgeladen (vgl. Anhang).

Tema		Frase en alemán	DeepL	Google Translate
Formas de tratamiento – Anredeformen		Ich habe gesehen, dass Sie eine Anzeige im Internet veröffentlicht haben.	Vi que pusiste un anuncio en Internet.	Vi que publicaron un anuncio en Internet.
		Vor Beginn des Studiums möchte ich in Ihrem luxuriösen Hotel ein Praktikum absolvieren (…)	Antes de empezar mis estudios me gustaría hacer unas prácticas en su hotel de lujo (…)	Antes de comenzar mis estudios, me gustaría hacer una pasantía en tu hotel de lujo (…)
		Gerne können Sie mich auch telefonisch oder über Skype kontaktieren.	También puedes contactarme por teléfono o Skype.	También puede ponerse en contacto conmigo por teléfono o Skype.
Formas masculinas	o femeninas	Ich bin organisiert, kreativ, teamfähig und gewöhnt, selbstständig zu arbeiten.	Soy organizado, creativo, un jugador de equipo y estoy acostumbrado a trabajar de forma independiente.	Soy organizado, creativo, puedo trabajar en equipo y estoy acostumbrado a trabajar de forma independiente.

Abb. 5: Ergebnisse der Schüler*innen: Verfassen eines Anschreibens mit DeepL und Google Translate

Diese unterschiedlichen Übersetzungsvorschläge sensibilisieren für einen klassischen spanischen *rich point*.[3] Das Duzen auch älterer unbekannter Personen in Spanien ist deshalb ein *rich point*, da im Deutschen und in den meisten anderen Herkunftssprachen der Schüler*innen unbekannte Personen gesiezt werden.

---

[3] *Rich points* oder *Hotspots* sind „kommunikative Situationen oder Sprechakte, in bzw. bei denen es zu kulturell bedingten Schwierigkeiten kommen kann" (Reimann 2016, 100 ff.).

Um den interkulturellen Blick zu vertiefen, wäre in einem weiteren Schritt zu recherchieren, wie die adäquate Anrede in lateinamerikanischen Ländern lautet. Diesbezüglich stellt eine Schülerin – ohne dass der Bezugsrahmen von der Lehrperson erweitert wurde – folgenden Screenshot im Padlet ein:

Abb. 6: Recherche zum Gebrauch der Anredeformen im Bewerbungsschreiben[4]

Dieses Beispiel macht der Lerngruppe bewusst, dass die Erkenntnisse für Spanien nicht generalisierbar sind, sondern länderspezifisch oder sogar „stellenanzeigenspezifisch" überprüft werden müssen.

3.4 Weiblich oder männlich?

Eine weitere Arbeitsgruppe untersucht, wie maskuline und feminine Formen im Anschreiben übersetzt werden. Diese von den Schüler*innen selbst formulierte Frage mag auf den ersten Blick zu einfach klingen, um sie zum Thema einer Arbeitsgruppe zu machen. Sie sorgt jedoch für viele Eingabeversuche bei den Anbietern; die Ergebnisse führen zu Verwunderung und lebhaften Diskussionen. Bei allen Sätzen, die die Schüler*innen übersetzen lassen, erscheinen zunächst ausschließlich maskuline Varianten der Adjektive, wie z. B. „soy creativo". Lernstärkere Schüler*innen entdecken, dass die Programme auch bei Partizipien rein maskuline Endungen vorschlagen, wie „estoy acostumbrado a trabajar en equipo" oder „estaré encantado". Die Arbeitsgruppe sitzt verblüfft vor den Vorschlägen: Geben die Programme **immer** maskuline Formen an oder gibt es nicht doch Ausnahmen? Neben „Ich bin kreativ" prüfen sie auch satzübergreifend: „Ich heiße Carmen. Ich bin fleißig." Google Translate übersetzt mit „Me llamo Carmen. Soy trabajador." DeepL bietet zunächst auch nur die maskuline Version mit „Me llamo

---

[4] Der QR-Code führt zum Artikel über „tú" oder „usted" von Marín Arraiza (2019).

Carmen. Soy un trabajador" an, schlägt dann aber auch als Alternative eine feminine Form vor: „Soy creativa. / Estoy creativa."

Abschließend formuliert die Lerngruppe die Vermutung, dass – wie beim Umgang mit den Anredeformen – in dieser Frage von DeepL **kein einheitlicher** Algorithmus hinterlegt ist. Google Translate berücksichtigt zurzeit das Genus **grundsätzlich** nicht.[5] Dieses Tool gibt keine Alternative mit femininer Variante an. Daher müssen Frauen bei ihren übersetzten Texten immer besonders darauf achten, alle entsprechenden Formen zu überprüfen und sprachlich anzupassen. Gerade die Schülerinnen erleben dies als Nachteil, fühlen sich nicht in gleichem Maße wahrgenommen. Im Unterricht können nur Vermutungen darüber angestellt werden, warum die Algorithmen zunächst die maskuline Form auswählen. Möglicherweise wird dies durch die Prävalenz des Maskulinen bei den spanischen Pluralformen evoziert. Dass inhärente patriarchalische Denkstrukturen die Programme beeinflussen, bleibt an dieser Stelle eine Hypothese, die aber zu lebhaften Diskussionen im Klassenraum führen kann.

4 Spracharbeit

> **Situación:**
> Estás haciendo tus prácticas en el Hotel Claris. Tu jefe te pide traducir el texto del hotel al alemán para su página web. Te propone usar traductores en línea.

Abb. 7: Lernsituation der Kaufmännischen Assistent*innen Fremdsprachen am Ende des 2. Lernjahres am Berufskolleg

Nachdem die Bewerbung um einen Praktikumsplatz im Hotel Claris, ein luxuriöses 5 Sterne Hotel für anspruchsvolle Kund*innen im Zentrum Barcelonas, erfolgreich war, haben die Schüler*innen den spanischen Werbetext für das Hotel sowohl bei Google Translate als auch bei DeepL eingegeben. Nun müssen sie entscheiden, welche der Übersetzungen ins Deutsche die Treffendste ist und die Leser*innen am ehesten anspricht.

---

[5] Vgl. Criado-Perez, Caroline (2020): *Unsichtbare Frauen*, 3. Aufl. München: btb.

4.1 Wortschatzarbeit

Gibt es Übersetzungsvorschläge, die nicht passend sind? Die Ausstattung eines Hotels mit einem „gimnasio" ist sicher nicht angemessen mit „Turnhalle" (DeepL) zu übersetzen, sondern besser durch den Vorschlag „Fitnessraum" (Google Translate). Auch der Begriff „piscina exterior" sollte in einer Hotelbeschreibung eher mit „Außenpool" (Google Translate) als mit „Freibad" (DeepL) wiedergegeben werden. Den Schüler*innen wird hier deutlich, wie wichtig der Kontext bzw. die Textsorte für die Auswahl des richtigen Lexems ist. Dies könnte durch das Erstellen von semantischen Netzen, z. B. zum Begriff „hotel" oder zum Begriff „deporte" im Unterricht veranschaulicht werden. Diese Vokabelnetze helfen auch, die Funktionsweise der Übersetzungssoftware (Einsatz von semantischen Netzwerken) zu verstehen. Interessant ist für die Schüler*innen zudem, dass sich die Vorschläge der Übersetzungsprogramme im Laufe der Zeit verändern, da sie lernende Systeme sind. So zeigt DeepL bereits kurze Zeit später angepasste Vorschläge, wie z. B. „Fitnessstudio" für „gimnasio".

4.2 Morphosyntax/Syntax

Die Formulierung des spanischen Originaltextes „Ubicado en un antiguo palacio de finales del siglo XIX, ..." wird in beiden Übersetzungen durch einen Hauptsatz wiedergegeben. „Das Hotel befindet sich in einem alten Palast aus dem späten 19. Jahrhundert." (DeepL) bzw. „Das Gebäude befand sich Ende des 19. Jahrhunderts in einem alten Palast." (Google Translate). Die deutschen Texte müssen die spanische Partizipialform durch ein Subjekt und ein flektiertes Verb übersetzen. Die Lerner*innen erkennen an diesem Beispiel eine typische Fehlerquelle, die in diesem Text bei dem Vorschlag von Google Translate auftaucht. Ein „Gebäude" befindet sich nicht in einem Palast, diese Formulierung macht keinen Sinn, denn hier hat sich das Programm für ein falsches Subjekt entschieden. Die Schüler*innen lernen an dieser Stelle, wie wichtig es ist, die satzübergreifenden Zusammenhänge zu beachten, um den Text wirklich zu verstehen. Die häufige Nutzung von Infinitivkonstruktionen im Spanischen stellt ein weiteres typisches Beispiel dar, das im Hinblick auf die Sprachbewusstheit betrachtet werden kann. Im Deutschen werden diese Infinitivkonstruktionen in der Regel durch Nebensätze wiedergegeben. Dies erkennen die Lernenden bei einer aufmerksamen Textanalyse der Übersetzungen (s. AB 5, *tarea* 2). In Folge könnten die Schüler*innen daraus allgemeine Übersetzungs- oder Formulierungsempfehlungen ableiten, wie z. B.: „Im Spanischen nutze ich eher unpersönliche Verbformen als Nebensätze." So vertiefen sie ihre Sprachkompetenz im Deutschen und im Spanischen und entwickeln gleichzeitig ein Gefühl für die Besonderheiten beider Sprachen.

Fortgeschrittene Lerner*innen können Übersetzungsfehler entdecken und daraus sprachliche Zusammenhänge und Besonderheiten ableiten und beschreiben. Ob „sus habitaciones" durch „seine Zimmer", „ihre Zimmer" oder „die Zimmer" übersetzt werden kann, wird nur durch den Blick auf satzübergreifende Bezüge deutlich. Bei der Übersetzung der Pronomina „su/sus" muss immer geprüft werden, welches grammatische Geschlecht das Nomen hat, auf das sich die Pronomen beziehen. Es bietet sich an, leistungsstärkeren Schüler*innen eine solche Zusatzaufgabe zu stellen (s. AB 5, *tarea* 3).

5 Kommunikative Funktion im Rahmen der Textarbeit

5.1 Adressatenbezug

Bei dem Übersetzungsvergleich muss es jedoch nicht nur darum gehen, Unpassendes oder sprachliche Fehler herauszufiltern. Genauso wichtig ist es, die Wirkung der Sprache in den Blick zu nehmen. Was klingt für die Leser*innen ansprechender, womit kann ich potenzielle Kund*innen eher von einem Hotel überzeugen? Sollte es lieber „direkt im Zentrum" oder eher „im Herzen von" Barcelona liegen, damit es ihr oder ihm zusagt? Möchten die Kund*innen Vorteile eher „genießen" oder „von ihnen profitieren", um das Gefühl zu haben, dass sie oder er willkommen sind (AB 5, *tarea* 1)? Wie formuliere ich meinen Text, damit sich die Leser*innen möglichst schnell und gerne für dieses Hotel entscheiden?

5.2 Soziokulturelles Wissen

Können alle Leser*innen mit dem Namen „Antoni Gaudí" etwas verbinden und ist der Ausdruck „modernistische Werke" für alle Kund*innen verständlich? Will ich nur die kunsthistorisch interessierten Spanienkenner*innen ansprechen oder sollte einfach jede*r Reisende den Text verstehen? Entsprechend müsste ich diese Passage entweder streichen oder weitere Erläuterungen zu dem in Barcelona sehr bekannten Architekten hinzufügen, dessen Bauwerke dort zu den touristischen Attraktionen zählen. Hier sind die Lernenden aufgefordert, soziokulturelles Orientierungswissen zu erwerben und im Rahmen der Entwicklung interkultureller Handlungskompetenz zu bewerten. Die Sensibilisierung für diese Fragen fördert zugleich die interkulturelle (kommunikative) Kompetenz der Schüler*innen, da diese Entscheidungen hier immer wieder gefällt werden müssen.

Gerade an der Diskussion (je nach Lerngruppe auf Deutsch oder auf Spanisch) um diese sprachlichen „Varianten – Textsorten – Adressaten" können sich leistungsstärkere und -schwächere Lernende in gleicher Weise beteiligen und eine sprachliche und kommunikative Sensibilität für alle im Klassenraum gesprochenen Sprachen entwickeln.[6]

6 Fazit

Unsere Darstellungen sind das Ergebnis einer konkret durchgeführten Unterrichtsreihe zu einer exemplarischen Lernsituation. Es ist sehr wahrscheinlich, dass unsere Aufgabenstellungen zu einem späteren Zeitpunkt zu anderen Übersetzungen der Systeme führen. Die Übersetzungsprogramme sind dynamische Systeme, die sich weiterentwickeln. Unser übergeordnetes Lernziel, mit den Schüler*innen Empfehlungen für den reflektierten bzw. bewussten Umgang mit den Tools zu erarbeiten, und unsere Vorgehensweise sind übertragbar auf die konkrete sprachliche Arbeit an anderen Schwerpunkten.

6.1 Die Lerngruppe

Die Schüler*innen arbeiteten in jeder Phase der Lernsituation hoch motiviert. Sie gerieten in Workflows, die sie während der ersten Aufgabe sogar das Stundenende vergessen ließen. Ein rein digital angelegtes Unterrichtsvorhaben wirkt (bei Klas-

---

[6] Für weitere Beispiele und detaillierte Ausführungen zur Spracharbeit in diesem Unterrichtsarrangement vgl. Hagenhoff & Leienbach (2020).

sen, die nicht immer über digitale Endgeräte im Unterricht verfügen) motivierend.[7] Eine rein digitale Einheit führt außerdem häufig zu einer höheren Beteiligung stillerer Schüler*innen. Wie wir auch in weiteren digitalen Lernphasen in anderen Lerngruppen beobachten konnten, beteiligen sich gerade stillere und auch leistungsschwächere Lerner*innen mehr und präsentieren ihre Ergebnisse in diesem „geschützteren" Raum häufiger, da neben der Mitarbeit im Präsenzunterricht auch die Möglichkeit besteht, von zuhause im eigenen Lerntempo zu recherchieren und Ergebnisse hochzuladen. In dieser Lerngruppe beteiligten sich selbst erkrankte und leistungsschwächere Lerner*innen durch Uploads und Recherchen aus der Distanz.

6.2 Selbstgesteuerte Problemlöse- und Lernstrategien

Digitale kollaborative Arbeitsphasen und Ergebnissicherungen, z. B. über Padlet, bieten sich an. Dieses kann im Prozess fortwährend durch weitere Fragestellungen, Zwischenschritte sowie Lernergebnisse gefüllt werden. Der Einsatz des Padlets hat sich auch bewährt, da Ergebnisse aus den *traductores en línea*, von Linguee und anderen Webseiten als Screenshots leicht hochgeladen werden können und so für alle Lerner*innen verfügbar sind. Des Weiteren können ggf. Dokumente gemeinsam über OneDrive bearbeitet und die Endversion ebenso im Padlet hochgeladen werden. In der vorgestellten Lernaufgabe wurde z. B. eine Tabelle mit den einzelnen Übersetzungsvorschlägen und dem nach der Recherche gewählten Lösungsvorschlag kollaborativ bearbeitet, sodass ein gemeinsames Ergebnis vorlag.

Die Schüler*innen verfügten bereits über sehr viele Strategien im digitalen Raum: Ohne Steuerung durch die Lehrperson überprüften sie eigene Fragen, recherchierten nach soziokulturellem Hintergrundwissen auf spanischen und deutschen Webseiten, gaben diverse Versionen in die Tools ein und bewerteten die Ergebnisse. Viele Lerner*innen griffen auch auf ihr Smartphone zurück, so wie sie es aus ihrem Alltag kennen.

Auch in der Präsentation der Erkenntnisse zeigten sich verschiedene Strategien:

---

[7] Möglich ist selbstverständlich auch eine Hinführung und Sicherung über Arbeitsblätter (siehe Tabelle auf AB 1).

unterschiedliche Tabellenformen wurden entworfen; es wurden Ergebnisse mit digitalen Schreibprogrammen unterschiedlich visualisiert (farbige Markierung der Endungen); Links zu Internetseiten und Screenshots wurden hochgeladen und mit Erklärungen versehen.

6.3 Ergebnisse aus der Übersetzungsarbeit

Weder DeepL noch Google Translate haben zum Zeitpunkt der Fertigstellung des Beitrags umfassende **textlinguistische Algorithmen** hinterlegt. Auch wenn man den vollständigen Text des Anschreibens eingibt, erscheinen inkonsistente Anrede- und Verbformen. Am Beispiel des Hoteltextes sehen wir außerdem, dass Besonderheiten der **Textsorte** nicht erkannt und berücksichtigt werden. Angaben zu **länderspezifischen Varianten** sind selten zu entdecken.

Im Verlauf der Unterrichtsreihe kristallisierten sich **Schlüsselfragen** heraus, die bei allen automatisch übersetzten Texten überprüft werden müssen:

- Verstehen die Adressat*innen meine Aussage? (Interkulturelle Aspekte)
- Brauchen sie zusätzliche Informationen, wie z. B. soziokulturelles Orientierungswissen (Adressatengerechtigkeit)
- Werde ich als Autor*in richtig verstanden (Morphologie: männlich oder weiblich, Wortschatz, pragmatische Kommunikationsregeln)? Werden geschlechtsspezifische Formulierungen konsistent übersetzt? Welche Entscheidung wird im Hinblick auf das Duzen und Siezen gefällt?

Die Beantwortung dieser Fragen führte in unserer Lernsituation zu folgenden konkreten Ergebnissen der Schüler*innen:

> **¡OJO! – cuando usas traductores en línea**
>
> 1. Explica términos culturales o específicos de un país
> 2. Ojo con los nombres propios
> 3. Concordancia: Cambia formas masculinas y femeninas
> 4. Tú o usted: Controla si en <u>todo el texto</u> se usa(n) de forma coherente:
>   a. Los pronombres personales: tú o usted(es)
>   b. Los pronombres posesivos: tu o su
>   c. La morfología del verbo: hay que usar la <u>misma</u> forma del verbo
> 5. En caso de traducciones muy diferentes en cuanto al léxico, busca en:
>   a. www.linguee.es (frases o colocaciones)
>   b. páginas de Internet sobre el tema
> 6. Controla el efecto del lenguaje según el tipo de texto
> 7. ¡Las herramientas están aprendiendo! Los resultados pueden variar de un día para el otro

Abb. 8: Ergebnisse der Schüler*innen: Was ist beim Gebrauch der Tools generell zu beachten?

6.4 Tipps für den Unterricht

Alle sprachlichen Erkenntnisse und Ergebnisse, die durch digitale Medien gefördert werden, müssen nachhaltig gesichert, reflektiert und evaluiert werden. Da die Verwendung meist eigenständig erfolgt, müssen Lerngruppen dazu angeregt werden, Verantwortung für ihren individuellen Lernprozess zu übernehmen, indem sie Syntagmen, Kollokationen etc. in ihrem persönlichen Vokabellernsystemen festhalten, sei dies ein Vokabelheft, Quizlet, Mindmaps, *sistemas de apoyo* mit Phrasierungen zu thematischen Schwerpunkten oder grammatikalischen Strukturen.

Die Lehrpersonen sollten mit den Lerngruppen den Umgang mit Linguee thematisieren: Hier eignet sich besonders die Suche in Syntagmen, wie z. B. „ein Praktikum absolvieren/machen" oder „eine Ausbildung abschließen", um in beiden Sprachen einen variantenreichen Wortschatz zu entwickeln. Mit dieser Strategie kann wertvolle Spracharbeit geleistet werden.

Außerdem bietet es sich an, nach jedem Arbeitsschritt eine metareflexive Phase einzubauen und methodisch transferierbare Erkenntnisse festzuhalten. Diese können sukzessive ergänzt werden und als Ausgangspunkt für die Weiterarbeit dienen (vgl. Abb. 8).

Auch während der Arbeit mit Übersetzungsprogrammen kann und sollte binnendifferenziert gearbeitet werden. Je nach Lerngruppe können sprachliche Arbeitsschwerpunkte auf verschiedenen Niveaustufen gesetzt werden. In unserem Lernversuch unterscheiden sich beispielsweise die gewählten Schwerpunkte im Hinblick auf ihre Komplexität. Zusätzlich bietet es sich an, *sistemas de apoyo* zur Verfügung zu stellen (vgl. AB 3).

6.5 Empfehlungen für Lehrende

Unser Unterrichtsbeispiel lässt sich auf verschiedene Kompetenzbereiche übertragen. Als Erweiterung unseres Lernarrangements wäre beispielsweise denkbar, die Lerngruppen eine Aufgabe zum mündlichen Sprachgebrauch im Zielland erarbeiten zu lassen. Da die Schüler*innen durch die Lernsituation beispielsweise für die Besonderheiten der Anredeformen in spanischsprachigen Ländern sensibilisiert sind, könnten sie ihre kommunikativen Situationen im Ausland mit Hilfe der Tools vorbereiten: Wie adressiere ich meine*n Chef*in, wie die Kunden und Kundinnen, wie spreche ich mit meinen Kollegen und Kolleginnen? Zusätzlich kann der Bezugsrahmen erweitert werden: So könnten beispielsweise Bewerbungen in lateinamerikanischen Ländern vorbereitet werden, die eine gezielte Recherche bzgl. der (interkulturellen und sprachlichen) Konventionen dieser Länder erfordern. Das Thema Bewerbung ist auch für Schüler*innen anderer Schulformen interessant, sodass diese Lernsituation auch an Gymnasien und Gesamtschulen der Jahrgangsstufen 11 oder 12 eingesetzt werden kann.

Verbindliche Vereinbarungen darüber, wann und wie die Übersetzungsprogramme genutzt werden dürfen, müssen in den Fachkonferenzen getroffen werden. Wann soll mit ihnen im Unterricht gearbeitet werden, unbegrenzt oder nur in eigens dafür deklarierten Phasen? Dürfen sie für Hausaufgaben genutzt werden? Wie bewerte ich, wie bewerten meine Kolleg*innen Schüler*innentexte, die mit Hilfe dieser Software entstanden sind? Vorschläge zu innovativen Unterrichtsideen und Projekten, die auf diese veränderte Sprachlernwelt in Schule und Beruf reagieren, sollten in die didaktischen Jahresplanungen aufgenommen werden.

7 Ausblick

Die Aufgabe von Schule ist es u. a., auf die Veränderungen der digitalisierten Welt zu reagieren und unsere Schüler*innen auf die veränderten Kompetenzerwartungen, die in der Arbeitswelt gestellt werden, vorzubereiten. Lerner*innen fühlen sich unserer Erfahrung nach nicht ernst genommen, wenn gebräuchliche Tools, wie z. B. Übersetzungssoftware, aus dem Unterricht verbannt werden.

Digitale Werkzeuge sollten jedoch vor allem als zeitgemäße und unterstützende Instrumente im modernen Spanischunterricht eingesetzt werden. Übersetzungsprogramme können zur Förderung wichtiger Kompetenzen sinnvoll genutzt werden, ohne dass die Textsorte „Übersetzung" in den Vordergrund rückt. Hauptanliegen unseres Unterrichts bleibt es, unsere Schüler*innen zu motivieren, in der spanischen Sprache zu kommunizieren und eine umfassende kommunikative Handlungskompetenz zu entwickeln. Freude an der persönlichen Begegnung mit den hispanofonen Kulturen, an „Land und Leuten" und generell an der „Vielfalt des Kulturraums" zu wecken, bleibt unser zentrales Ziel.

Dass es auch mit Hilfe der Übersetzungsprogramme gelingt, einen interessanten, vielseitigen und sprachlich bereichernden Unterricht zu planen, der adressatenorientiertes Kommunizieren in den Mittelpunkt stellt, sollte dieser Beitrag zeigen.

	Material didáctico para descargar / Didaktisches Material zum Herunterladen
Descripción / Beschreibung	Die Übungen fördern den Einsatz von maschinellen Übersetzern bei der Erstellung von Praktikumsbewerbungen und bei der Bearbeitung der Übersetzung einer Hotelwebsite. Verschiedene Strategien zur Bearbeitung des übersetzten Textes werden vorgestellt.
Título / Titel	AB 1: Solicitud de prácticas
	AB 2: Discusión en clase
	AB 3: ¡A investigar en grupo!

	AB 4: Traducciones del Hotel Claris
	AB 5: Comparando traducciones
	Anhang: Lernarrangement im Padlet
Acceso / Zugang	https://www.ibidem-verlag.de/pdf/1900/04.pdf

Bibliographie

ARRIAGADA, Melanie. 2019. „Traductores en línea: afortunada casualidad y necesaria causalidad para el desarrollo de la clase de español", in: *Hispanorama* 165, 106-107.

BERTELSMANN STIFTUNG. ed. 2017. *Monitor Digitale Bildung. Digitales Lernen an Schulen.* Online: https://www.bertelsmann-stiftung.de/fileadmin/files/BSt/Publikationen/Graue Publikationen/BSt_MDB3_Schulen_web.pdf (22.05.2023).

BLISSENBACH, Susanne et.al. 2018. *¡Adelante! Curso profesional*. Stuttgart: Klett.

CRIADO-PEREZ, Caroline. 2020. *Unsichtbare Frauen*, 3. Aufl. München: btb.

GRÖHN, Anna. 2017. „Online-Übersetzer im Vergleich: Ich will den Hals langsam atmen", in: *Spiegel Netzwelt*. Online: https://www.spiegel.de/netzwelt/web/deepl-was-taugt-der-online-uebersetzer-im-vergleich-zu-bing-und-google-translate-a-1167147.html (22.05.2023).

HAGENHOFF, Tanja & LEIENBACH, Sybille. 2020. „Übersetzungstools im Spanischunterricht – ein Plädoyer für einen kritischen Umgang", in: *Hispanorama* 168, 72-78.

ILSE, Viktoria. 2019. „Vom Bahnsteig zum Schiffsdeck. Was wissen Online-Übersetzungsprogramme von der Wirklichkeit, in der sich und die Wortsuchende gerade befindet?", in: *Hispanorama* 165, 107-108.

MANRIQUE ZÚÑIGA, Antonio. 2019. „Kollaboratives Arbeiten mit Hilfe von *Padlet* – Einsatzmöglichkeiten eines innovativen digitalen Tools an Berufskollegs", in: *Hispanorama* 166, 20-27.

MARÍN ARRAIZA, Paloma. 2019. *Bewerben auf Spanisch: So wird Deine spanischsprachige Bewerbung ein Erfolg (Inkl. Tipps, typische Fragen und Vorlagen)!* Online: https://www.sprachheld.de/bewerbung-lebenslauf-bewerbungsgespraech-spanisch/ (22.05.2023).

MPFS = MEDIENPÄDAGOGISCHER FORSCHUNGSVERBUND SÜDWEST. ed. 2018. *JIM-Studie 2018. Jugend, Information, Medien. Basisuntersuchung zum Medienumgang 12- bis 19-Jähriger.* Online: https://www.mpfs.de/fileadmin/files/Studien/JIM/2018/Studie/JIM2018_Gesamt.pdf (22.05.2023).

REIMANN, Daniel. 2016. „Interkulturelle kommunikative Kompetenz", in: Bär, Marcus & Franke, Manuela. edd. *Spanisch-Didaktik. Praxishandbuch für die Sekundarstufe I und II*. Berlin: Cornelsen, 92-110.

SIEPMANN, Dirk. 2018. „Übersetzen als Rechenkunst", in: *Frankfurter Allgemeine, 14.10.2018.* Online: https://www.faz.net/aktuell/karriere-hochschule/uebersetzen-als-rechenkunst-das-sprachprogramm-deepl-und-die-zukunft-der-fremdsprachendidaktik-15828221.html (22.05.2023).

Zusätzliche Online-Quellen:
https://www.deepl.com/translator
https://translate.google.com/
https://www.hotelclaris.com/es/ (Stand: 20.02.2017, Download: Anke Berlin, BK Südstadt)
https://www.linguee.es/

Diálogos audiovisuales

Victoria del Valle Luque

Cuando los "muros" hablan:
Diálogos poéticos en las redes sociales –
Descubrir dimensiones poéticas en el espacio digital para incorporarlas en el aula de lengua extranjera

1 Introducción

El muro o la muralla es una construcción de albañilería hecha generalmente de piedra o ladrillo y que tiene la función de proteger, cerrar o limitar un espacio. En cierto modo el muro suele ser la superficie más exterior de un lugar, cara al resto del mundo, al público, al transeúnte. Así pues, es comprensible que en las redes sociales hablemos de "muros" entendiéndolos metafóricamente como la parte exterior de nuestro espacio digital: la cara que se muestra al público. Los usuarios colgamos en nuestro muro digital lo que queremos hacer ver o leer a la gente que camina por los hilos de las redes sociales. El uso metafórico de la palabra "muro" nos señala el paralelismo entre el muro físico y el muro digital, que también se compone de su contacto con el público, de su relación social. Se trata de una plataforma que nos sirve para colgar comunicaciones que queremos que lea un determinado público.

Partiendo de esta idea, el muro de *Facebook*[1] no es otra cosa que una pared equivalente a la fachada de una casa – obviamente con una proyección enormemente más global, puesto que este puede leerse desde cualquier parte del planeta.

En los muros de los espacios digitales se presentan comunicaciones de todo tipo: notificaciones, publicidad, anuncios, avisos, adornos estéticos, recuerdos colectivos o privados, mensajes solidarios, etc. También en el mundo literario y artístico existen personas que utilizan su muro digital para mantener una relación comunicativa con el público. Grandes escritoras, como por ejemplo Rosa Montero, se comunican por *Twitter* y *Facebook*, pero también lo hacen poetas

---
[1] En alemán se hablaría de "Chronik".

menos conocidos, como es el caso de Pablo del Barco.[2]

Si retomamos el paralelismo del muro físico y digital, navegar por las redes sociales como *Facebook, Twitter, Instagram, YouTube* permite la posibilidad de descubrir un sinfín de comunicaciones literarias, artísticas y poéticas de personas activas en esta labor. Esto constituye un descubrimiento muy atractivo para el aprendizaje de una lengua y resulta interesante para el aula de lengua extranjera, en la que nos dedicamos a las competencias comunicativas; puede ser el diálogo que surge en los muros y las personas que tienen acceso a ellos, las lectoras y los lectores. ¿Qué nos dice esta comunicación? ¿Por qué nos detenemos en ella?

En este artículo nos interesa indagar en el acto comunicativo de los muros digitales y su dimensión poética más allá de un estudio del *linguistic landscape* para destacar su potencial didáctico. Vemos una dimensión poética en las comunicaciones cuando se trata de mensajes con palabras escogidas, alteradas o tergiversadas. Comprendemos así el mensaje como un enunciado comunicativo y lo poético como la dimensión cualitativa de este enunciado. Entendemos la poesía según Joan Brossa como un acto de comunicación, sobrecargada y con rasgo estético (cf. Bordons et al. 2008, 190). Los poemas son, en este sentido, mensajes, declaraciones, cuestiones o constataciones dirigidas a un público lector, que, en su mayoría, incitan a la reflexión. La poesía muestra aquí la influencia de una vertiente comunicativa, que se ubica en la poesía popular y que se hace ostensible en las redes sociales. No es, por tanto, un fenómeno marginal. Según Aguilar (2014) "estalla en redes sociales y un nuevo público abarrota festivales y lecturas, compran libros de versos que vieron la luz en la Red, en blogs, en *tumblr*".

En lo que sigue queremos presentar dos fenómenos de poesía popular en las redes sociales: la poesía urbana y la poesía social. Cuando hablamos de las redes sociales, pensamos automáticamente en plataformas digitales como *Facebook, Twitter, Instagram*, etc., inevitablemente se nos vienen a la mente los peligros que entrañan estas estructuras, sobre todo para las y los más jóvenes. Los riesgos son reales en la infinita dimensión del Internet y desde un punto de vista educativo no

---

[2] Se encuentran los enlaces a los contactos en *Facebook* y *Twitter* de Rosa Montero en https://www.rosamontero.es (22.05.2023). Pablo del Barco se localiza en *Facebook* bajo https://www.facebook.com/pablo.delbarcoalonso (22.05.2023).

pueden ignorarse.[3] El propósito de este artículo no es incitar a las alumnas y a los alumnos a abusar de las redes sociales. Lo que queremos es invitar a las y los docentes a observar los fenómenos poéticos que se manifiestan en las redes sociales y mostrar el vínculo entre espacio digital público y la creación poética. Con esto buscamos evidenciar su relevancia y la necesidad de tratar la comunicación poética en el aula de español como lengua extranjera (ELE).

2   El fenómeno de la poesía urbana en las redes sociales

Las redes sociales, como hemos señalado en la introducción, nos permiten trasladar lo público y lo urbano al espacio digital. Así pues, no es de extrañar que el arte urbano se haya extendido por las vías de las redes sociales.

El arte urbano (*street art*) es un movimiento global surgido en las grandes urbes. Como término, el *street art* hace referencia al arte plástico en los espacios públicos -con o sin permiso- y está dirigido a un público amplio. Surge de la subcultura juvenil del *Hip Hop*, más concretamente del *grafiti* y su historia se remonta a la Nueva York de los años sesenta (cf. Glaser 2017, 32). Pero hoy día el *street art* ya no es propio de la subcultura. Se exponen obras en grandes museos e incluso, existen algunos que se dedican exclusivamente al arte urbano (p.ej. MoSA en Nueva York, Urban Nation en Berlín como también SAMA o Moco en Amsterdam). Hay artistas urbanos conocidos internacionalmente, como por ejemplo el británico Banksy cuyas obras se venden en la reconocida casa de subastas *Sotheby's* en Londres.

Dentro del arte urbano como fenómeno global puede observarse un espectro dedicado al uso de la palabra. Se trata de una dimensión verbo-poética que se manifiesta a través de la escritura; son mensajes verbales o juegos de palabras que buscan sorprender o fomentar la reflexión. Este fenómeno es lo que denominamos poesía urbana. Además de su aparición en espacios públicos y su consecuente público multitudinario, la poesía urbana también se manifiesta a través de otros paradigmas propios del arte urbano, como la actuación en grupos y el desarrollo de proyectos colectivos.

---

[3] Estos riesgos pueden ser, por ejemplo: La suplantación de identidad, el fraude, el acoso cibernético, la adicción a las redes sociales o problemas legales entre otros.

Presentamos a continuación un ejemplo de este fenómeno en las redes sociales: el colectivo Boa Mistura, acompañado de materiales didácticos.

2.1 El colectivo Boa Mistura

El colectivo de Boa Mistura es un ejemplo interesante para tematizar la poesía urbana a partir del impacto del uso de la palabra en el contexto urbanístico. Este colectivo, después de algunos años en el anonimato, ha decidido hacerse público con sus identidades e instalarse como empresa de diseño gráfico (cf. Boa Mistura 2020). Sus obras destacan por su gran formato, el uso de colores vivos y la simetría de los dibujos gráficos. Las palabras aparecen dentro de las coloridas pintadas de grandes dimensiones con tipografía de imprenta.

Imagen 1: BoaMistura, un muro del proyecto "El alma no tiene color" realizado en La Cañada Real Galiana, Madrid. https://www.boamistura.com/proyecto/el-alma-no-tiene-color (22.05.2023)

Boa Mistura se ha propuesto combinar el arte urbano con la conciencia social. En la mayoría de sus proyectos se hace referencia a la precariedad, la necesidad o la injusticia social, visibles a través de lo urbano. Un ejemplo es el proyecto que el colectivo realizó en 2018 en un barrio marginal de Madrid, La Cañada Real Galiana. En la página web oficial se describe el trasfondo del proyecto:

> Esta es la historia de un proyecto que nace con el objetivo de dar voz y visibilidad a esta ciudad lineal autoconstruida que vive a la sombra del resto de la Comunidad de Madrid. El alma no tiene color, la canción de Antonio Remache interpretada por Antonio Carmona refleja los ideales que los vecinos de La Cañada quieren proyectar hacia el mundo. Alma, tierra, rabia, corazón… hablan sobre la identidad de este lugar (Boa Mistura s.f.).

Aparte del uso de una gama de colores en un ámbito urbanístico marginal, Boa Mistura decide usar la palabra para transmitir mensajes de los habitantes a los transeúntes del barrio. En este caso es un texto lírico, una canción interpretada por el cantante de flamenco Antonio Carmona (Laguna 2018, véase imagen 1). El colectivo pinta con letras blancas los versos de la canción en fondos coloridos de los muros del barrio. El título del proyecto "El alma no tiene color" deja entrever un mensaje contra el racismo.[4] En la canción, el yo lírico se defiende ante una mirada racista, quizá, cuando hace referencia a su color de piel, como bien se constata en la siguiente estrofa:[5]

[...]

No repares en que soy moreno porque el sol me miró

No sea objeto de tu desprecio mi condición

Y en mi universo todo es diverso

Lo digo tal como yo lo siento y como lo siento

El corazón es indefenso

Y hacerle daño no tiene precio

Que nadie sabe cómo me siento, como me siento

[...]

Aparte del compromiso social, lo que nos interesa es el poder de la palabra, concretamente la poética de la poesía urbana. El colectivo Boa Mistura se presenta en otro documental accesible en *YouTube* y explica la motivación de sus acciones artístico-urbanas. Uno de sus miembros, Pablo Purón, comenta el uso consciente de la palabra y cómo llegaron a ella: "cuando empezamos a tomar conciencia de la importancia que tiene hacer algo que transforme fue cuando empezamos a trabajar con la palabra" (Idealista/news 2019). Usar palabras escritas es una forma de dialogar con las personas que pasan y leen las pintadas. Así el mismo Purón afirma más adelante que "lo que buscas en la calle es esa interacción con el espectador" (ibid.). Esta interacción intencionada con el espectador es la que después propicia que estas pintadas circulen por vías digitales, puesto que son mensajes directos. Aquí se pone de relieve la capacidad comunicativa de la poesía.

---

[4] Las reacciones de la ciudadanía y el impacto que ha tenido del proyecto en la prensa pueden seguirse en redes sociales como *YouTube* (Trivergencia Awakening Creative Cultures 2018).
[5] Letra completa accesible online: https://www.musica.com/letras.asp?letra=1984331 (22.05.2023).

En 2014 Boa Mistura realizó de forma clandestina una serie de versos escritos con pintura blanca sobre el asfalto en el borde de las calzadas de Madrid y Barcelona (véase imagen 2). En Madrid se encontraban versos de artistas como del músico Leiva, del rapero Rayden y de la micropoetisa Ajo. En Barcelona Boa Mistura pinta versos en castellano y catalán de las jóvenes escritoras Montse Arosa, Amaia Crespo, María Leach y Estel Solé (cf. Boa Mistura 2020).

Imagen 2: BoaMistura, proyecto "Te comería a versos" realizado en Madrid. https://www.boamistura.com/proyecto/te-comeria-a-versos (22.05.2023)

El tema de los versos que se presentan en este proyecto es el amor, como asegura el colectivo en su web, se trata de "un acto de amor de artistas y poetas para humanizar nuestras ciudades" (Boa Mistura s.f.). En 2018 el Ayuntamiento de Madrid se dirigió a Boa Mistura e impulsaron juntos "Versos al paso", un proyecto coordinado por el colectivo que llena las calles de la capital con versos pintados sobre el asfalto de 1100 pasos de peatones. Esta vez los versos son enviados por las ciudadanas y los ciudadanos (cf. Ayuntamiento de Madrid 2020). En la página web acerca del proyecto se explica que se trata de "recordar la importancia y el valor de la escritura y la lectura poética, así como del acto fundamental de caminar y de que a través de nuestros pasos volvamos a adueñarnos del entorno urbano" (ibid.).

El peso de la palabra visualizada, el equilibrio del poder del contenido con la fuerza de la visualización es justamente el factor motivador de estos artistas urbanos, cuya intención es poética y muy comunicativa. Así también Pablo

Ferreira, miembro del grupo Boa Mistura, contempla cómo el arte urbano "interactúa en la sociedad de muchas maneras, por un lado, mejorando el aspecto y paisaje urbano y por otro lado conectando con las personas, emocionándolas e invitando a reflexionar y a vivir de otra manera el espacio público" (Idealista/News 2019). Justamente esta "invitación a la reflexión" de la que habla Ferreira es la que podemos llevar al aula de lengua extranjera.

2.2 La poesía urbana en el aula de ELE: Aprendizaje intercultural y estético-literario

Desde el punto de vista didáctico, por un lado, los proyectos con vínculos sociales pueden ser útiles dentro de un acercamiento intercultural. Así, el proyecto arriba mencionado "El alma no tiene color" puede servir de punto de partida para tematizar la discriminación de la etnia gitana y de algunos barrios marginados en España, el compromiso social y el involucramiento del arte urbano en ello. En la web del colectivo pueden observarse todas sus obras en forma de fotografías dentro de una especie de catálogo digital, lo que puede resultar muy útil para su uso en el aula. Las fotografías de los versos en muros y con personas posando combinadas con la escucha de la canción nos ofrecen además un conjunto multimedia, que nos sirve para planificar unidades de teleaprendizaje.

Por el otro lado, este fenómeno se nos presta para el aprendizaje estético-literario. El mini-documental sobre el colectivo Boa Mistura de dos minutos y medio publicado en *YouTube* puede ser una muy buena opción para introducir la poesía y el arte urbanos en el aula de ELE. Esto se consigue gracias a la presentación de este grupo y de su forma de llevar la comunicación verbal al ámbito de lo urbano. Es un vídeo que motiva a las alumnas y los alumnos a conocer a los artistas del colectivo y a escucharlos hablar en primera persona. Una forma de comprensión audio-visual que se puede enlazar con el contenido que proponemos: una pequeña propuesta didáctica para aprendices de español de un nivel avanzado (véase anexo, propuesta didáctica). Hablamos de un acercamiento receptivo para mostrar la motivación artística del arte urbano, la importancia de la palabra y la poética de sus mensajes. Anteponer una presentación del fenómeno de la poesía urbana es sumamente importante si se quiere además llevar a cabo una transformación productiva (cf. del Valle Luque 2020). Sirve tanto de descubrimiento e inspiración como de comprensión del fenómeno.

3 El fenómeno de la poesía social en las redes sociales

Es propio de las redes sociales, ya lo dice el nombre, su dimensión social. Las redes sociales no son otra cosa que sociedades digitales que funcionan gracias a los medios de comunicación. En ellas se puede encontrar todo tipo de interacción ya sea personal o privada, pública o profesional.

Poder encontrarse con todo tipo de lectoras y lectores, alcanzar a una "inmensa mayoría" y distanciarse de aquella poesía leída por la "inmensa minoría" es precisamente el propósito principal de la poesía social (cf. Neuschäfer 2001, 386). Así pues, en las redes sociales nos encontramos con poetas que se suscriben a la poesía social, compartiendo sus poemas con todos los usuarios. Su objetivo es desmitificar la escritura poética, sacarla de su eje elitista y hacerla accesible para todas las personas, cuantas más mejor. En la poesía social reside una naturaleza humanista que se manifiesta tanto en la temática como en el uso de la lengua (cf. Ascunce 1999, 171). Los temas abarcan todo aquello que preocupa al humano; por ejemplo, lo personal, lo familiar, lo político, lo emocional, lo moral, lo económico, lo material, etc. En cuanto al uso de la lengua, el o la poeta social no emplea expresiones rebuscadas ni sofisticadas; se centra en una proyección estilística correcta y significativa con términos corrientes, cotidianos, de uso popular (cf. ibid.). Esta pretensión humanista la encontramos de forma ejemplar en los poemas de Blas de Otero o Gloria Fuertes, considerados ambos los grandes representantes de la poesía social. Lo cierto es que las personas autoras de la poesía social suelen ser ellas mismas, al igual que sus textos, humanistas y poco prestigiosas. Así pues, hoy día se mueven en las redes sociales como en cualquier otro lugar de encuentro y tránsito público.

3.1 Batania / Neorrabioso[6]

Imagen 3: „La poesía ha vuelto y yo no tengo la culpa", pintada de Batania (Neorrabioso) en Madrid © r2hox https://creativecommons.org/licenses/by-sa/2.0/

"La poesía ha vuelto y yo no tengo la culpa" así dice una frase del poeta Batania (Neorrabioso) (véase imagen 3). Pasear por las calles del centro de Madrid implica encontrarse inevitablemente con poemas callejeros como este. Frases pintadas con espray o rotulador en muros o en papeleras, versos escritos para compartir con un público lo más grande posible. En una entrevista, hecha por el artista Juan Rico y que está disponible en *YouTube,* Batania (Neorrabioso) explica que el objetivo de su poesía es "llegar a la gente" y así en 2008 empieza a hacer pintadas con versos de sus poemas en las calles de Madrid. Permanece un tiempo en el anonimato por miedo a exponerse a sanciones. Con la llegada de *Twitter* descubre que puede publicar sus versos con menos esfuerzo y menos riesgos en el espacio digital, y que además este permite una divulgación mucho más grande que la de las calles de Madrid. Se convierte en un "poeta de Internet" al que le place publicar en las redes sociales por ser ecológicas, económicas y mucho menos jerárquicas que las publicaciones de imprenta (cf. ibid.). Su estrategia para llegar a la gente es compartir sus versos en muros, en bares y en Internet (cf. Acción Fílmica 2014).

Así pues, las redes sociales le aportan una difusión con doble sentido, por un lado, la escritura poética en *Twitter* y, por otro, la divulgación de fotografías de sus obras. Aunque los poemas callejeros sean en principio obras efímeras que, igual que todas las obras de arte urbano, se exponen a un riesgo de ser eliminadas o destruidas, se archivan en forma de fotografías y se publican en las redes sociales. Esto transporta el diálogo urbano físico al espacio social digital.

---

[6] El poeta firma sus obras con dos nombres, Batania y Neorrabioso.

Aunque no le guste nada la etiqueta, así lo confirma en otra entrevista también accesible en *YouTube*, Batania (Neorriabioso) se convierte en un poeta *underground*; sus obras se encuentran en las páginas web de arte urbano de Madrid (por ejemplo, en el blog de Arte en la calle). Su poesía social se vincula con el arte urbano por aunar lo social y lo urbano. El poema se hace en y para la "calle", entendida como el espacio público accesible para todos.

Un proyecto de gran repercusión en las redes sociales y en los foros de arte urbano y con el que se hace famoso Batania (Neorrabioso) son sus pintadas con rotulador en cubos de basura en Madrid (véase imagen 4).

Imagen 4: Poema callejero de Batania (Neorrabioso) escrito en un cubo de basura en Madrid (Montero Sandoval 2020).

Este proyecto, admite Batania (Neorrabioso), sigue siendo su pasión. El cubo de basura le ofrece una superficie urbana con muchas más cualidades que el muro (cf. Olliemoonsta 2020). Primero, facilita poder dejar un poema más largo que sobre el muro, puesto que el riesgo de ser sorprendido no es igual que haciendo una pintada y así puede detenerse más tiempo en ello. Segundo, el riesgo de recibir una multa es mucho menor, dado que el cubo de basura como objeto no es apreciado por las personas, es un recipiente para deshacerse de los residuos, no suele ser propiedad privada sino pública y a nadie le importa realmente si está pintado o no. Y tercero, a Batania (Neorrabioso) le parece un factor muy importante el tener que "agacharse" para escribir un poema, "ponerse en cuclillas" porque representa, de alguna manera, que es necesario bajar el estatus y distanciarse del poeta soberbio y altivo para defender la imagen del poeta social (cf. Olliemoonsta 2020). Sus mensajes se manifiestan en forma de aforismos y versos libres. A menudo son mensajes apelativos, exclamaciones o interrogaciones, que incitan a las personas a pensar en una respuesta o al menos a una reflexión.

3.2 La poesía social de Batania (Neorrabioso) como instrumento didáctico en el aula de ELE

Llevar los poemas de Batania (Neorrabioso) al aula de ELE significa enseñarles a las alumnas y los alumnos que la poesía es un acto de comunicación común, que vive en las calles y en las redes sociales. Además de desmitificar la poesía, la poesía social no usa un vocabulario muy rebuscado, lo que la convierte en una herramienta posible para tratar con niveles medios y bajos de aprendizaje. Por ejemplo, el poema "Nectarina":

La nectarina

Esta misma mañana,
en la frutería de al lado,
el caerse al suelo
una de mis nectarinas,
el frutero me ha dicho
"perdone, caballero,
ahora se la cambio",
pero me he negado,
no me parece justo
cambiar una nectarina
por una caída,
una sola caída,
yo que he sufrido tantas...

(Batania/Neorrabioso 2014)

Además de leer el poema y hacer ver lo poético en lo cotidiano (como lo es comprar nectarinas en la frutería de al lado), los versos de vocabulario simple permiten que nos detengamos en ellos para un estudio lingüístico; para diferenciar el adjetivo femenino derivado del participio del verbo caer, "por una [nectarina] *caída*", del sustantivo la caída, "una sola *caída*".

Otra posibilidad es el análisis de los tuits de Batania (Neorrabioso) a nivel alegórico y retórico; por ejemplo, analizar el uso metafórico de la lengua:

Siempre dudando si salvar el mundo o salvarnos de él – Tuits

Al mundo solo puede salvar lo que les salva a
muchos poetas, la ternura.

****

Pájaros en la cabeza
los tenemos todos.
Pero vivir
es sacarlos a volar.

****

No me preocupo de sentar la cabeza,
me preocupo de llenarla.

(Batania/Neorrabioso 2014)

Algunas ideas para la lectura del primer tuit podrían ser las siguientes: "Leed detenidamente el tuit de Batania/Neorrabioso, pensad en los sustantivos: el mundo, los poetas, ternura. Haced una breve descripción de cada sustantivo. ¿Qué pensáis, qué valor tiene la ternura? ¿Por qué puede salvar al mundo / a los poetas?" La brevedad y densidad del aforismo permite detenerse en la palabra y en su valor. Así también pueden analizarse el uso de expresiones metafóricas como "tener pájaros en la cabeza" o "sentar la cabeza" (tuits 2 y 3) y discutir sobre su significado dentro de la creación poética.

Si retomamos la frase inicial de Batania (Neorrabioso), "la poesía ha vuelto y yo no tengo la culpa", nos podemos preguntar ¿a dónde se había ido la poesía? Y, ¿a dónde ha tenido que volver? Pues parece que a dónde Batania (Neorrabioso) ha hecho volver a la poesía es al centro de la sociedad, a la "calle". Quizá se haga hincapié en las palabras de Antonio Colinas cuando este afirma que „[p]erdimos la conexión con la calle al intelectualizar demasiado la poesía" (cf. Rodríguez Marcos 2009). Quizá el lugar a dónde se había ido la poesía era a las "inmensas minorías", las que se defienden en la poesía de colectivos cerrados y ensimismados. Quizá la respuesta a la intelectualización de la poesía sea precisamente la poesía social y urbana.

4 Conclusiones para el aula de ELE

La poesía en las redes sociales representa un fenómeno cultural en el mundo hispanohablante y se presta por varios motivos para el aula de lengua extranjera. Merece la pena trabajar con poemas en clase por el mero hecho de tratarse de textos comunicativos que se dirigen explícitamente a una lectora o a un lector y que abren así un espacio para la comprensión y producción comunicativa.

En este sentido algunos textos se prestan más y otros menos. Por ello es imprescindible determinar primero las características principales del fenómeno poético para su uso didáctico. En el caso de la poesía en las redes sociales cabe destacar tres características principales: 1. el aspecto de lo urbano, 2. el aspecto de lo social, 3. el aspecto comunicativo. Estos tres aspectos están estrechamente entrelazados, no obstante, es importante desmontarlos en un análisis en clase y hacer entender a los alumnos que se trata de una poesía que surge del y para el espacio público. Lo que más les importa a las y los activistas es dejar sus palabras en el espacio al que todo el mundo tenga acceso, para así estar cerca de la sociedad. Esto implica que al artista no le importa permanecer en el anonimato, ni le importa exponerse a una multa (por tratarse de una pintada ilegal) o que el texto sea borrado o retirado al día siguiente. El colectivo, formado por artistas y seguidores se encarga de su distribución en Internet. Así se amplía el acceso público a los espacios digitales accesibles para un público aún mayor.

El aspecto comunicativo de un poema tiene una gran relevancia para el uso didáctico del poema urbano o social. Batania (Neorrabioso) escribe aforismos que nos invitan a reflexionar. A diferencia de la comunicación cotidiana, el lenguaje poético usa formas alteradas, ya sea con recursos retóricos o poéticos. El mensaje poético es muy diferente y por eso precisamente resulta interesante para nuestro alumnado, ya que los jóvenes también necesitan expresarse de forma diferente, con cierto valor emocional. Las y los estudiantes de lengua extranjera aprenden a comunicarse en todas las situaciones imaginables de la vida cotidiana y profesional, pero, en lo que respecta al ámbito personal y emocional, el aprendizaje de las competencias lingüísticas se traslada fuera del aula. En la enseñanza de lengua extranjera aún queda espacio para fomentar la expresión emocional y no-cotidiana de forma alterada para que esta asombre o sorprenda. Es a través de la poesía que podemos abrir espacios para comprender y expresar emociones y sentimientos; una competencia comunicativa que consideramos primaria, también para el aula de lengua extranjera.

	Material didáctico para descargar / Didaktisches Material zum Herunterladen
Descripción / Beschreibung	La propuesta didáctica persigue propósito de aproximar y/o sensibilizar a las alumnas y a los alumnos a la dimensión poética del arte urbano mediante el visionado del documental "Boa Mistura". Luego de activar sus conocimientos previos y sus perspectivas sobre el arte urbano, las alumnas y los alumnos ven el documental, clasifican las opiniones de Pablo Purón y Pablo Ferreira sobre el arte urbano, y finalmente comparten en el pleno sus propios descubrimientos con respecto al arte urbano.
Título / Titel	Anexo: Propuesta didáctica: Entender el arte urbano – Documental "Boa Mistura"
Acceso / Zugang	https://www.ibidem-verlag.de/pdf/1900/05.pdf

Bibliografía

ACCIÓN FÍLMICA. 2014. *Underground Project 1.3 – Batania (Neorrabioso)*. Online: https://www.youtube.com/watch?v=YZr3QVNzPEQ (22.05.2023).

AGUILAR, Andrea. 2014. „La poesía estalla en las redes. Babelia", in: *El País, 26.07.14*. Online: https://elpais.com/cultura/2014/07/21/babelia/1405960941_843796.html (22.05. 2023).

ASCUNCE ARRIETA, José Ángel. 1999. „La poesía social", in: Rico, Francisco. ed. *Historia y crítica de la literatura española*, vol. 8, tomo 2. Barcelona: Ed. Crítica, 169-171.

AYUNTAMIENTO DE MADRID. 2020. *Versos al paso*. Online: madridpaisajeurbano.es/versos-al-paso/ (22.05.2023).

BATANIA / NEORRABIOSO. 2014. *La poesía ha vuelto y yo no tengo la culpa. Antología de caballos 2008-2013*. Madrid: Reprográficas Malpe.

BLOG Arte en la calle. Online: www.arte-en-la-calle.com/ (22.05.2023).

BOA MISTURA. *Web oficial*. Online: https://www.boamistura.com (22.05.2023).

BORDONS, Glòria & DENCKER, Klaus Peter & LONDON, John & GUTSCHI, Martha. edd. 2008. *Bverso Brossa. Joan Brossa, de la poesía al objeto*. Madrid: Instituto Cervantes.

DEL VALLE LUQUE, Victoria. 2020. „¡Poesía para todxs! La poesía callejera en el aula de ELE", in: *Der fremdsprachliche Unterricht Spanisch* 71, 22-28.

GLASER, Katja. 2017. *Street Art und neue Medien. Akteure – Praktiken – Ästhetiken*. Bielefeld: transcript.

IDEALISTA/NEWS. 2019. *Entrevista a Boamistura*. Online: https://www.youtube.com/watch?v=echiaGwnJqU (22.05.2023).

LAGUNA, Loreto. 2018. *El alma no tiene color*. Online: https://www.trivergencia.com/es/el-alma-no-tiene-color-2/ (22.05.2023).

MONTERO SANDOVAL, José María. 2020. *Un mal verso lo tiene cualquiera*. Online: https://elgatoneljazmin.wordpress.com/2020/11/25/un-mal-verso-lo-tiene-cualquiera/ (22.05.2023).

NEUSCHÄFER, Hans-Jörg. ed. 2001. *Spanische Literaturgeschichte*. Heidelberg: J. B. Metzler.

OLLIEMOONSTA. 2020. *Entrevista / Neorrabioso / Cuarentena entre artistas* #6. Online: https://www.youtube.com/watch?v=HYG1b79YhmI (22.05.2023).

RODRÍGUEZ MARCOS, Javier. 2009. „Poesía para los que no leen poesía", in: *El País, 16.06.2009*. Online: https://elpais.com/diario/2009/06/16/cultura/1245103219_850215.html (22.05.2023).

TRIVERGENCIA AWAKENING CREATIVE CULTURES. 2018. *Video colaboración Boa Mistura "El alma no tiene color"*. Online: https://www.youtube.com/watch?v=m9K_Fpp8wOY (22.05.2023).

Benjamin Inal

Latinoamérica der puertoricanischen Band Calle 13
– *un diálogo entre culturas*

Das Lied *Latinoamérica* aus dem Jahr 2011 wurde zum großen Gewinner auf den *12th Annual Latin Grammy Awards*. Neben dem Titel und dem Publikumserfolg können insbesondere das Musikvideo und der Liedtext als Gründe dafür gewertet werden, dass das Lied mittlerweile auch in der Spanischdidaktik etabliert ist, was sowohl die Bekanntheit des Liedes unter Lehrkräften zeigt wie auch seine Integration zum Beispiel in das Lehrbuch *Punto de Vista. Nueva Edición* (vgl. Escárate López et al. 2014, 98-99). Hinzu kommt, dass es durch seine Online-Verfügbarkeit einschließlich der Transkription des Liedtextes problemlos in den Unterricht einbezogen werden kann. Diese Verfügbarkeit gestattet es auch den Lernenden, auf das Lied und ggf. andere Lieder der Band eigenständig und unterrichtsunabhängig zuzugreifen. Neben den didaktischen Vorzügen muss jedoch beachtet werden, dass sich das Lied durch einen hohen Grad an informationeller Dichte und Komplexität auszeichnet. Diese Dichte ergibt sich u. a. über die Bimodalität des Musikvideos, denn beide Kanäle, Bild und Ton/Wort, stellen für sich genommen jeweils eigenständige und hochkomplexe Narrationen dar. Deshalb ist der vorschnellen Annahme, man könne mit dem Lied *en passant* interkulturelles Lernen im Hinblick auf Lateinamerika fördern, mit Vorsicht zu begegnen.

Dem Vorstehenden entsprechend verfolgt der vorliegende Beitrag das Ziel, das inter-/transkulturelle Potenzial des Liedes für den Spanischunterricht zu analysieren. Aus der begrifflichen Unterscheidung etwa von Kultur, Interkulturalität und Transkulturalität sollen konkrete didaktisch-methodische Hinweise darauf abgeleitet werden, wie mit dem Lied insbesondere Lernprozesse auf der Ebene des Bewusstseins, der Werte, Einstellungen und Haltungen der Lernenden gefördert werden können.

1 Kultur

Der Begriff Kultur kann als ebenso häufig gebraucht und schwammig verwendet gelten wie beispielsweise die Begriffe Identität oder Medien (vgl. zur jeweiligen

Begriffsproblematik exemplarisch die Beiträge von Brubaker & Cooper 2000; Leschke 2007; Küster 2005). Wenn vor diesem Hintergrund die Termini zuweilen auch an Aussagekraft einbüßen bzw. eine Diskrepanz zwischen alltags- und fachsprachlicher Verwendung der Begriffe entsteht, so sollte dies nicht zu einem Verzicht auf die Begriffsverwendung führen, wie dies etwa Edmondson & House (1998) für den Kulturbegriff gefordert haben. Vielmehr muss es darum gehen, und dies gilt insbesondere im Falle des für die Fremdsprachendidaktiken so zentralen Kulturbegriffs, eine begriffliche Schärfung vorzunehmen. Es liegt auf der Hand, dass dies im begrenzten Umfang dieses Beitrags nicht erschöpfend zu leisten ist (vgl. ausführlicher Plikat 2017, 45-61; Küster 2003, 56-58; Welsch 1994; Witte 2006, 31-33). Nachstehend sollen zunächst drei Unterscheidungen des Kulturbegriffs kurz erläutert und diese Unterscheidungen daraufhin mit fremdsprachendidaktischem Praxismaterial, d. h. entsprechenden Liedtextstellen von *Latinoamérica*, in Verbindung gebracht werden. Dabei wird die Diskussion um inter-/transkulturelles Lernen mit einbezogen, um theoriegeleitet didaktisch-methodische Anschlusslinien zu skizzieren.[1]

1) Als erste Unterscheidung kann Kultur im Sinne von menschlicher Interaktion mit der natürlichen Umwelt verstanden werden. Dieses Verständnis geht auf den lateinischen Begriff *cultura* (dt. Bebauung, Bearbeitung, Bestellung, Pflege) zurück, der mit dem Verb *colere* (dt. bebauen, pflegen, urbar machen, ausbilden) zusammenhängt. Mit diesem Verständnis stehen Begriffe wie Kulturlandschaft oder *la agricultura* in Zusammenhang. Im Vordergrund dieses Kulturbegriffs steht die Natur, wobei der Mensch hier durchaus schaffend bzw. prägend einwirkt.[2]

2) Als zweite Unterscheidung sei Kultur im Sinne von menschlich geschaffenen kulturellen Zeugnissen angeführt. Hiermit hängen Begriffe wie Kulturnation, kulturelles Erbe, Kulturschaffende oder Hochkultur zusammen. Im Gegensatz zu 1) steht hier nicht die Natur, sondern der Mensch im Vordergrund, wenn auch sein hervorbringendes Tun unumgänglich

---

[1] Die nachfolgende Unterscheidung entspricht in weiten Teilen der Unterscheidung zwischen einem intellektuell-ästhetischen, einem materiellen und einem anthropologischen Kulturbegriff (vgl. Lüsebrink 2016, 10-14).
[2] Zur Unterscheidung von Natur, Kultur und Sprache vgl. Kramsch (1998, 4-6).

auf der Verwendung natürlicher Ressourcen beruht.
3) Die dritte Unterscheidung versteht Kultur im Sinne des sozialen Zusammenhangs zwischen Menschen. Mit diesem Kulturverständnis hängen Begriffe wie Gemeinschaft, Identität, Kollektiv wie auch kulturelle Differenzen, kultureller Wandel, Kulturraum oder Unterrichtskultur zusammen. Bei dieser Begriffsverwendung steht die Mensch-Mensch-Interaktion im Mittelpunkt, wobei die natürliche Umwelt eine untergeordnete Rolle spielt.

Im Lied von Calle 13 wird an die drei unterschiedenen Kulturbegriffe an mehreren Stellen angeschlossen. *Mis montañas, pulque* oder *mascando coca* verweisen bspw. auf Kultur im Sinne von 1). Bei *El amor en los tiempos del cólera* oder *Maradona contra Inglaterra* wird hingegen auf das unter 2) beschriebene Kulturverständnis verwiesen, während *aquí se comparte, lo mío es tuyo* oder *mano de obra campesina para tu consumo* dem unter 3) genannten Verständnis zugeordnet werden können. Wichtig ist zu betonen, dass die drei Unterteilungen nicht in hermetischer Abgrenzung zueinander, sondern mit Durchlässigkeiten und Schnittstellen gedacht werden müssen. Sie stellen jeweils Akzentuierungen dar. Dabei können einzelne Textstellen je nach Betrachtungsweise verschiedenen Kulturbegriffen zugeordnet werden. So verweist *Todos los santos que cuelgan de mi cuello* auf kulturelle Artefakte sowie auf deren religiösen Gebrauch. Auch *la fotografía de un desaparecido* stellt ein kulturelles Artefakt dar und ist in politisch-identitätsstiftende Aushandlungsprozesse eingebunden. Beide Textstellen verweisen folglich auf 2) und 3).

2   Interkulturelles Lernen

Somit lässt sich an dieser Stelle konstatieren, dass das Lied unterschiedliche Aspekte der lateinamerikanischen Kulturen thematisiert und folglich die unterrichtliche Beschäftigung mit dem Lied als vielversprechend im Hinblick auf inter-/transkulturelles Lernen erscheint. Da diese Feststellung jedoch zu pauschal ist und da außerdem inter-/transkulturelles Lernen häufig als eine Neuauflage der Landeskundedidaktik missverstanden wird, soll nachfolgend das Potenzial des

Liedes für inter-/transkulturelle Lernprozesse genauer diskutiert werden.[3]

In Anlehnung an Studien von Byram (vgl. u. a. 1997) kann interkulturelles Lernen unter anderem hinsichtlich des Wissens über Sprachen und Kulturen (*savoir*), der affektiv-attitudinalen Bewusstseinsbildung (*savoir être*) und der Ausbildung von Handlungskompetenz (*savoir faire*) unterschieden werden (vgl. hierzu auch Rössler 2010, 141-145). Für die Beschäftigung mit *Latinoamérica* sollen hier lediglich die Dimensionen des *savoir* und *savoir être* in den Blick genommen werden. Für die Wissensebene gilt, dass das Lied unter anderem Lernpotenziale im Hinblick auf die verschiedenen Aspekte von Kultur aufweist, wie sie weiter oben ausgeführt worden sind. In dieser Hinsicht ist das Lied sehr dicht und es wird den Lehrenden nicht allzu schwer fallen, in der Vorbereitung auf den unterrichtlichen Einsatz des Liedes die vielen Verweise unter anderem auf Kulinarisches, Landschaftsformen, Kolonialgeschichte, literarische Texte oder auf Maradonas unvergessene WM-Tore gegen England nachzuverfolgen. Es wird davon abgesehen, die Liedverweise zu explizieren, da dies zum Teil an anderer Stelle bereits erfolgt ist.[4]

Eine zentrale Zielsetzung des (Fremdsprachen-)Unterrichts ist es, neben bzw. mittels Wissensinhalten auch Normen und Werte (attitudinale Ebene, *savoir être*) zu vermitteln und somit eigenständige und kritische Haltungen sowie das Bewusstsein der Lernenden zu fördern. Zentrale Kategorien sind in diesem Zusammenhang beispielsweise Toleranz, Empathie- und letzten Endes Demokratiefähigkeit innerhalb eines zusammenwachsenden Europas (vgl. Council of Europe 2016; KMK 2009). Es erscheint geboten, diese Bildungsziele mit Nachdrücklichkeit ins Bewusstsein der (zukünftigen) Lehrenden zu rufen, da einerseits die Diskussion um Kompetenzorientierung die Frage nach Werten und Normen in den Hintergrund zu drängen scheint (vgl. Fäcke 2018). Andererseits verstärken und

---

[3] Es sei an dieser Stelle lediglich darauf verwiesen, dass Inhalte und Aufgabenformen in Spanischlehrwerken, die bspw. mit interkulturellem Lernen oder interkultureller Kompetenz ausgewiesen sind, beinahe ausschließlich auf die Vermittlung von soziokulturellem Orientierungswissen fokussieren (vgl. hierzu auch Grünewald 2011).

[4] Vgl. hierzu insbesondere die *actividades 7+8* in der gut aufbereiteten Internetressource von Pisos & Hernández Ruiz & Escudero Álvarez (2014), die viele digital gestützte Übungen bereithält.

verfestigen sich gesellschaftliche Tendenzen, die konträr zu den genannten Werten liegen und die die freiheitlich-rechtsstaatliche Demokratie politisch wie auch sozial gefährden (vgl. Appadurai 2017; Pörksen im Interview mit Ott (2018) sowie ausführlich Pörksen 2018).[5]

Nachdem im Vorstehenden die Unterscheidung des Kulturbegriffs auf die Wissensebene projiziert worden ist, stellt sich nun die Frage, ob auch für die attitudinale Ebene (*savoir être*) alle drei Begriffsverständnisse gleichermaßen relevant sind. Hier ist festzustellen, dass für die Ausbildung von Werten und Normen in besonderem Maße der Kulturbegriff im Sinne des sozialen Zusammenhangs zwischen Menschen zum Tragen kommt, wie auch dem interkulturellen Lernen generell mit den Worten Andrea Rösslers (2010, 138) „ein anthropologischer Kulturbegriff zugrunde" gelegt werden kann. Dies soll jedoch nicht heißen, dass die unter 1) und 2) besprochenen Aspekte von Kultur nicht auch dazu geeignet sind, beispielsweise Neugier oder Toleranz in Bezug auf kulturelle Alterität zu fördern.

Warum ist dieser kollektiv-identitäre Kulturbegriff, wie ich ihn hier in Entsprechung zu 3) nennen möchte, so zentral? Das fremdsprachendidaktische „Leitziel der interkulturellen Handlungsfähigkeit" (MSW NRW 2014, 11) zielt – stark verkürzt formuliert – primär auf den Umgang mit Menschen anderer Kulturen und weniger auf den Umgang mit Dingen oder Landschaften. Wenn wir Menschen aus anderen Kulturen begegnen – die Formulierung allein macht es bereits deutlich! –, dann ordnen wir sie zumeist kollektiv-kulturell zu, bringen sie zum Beispiel mit einer nationalstaatlichen, einer kontinentalen oder einer religiösen Identität (zuweilen fälschlicherweise) in Verbindung und sind in unserer Wahrnehmung dabei immer bereits durch Kollektivstereotype (vgl. Schmenk 2009) beein-

---

[5] Als Beispiele wären für die Politik die Erfolge nationalistisch-populistischer Parteien und für den Bereich des sozialen Miteinanders Teile der Kommunikation in sozialen Netzwerken zu nennen, die – millionenfach geteilt und verbreitet – von Beleidigung und Diffamierung bis hin zu strafrechtlichen Tatbeständen wie dem Aufruf zum Mord reichen. Den genannten Aspekten ließen sich unzählige weitere zur Seite stellen, die auch das Projekt der europäischen Einigung „zu bröckeln" (Assmann 2019, 19) beginnen lassen und die untermauern, wie bedeutsam die Vermittlung von Werten und Normen fachübergreifend und insbesondere in den Fremdsprachen ist. Der Krieg in der Ukraine und die damit zusammenhänge Frage, was Europa zusammenhält und wie eine Welt des Friedens und der Verständigung erreicht werden kann, bekräftigen diesen Ansatz.

flusst. Dass diese Prozesse für interkulturelle Handlungsfähigkeit nicht nur in potenziellen zielkulturellen Kontexten (zum Beispiel in Spanien oder Lateinamerika) hochgradig relevant sind, sondern zuvorderst für die durch Migration geprägten eigenkulturellen Kontexte der Schüler*innen, sei hier nur nebenbei bemerkt. Noch bevor das Wissen über andere Kulturen zum Tragen kommt, sind Einstellungen und Bewusstsein der Lernenden entscheidend dafür, dass es überhaupt zu interkulturellen Begegnungs- und ggf. Aushandlungssituationen kommt. Fehlen Offenheit, Neugier und Akzeptanz für den Gegenüber, dann ist interkulturelles Handeln schwerlich vorstellbar. Entsprechend hat Küster (2010, 40; Hervorhebung im Original) festgehalten: „Von ausschlaggebender Bedeutung für interkulturell reflektiertes Verhalten sind [...] in erster Linie persönlichkeitsbezogene Faktoren wie Neugier auf andere Menschen, Empathiefähigkeit, Selbstkenntnis und *cultural awareness*."

Um im Unterricht neben der Vermittlung von Wissensinhalten auch dezidiert die Ebene des *savoir être* zu berücksichtigen, sollte folglich an das Lied *Latinoamérica* die Frage gestellt werden, welches Bild das Lied von den Menschen Lateinamerikas zeichnet. Diese Menschen können als Protagonisten der Liednarration verstanden werden und manifestieren sich unter anderem im Liedtext in der sich wiederholenden Verwendung von *soy* wie auch im Video in der Visualisierung insbesondere der Gesichter verschiedenster Menschen. Wenn weiter oben bereits für den Kulturbegriff festgehalten worden ist, dass sich die begrifflichen Unterscheidungen nicht in strikter Trennung zueinander denken lassen, so muss auch hier betont werden, dass die kollektiv-identitäre Charakterisierung der Menschen, die das Lied vornimmt, natürlich nicht unabhängig von Landschaften, Geschichte, Heldenfiguren etc. zustande kommt, sondern die verschiedenen Ebenen vielmehr miteinander konvergieren. Für den nachfolgenden Teil soll somit davon ausgegangen werden, dass die Erzählung[6] des Liedes von den Menschen Lateinamerikas (im Sinne des kollektiv-identitären Kulturbegriffs) grundlegend dafür

---

[6] Der Begriff der Erzählung wird hier einerseits verwendet, da der Liedtext durch Narrativität gekennzeichnet ist. Andererseits ist vor dem Hintergrund einer Erzählung von Lateinamerika und seinen Menschen zu berücksichtigen, dass auch Identitäten als soziale Konstrukte eine narrative Struktur besitzen und dass sie der Erzählungen (zum Beispiel in Form von Liedern) bedürfen, um sich in Szene zu setzen (vgl. Bhabha 1990; Neumann 2005, 36).

ist, Lernprozesse im Bereich der Bewusstseinsbildung anzustoßen. Das Lied stellt die Inszenierung einer supranationalen Identität dar, der lateinamerikanischen. In ihr gehen einzelne Räume (im Liedtext zum Beispiel *el caribe*) und Länder (zum Beispiel die Andenländer) sowie einzelne Sprecher*innengruppen (im Lied exemplarisch über Quechua, Spanisch und brasilianisches Portugiesisch) auf. Über den starken Fokus auf das Aussehen der Menschen, vor allem deren Gesichter, wird insbesondere hervorgehoben, dass Menschen unterschiedlichster ethnischer Prägung zu Lateinamerika gehören. Es wird somit eine supranationale *hermandad* inszeniert, wie sie auch in Abb. 1 ihren Ausdruck findet.

Abb. 1: Wandgemälde in Lateinamerika;
Foto: Benjamin Inal

Das Lied von Calle 13 geht in seiner Identitätskonstruktion jedoch darüber hinaus, lediglich die Vielfalt Lateinamerikas zu repräsentieren. Es arbeitet auch mit den identitätskonstitutiven Elementen der Einigung nach Innen und der Abgrenzung nach Außen (vgl. Assmann & Assmann 1990, 27). Identifikation und Wir-Gefühl ergibt sich dem Lied nach beispielsweise aus der gemeinsamen geschichtlichen Erfahrung von Gewalt und Fremdherrschaft (*soy toda la sobra de lo que se robaron*) oder aus solidarischem Handeln (*aquí se comparte, lo mío es tuyo*). Alterität bzw. *othering* wird im Hinblick auf eine westliche Welt inszeniert, deren Hegemonie zu Ausbeutung und zu Interventionen in der Geschichte bis hinein in die Gegenwart der lateinamerikanischen Länder geführt hat (*la Operación Cóndor invadiendo mi nido*).

Aus dieser Projektion des kollektiv-identitären Kulturbegriffs auf das Lied lassen sich konkrete didaktisch-pädagogische Lehr-/Lernmöglichkeiten für die

Ebene des *savoir être* ableiten. Hierfür werden im Folgenden stichpunktartig einige Aspekte und Fragestellungen formuliert, die zunächst einen Fokus auf die Identität Lateinamerikas legen, wie sie im Lied inszeniert wird. Unter II. werden daraufhin auch die eigenen kollektiven Identitätszugehörigkeiten der Lernenden miteinbezogen.

I.
- Selbstverständnis Lateinamerikas gemäß dem Lied. Kritische Perspektivierung dieses Selbstverständnisses. Sensibilisierung für den Konstruktcharakter von Identitäten.

→ *¿Qué aspectos caracterizan la identidad latinoamericana según la canción?*

→ *¿Qué papel juegan otras identidades como la nación, los grupos étnicos, etc., según la canción?*

→ *¿Son las personas que salen en el vídeo representativas para todas las latinoamericanas y todos los latinoamericanos? ¿Quiénes faltan?*

II.
- Identifikationen der Lernenden. Multiple Identitätszugehörigkeiten. Abgrenzung zum Westen.

→ *¿Qué importancia tiene para ti tu identidad regional, nacional o europea?*

→ *¿Quiénes son los otros según la canción? ¿Te identificas con ellos?*

→ *Entendiendo la canción como una voz latinoamericana que te habla a ti, ¿qué crees que te quiere decir?*

Die genannten Aufgabenbeispiele machen deutlich, dass sich aus dem Lied heraus vielfältige Möglichkeiten des Perspektivenwechsels und der Perspektivenübernahme ergeben, wobei auch eigene Identifikationen bzw. Gruppenzugehörigkeiten der Lernenden mit einbezogen werden können. Thematisch regt das Lied Prozesse der kritischen Auseinandersetzung mit Themen an wie: Kolonialismus und die weitreichende Aufteilung der Welt in Herrschende und Beherrschte; *Land Grabbing* bzw. Landraub; Anti-US-Amerikanismus als mögliche direkte Antwort auf die hegemonialen Konstellationen; soziale Ungleichheit in Lateinamerika, die im Lied durch die Nicht-Darstellung von Eliten und Wohlhabenden und durch die

Betonung des Gemeinschaftlichen und Solidarischen verschleiert wird.

3 Interkulturalität / Transkulturalität

Die behandelten Aspekte und Beispiele transzendieren unverkennbar die Ebene der reinen Wissensvermittlung (*savoir*), denn sie fördern kritisches Bewusstsein und reflexive Zugänge zu dem gesellschaftspolitisch hochgradig relevanten Thema der Konstruktion von Kollektividentitäten. Dabei bleiben sie dem Interkulturalitätsparadigma verhaftet, indem sie auf der Unterscheidung von vermeintlich klar abgrenzbaren Kulturen basieren. Um das Lied in seinem Bildungspotenzial vollständig zu erfassen, ist dieser Perspektive das Transkulturalitätsparadigma (vgl. Welsch 1994) zur Seite zu stellen, das Hybridisierung betont. Demnach sind Kulturen, zum Beispiel Nationalkulturen, in sich bereits sehr heterogen – man befrage etwa hierzu einmal die Spanier*innen im Madrider Stadtteil Malasaña oder in Bilbao oder in Barcelona. Ferner stellen grenzüberschreitende und -verflüssigende Prozesse die Vorstellung von geschlossenen Kulturkreisen im Herderschen Sinne infrage (vgl. Roche 2009, 423). Aus dieser Perspektive der Transkulturalitätstheorie heraus wäre zum Beispiel die Gegenüberstellung von Latein- und Nordamerika, wie sie im Lied inszeniert wird, um den Blick auf die vielen Millionen Hispanics in den USA zu ergänzen. Darüber hinaus stellt ein transkulturelles Verständnis in einem universalistischen Sinne zur Debatte, ob sich das Lied auf die Darstellung lateinamerikanischer Menschen beschränkt oder ob nicht vielmehr das Menschsein an sich verhandelt wird. Deutlich wird dies an der Stelle, die den Höhepunkt des Liedes darstellt: *Aquí estamos de pie*. Wie lässt sich dieser Satz übersetzen? Was drückt er aus? Das aufrechte Stehen bringt unverkennbar Würde – *dignidad* – zum Ausdruck. Diese Würde findet ihren Ausdruck auch in der Gesamtheit der Gesichter, die gezeigt werden. Sie ist nicht spezifisch lateinamerikanisch, wie etwa *pulque* oder die Anden, sie findet kein Gegenüber, sie kann nicht ein- oder abgegrenzt werden, sie kann nur die Würde des Menschen, jedes Menschen sein.[7] Eine abschließende Frage, die vom Lied ausgehend auf Prozesse der Bewusstseinsbildung abzielt, wäre folglich: *Si dignidad*

---

[7] Methodisch lässt sich ein längerer Blick auf die Gesichter der Menschen im Video dadurch

es uno de los temas centrales de la canción, ¿qué significa eso para las personas (latinoamericanas como no-latinoamericanas) y para el trato entre ellos? Expresa tu opinión. Mögliche Ergebnisse der Unterrichtsarbeit wären:

- *Mucha gente no puede vivir una vida digna (ejemplo: trabajo infantil, extrema pobreza, etc.)*
- *Mucha gente y muchos países se aprovechan de la pobreza de ciertos países y ciertas personas*
- *Todas las personas son iguales.*
  → *Deberían tener los mismos derechos y las mismas oportunidades.*
  → *Deberíamos luchar por más solidaridad en el mundo.*

Mit diesen Fragestellungen und Ansätzen ließe sich herausstellen, dass das Lied letzten Endes nicht nur die Vielfalt in der Einheit Lateinamerikas inszeniert, sondern auch die Einheit und Gleichheit des Menschen in der Vielfältigkeit seines Seins. Das heißt, mit Blick auf das Unterrichtsziel der Sensibilisierung und der Bewusstseinsbildung wäre nicht nur der stärker interkulturelle Aspekt der *hermandad latinoamericana* herauszuarbeiten, sondern auch die transkulturell-universalistische Dimension der *dignidad humana*.

4 Fazit

Unterrichtlich zu diesem Punkt zu gelangen ist ganz offensichtlich mit einem längeren und steinigeren Weg verbunden, als lediglich über Kulinarisches oder Geschichtliches zu sprechen. Doch wie hat es Roche (2009, 424) so treffend formuliert: Die Vermittlung inter-/transkultureller Kompetenz ist „eine höchst komplexe und konflikträchtige Aufgabe". Und dezidierte Anstrengungen in diese Richtung sind unumgänglich, um den spezifischen Bildungspotenzialen des Fremdsprachenunterrichts gerecht zu werden, „der entscheidend an der Vermittlung von zentralen Erfahrungen, Werten und Fähigkeiten für das Leben in der modernen, heterogenen Gesellschaft beteiligt ist, indem er dafür sorgt, Diversität

---

erreichen, dass Film-Stills zusammengefügt und ausgedruckt den Lernenden zur Verfügung gestellt werden. Dadurch wird die schnelle Bilderfolge im Video entschleunigt und die Lernenden könnten auf Grundlage detaillierter Betrachtungen zum Beispiel der Frage nachgehen: *¿Qué expresan las caras en tu opinión?*

und Andersartigkeit erfahrbar zu machen" (Vollmer 2016, 78). Der Transkulturalitätsbegriff mit seiner Betonung von Vielfalt, Grenzüberschreitung und Hybridisierung stellt für den Fremdsprachenunterricht somit eine wichtige Blickachse dar, insbesondere in Bezug auf die „erhöhten Anforderungen an das Individuum, sich in Übergängen, Verflechtungen und Ambivalenzen bewegen zu können" (Breidbach 2003, 229). Dies bedeutet jedoch nicht, dass der Interkulturalitätsbegriff und das „Konstrukt ‚Zielkultur'" (Küster 2005, 64) der postmodernen Dekonstruktion geopfert werden sollten. Denn dann wäre der auf einzelne Sprachen fokussierte Fremdsprachenunterricht grundsätzlich in Frage gestellt. Ganz abgesehen davon, dass dann ungeklärt bliebe, woran sich noch ansetzen ließe bei der Auseinandersetzung mit anderen Sprachen und Kulturen, wenn nicht an konkreten und abgrenzbaren Sprachen und ihren Sprecher*innen. Es geht folglich um die Verschränkung beider Blickachsen auf Kultur bzw. Kulturen, wofür sich das Lied *Latinoamérica*, wie oben gezeigt werden konnte, in besonderer Weise anbietet.

Bibliographie

APPADURAI, Arjun. 2017. „Demokratiemüdigkeit", in: Geiselberger, Heinrich. ed. *Die große Regression. Eine internationale Debatte über die geistige Situation der Zeit*. Berlin: Suhrkamp, 17-35.

ASSMANN, Aleida. 2019. *Der europäische Traum. Vier Lehren aus der Geschichte*. Bonn: Bundeszentrale für politische Bildung.

ASSMANN, Jan & ASSMANN, Aleida. 1990. „Kultur und Konflikt. Aspekte einer Theorie des unkommunikativen Handels", in: Assmann, Jan & Harth, Dietrich. edd. *Kultur und Konflikt*. Frankfurt am Main: Suhrkamp, 11-48.

BHABHA, Homi K. ed. 1990. *Nation and narration*. London [u.a.]: Routledge.

BREIDBACH, Stephan. 2003. „Transkulturalität: Paradigma für den bilingualen Sachfachunterricht", in: Eckert, Johannes & Wendt, Michael. edd. *Interkulturelles und transkulturelles Lernen im Fremdsprachenunterricht*. Frankfurt am Main [u.a.]: Peter Lang, 219-234.

BRUBAKER, Rogers & COOPER, Frederick. 2000. „Beyond ‚identity'", in: *Theory and Society* 29, 1-47.

BYRAM, Michael. 1997. *Teaching und Assessing Intercultural Communicative Competence*. Clevedon: Multilingual Matters.

COUNCIL of Europe. 2016. *Competences for democratic culture. Living together as equals in culturally diverse democratic societies*. Straßburg: Council of Europe Publishing.

EDMONDSON, Willis & HOUSE, Juliane. 1998. „Interkulturelles Lernen: ein überflüssiger Begriff", in: *Zeitschrift für Fremdsprachenforschung* 9/2, 161-188.

ESCÁRATE LÓPEZ, Luis et al. 2014. *Punto de Vista. Nueva Edición.* Berlin: Cornelsen.

FÄCKE, Christiane. 2018. „Die vergessene Wertefrage. Fremdsprachlicher Literaturunterricht zwischen Inhalts- und Kompetenzorientierung", in: *Die Neueren Sprachen* 7, 16-27.

GRÜNEWALD, Andreas. 2011. „Förderung der Interkulturellen Kompetenz in Französisch- und Spanischlehrwerken", in: *Fremdsprachen Lehren und Lernen* 40/2, 64-82.

KMK = Sekretariat der Ständigen Konferenz der Kultusminister der Länder in der Bundesrepublik Deutschland. 2009. *Demokratie als Ziel, Gegenstand und Praxis historisch-politischer Bildung und Erziehung in der Schule.* Online: https://www.kmk.org/fileadmin/ Dateien/pdf/PresseUndAktuelles/2018/Beschluss_Demokratieerziehung.pdf (22.05.2023).

KRAMSCH, Claire. 1998. *Language and Culture.* Oxford: Oxford University Press.

KÜSTER, Lutz. 2003. *Plurale Bildung im Fremdsprachenunterricht. Interkulturelle und ästhetisch-literarische Aspekte von Bildung an Beispielen romanistischer Fachdidaktik.* Frankfurt am Main [u.a.]: Peter Lang.

KÜSTER, Lutz. 2005. „Kulturverständnisse in Kulturwissenschaft und Fremdsprachendidaktik", in: Schumann, Adelheid. ed. *Kulturwissenschaften und Fremdsprachendidaktik im Dialog. Perspektiven eines interkulturellen Französischunterrichts.* Frankfurt am Main [u.a.]: Peter Lang, 59-70.

KÜSTER, Lutz. 2010. „Die Arte-Sendereihe „Karambolage" – ein Anlass interkulturellen Lernens im Fremdsprachenunterricht?", in: Caspari, Daniela & Küster, Lutz. edd. *Wege zu interkultureller Kompetenz. Fremdsprachendidaktische Aspekte der Text- und Medienarbeit.* Frankfurt am Main [u.a.]: Peter Lang, 39-50.

LESCHKE, Rainer. 2007. „Medien – Ein loser Begriff. Zur wissenschaftshistorischen Rekonstruktion eines Begriffskonzepts", in: *Navigationen* 7, 219-230.

LÜSEBRINK, Hans-Jürgen. 2016. *Interkulturelle Kommunikation. Interaktion, Fremdwahrnehmung, Kulturtransfer.* 4. Aufl. Stuttgart: J. B. Metzler.

MSW NRW = Ministerium für Schule und Weiterbildung des Landes Nordrhein-Westfalen. 2014. *Kernlehrplan für die Sekundarstufe II Gymnasium/Gesamtschule in Nordrhein-Westfalen.* Online: https://www.schulentwicklung.nrw.de/lehrplaene/lehrplan/139/KLP_ GOSt_Spanisch.pdf (22.05.2023).

NEUMANN, Birgit. 2005. *Erinnerung - Identität - Narration. Gattungstypologie und Funktionen kanadischer ‚Fictions of Memory'.* Berlin [u.a.]: De Gruyter.

OTT, Bernhard. 2018. *Im Extremfall ist die Demokratie in Gefahr.* Online: https://www.derbund .ch/schweiz/im-extremfall-ist-die-demokratie-in-gefahr/story/22999922 (22.05.2023).

PLIKAT, Jochen. 2017. *Fremdsprachliche Diskursbewusstheit als Zielkonstrukt des Fremdsprachenunterrichts. Eine kritische Auseinandersetzung mit der Interkulturellen Kompetenz.* Frankfurt am Main [u.a.]: Peter Lang.

PÖRKSEN, Bernhard. 2018. *Die große Gereiztheit. Wege aus der kollektiven Erregung.* München: Carl Hanser.

ROCHE, Jörg. 2009. „Interkulturelle Kompetenz", in: Jung, Udo O.H. ed. *Praktische Handreichung für Fremdsprachenlehrer*. 5. Aufl. Frankfurt am Main [u.a.]: Peter Lang, 422-429.

RÖSSLER, Andrea. 2010. „Interkulturelle Kompetenz", in: Meißner, Franz-Joseph & Tesch, Bernd. edd. *Spanisch kompetenzorientiert unterrichten*. Seelze: Klett/Kallmeyer, 137-149.

SCHMENK, Barbara. 2009. „Vorsicht Stereotype! Gender und Fremdsprachenlernende", in: *Praxis Fremdsprachenunterricht* 6, 5-6.

VOLLMER, Helmut J. 2016. „Englisch und Englischdidaktik", in: Vorstand der Gesellschaft für Fachdidaktik (GFD). ed. *Auf dem Weg zu einer Allgemeinen Fachdidaktik*. Münster: Waxmann, 74-104.

WELSCH, Wolfgang. 1994. „Transkulturalität – Die veränderte Verfassung heutiger Kulturen", in: *Via Regia* 20.

WITTE, Arnd. 2006. „Überlegungen zu einer (inter)kulturellen Progression im Fremdsprachenunterricht", in: *Fremdsprachen Lehren und Lernen* 35, 28-43.

Lisi Barros-Sehringer

"Mi obra maestra":
Escenas de película para el aula inclusiva

1 Introducción

Desde el año 1996, el Centro de Control y Prevención de Enfermedades (*CDC*, por sus siglas en inglés) de los Estados Unidos de América viene monitoreando la prevalencia del síndrome del espectro autista en la población del país. El estudio comenzó en el área metropolitana de la ciudad de Atlanta, pero en la actualidad (año 2021) el relevamiento se conduce en 11 zonas diferentes, una de las cuales es el estado de Nueva Jersey. Los últimos datos reportados son del año 2016 y muestran que 1 de cada 54 niños[1] estadounidenses está dentro del espectro autista, aunque la cifra es mayor en Nueva Jersey, donde alcanza a 1 de cada 32 menores (cf. Maenner et al. 2020). Con estos números se necesita pensar con cierta premura en cómo debemos actuar los docentes, en general, y los de Español Lengua Extranjera, en particular, cuando tenemos estudiantes neurodivergentes en el aula convencional. Si bien partiremos de experiencias surgidas del trabajo con aprendientes diagnosticados con el síndrome de Asperger en el área de la ciudad de Princeton, Nueva Jersey, creemos que nuestras sugerencias metodológicas y pedagógicas pueden ser aplicadas en variados contextos educativos.

2 El espectro autista

Los trastornos del espectro autista -conocidos en español como TEA (Trastornos del Espectro Autista), en inglés como *ASD* (*Autism Spectrum Disorder*) y en alemán

---

[1] En este trabajo mantendremos el masculino como género no marcado, atendiendo a las recomendaciones de la Real Academia Española (RAE).

como *ASS* (*Autismus Spektrum Störungen*)[2]- son trastornos del desarrollo que pueden ocasionar problemas sociales, de comunicación y/o de conducta relevantes, lo que significa que aquellas personas dentro del espectro se comunican, interactúan, se comportan y aprenden de maneras diferentes a otras personas: la última mención es importante para tener en cuenta dentro del aula inclusiva. Las destrezas de aprendizaje, de pensamiento y de resolución de problemas, sin embargo, pueden variar entre los aprendientes, por lo que algunos necesitan más asistencia que otros para desenvolverse en la vida diaria. Hoy se incluyen dentro del espectro algunas afecciones que hasta 2013 se diagnosticaban por separado, como el "Trastorno Generalizado del Desarrollo no Especificado de otra Manera" (*PDD-NOS*, por sus siglas en inglés) y el síndrome de Asperger.

2.1 El síndrome de Asperger

En la década de los 40 el médico austríaco Johann Friedrich Karl Asperger comenzó a observar que algunos niños bajo su atención profesional poseían inteligencia y desarrollo del lenguaje típicos para la edad, pero mostraban deficiencias en las interacciones sociales, presentando cierto deterioro en sus capacidades comunicativas (cf. Baron-Cohen 2015). Sin embargo, el término "Asperger" o "síndrome de Asperger" fue definido e incluido por la *American Psychiatric Association* (*APA*) en 1994, fecha de publicación de la cuarta edición del "Manual de Diagnósticos y Estadísticas de los Trastornos Mentales" (*DSM-IV*, por sus siglas en inglés). Durante un tiempo, el síndrome de Asperger y el autismo fueron tratados por separado, pero desde 2013, con la aparición del *DSM-V*, el síndrome de Asperger se considera dentro del espectro autista.[3] Las personas con Asperger presentan síntomas menores o más suavizados que los que exteriorizan aquellos dentro del

---

[2] Datos sobre la incidencia del espectro autista en Alemania no han sido publicados, de acuerdo con la página del *Umweltbundesamt*. Para mayor información, se recomienda consultar: https://www.umweltbundesamt.de/themen/gesundheit/umweltmedizin/autismusautismus-spektrum-stoerungen (22.05.2023).
[3] Para mayor información, se puede consultar la página de la *Autism Society*: https://www.autism-society.org/the-autism-experience (22.05.2023).

espectro. Esta sintomatología, aunque está presente desde temprana edad, se diagnostica generalmente cuando el niño ingresa en la etapa escolar.

2.2 Características del síndrome de Asperger

El desglose presentado a continuación resume las principales características del síndrome de Asperger a modo de orientación. A saber:

a) Si bien la persona desea interactuar con los demás, a menudo no comprende las reglas sociales convencionales como los turnos de palabra.

b) Es común que no establezca contacto visual con el interlocutor, que muestre falta de empatía para con el otro o que no comprenda el lenguaje gestual, el sarcasmo y la ironía.

c) Aunque el desarrollo del lenguaje y de las habilidades cognitivas sea normal, cuando la persona se expresa oralmente la construcción sintáctica puede ser rebuscada, la entonación puede ser plana o monótona y el tono puede llegar a ser muy agudo, lo que podría afectar la comunicación significativa.

d) A menudo se percibe en el aula que el aprendiente con Asperger tiene cierta dificultad para comprender conceptos abstractos, como las metáforas.

e) Es reconocido el interés que la persona diagnosticada con este síndrome demuestra por ciertas categorías de objetos, y su habilidad para manejar mucha información acerca de los mismos, sobre todo información estadística. Esta característica se observa tanto en la intensidad como en el enfoque.

f) Se aprecian grandes habilidades para trabajar a partir de la memoria y la repetición. Por eso, las personas con Asperger muestran preferencias por las rutinas y los rituales, muchas veces sin una funcionalidad aparente. Y, como consecuencia, reaccionan negativamente frente a los cambios, sobre todo, los bruscos.

g) Se suele percibir en ellos una profunda sensibilidad sensorial, la que puede llevar a rechazar ciertos sonidos, olores, texturas, colores, comidas. Al mismo tiempo, se puede observar una preocupación persistente por la manipulación de ciertos objetos.

h) Se reconoce en muchas de estas personas una marcada dificultad para realizar planes y establecer prioridades, lo que puede incidir en los trabajos en clase.

i) Se observa así mismo una reducción en las habilidades motrices, lo que puede generar un comportamiento gestual que se considera raro o torpe.

Todas estas características se pueden notar, en mayor o en menor grado, en el espacio áulico y deberían considerarse de forma particular a la hora de la planificación y la implementación de los contenidos. Aún cuando no se tengan datos precisos[4] sobre la cantidad de aprendientes afectados específicamente por el síndrome de Asperger, las aulas deberían ser lo más inclusivas posible para servir a este colectivo que va creciendo como lo muestran las estadísticas.[5]

3 Discapacidad e inclusión

El 3 de mayo de 2008 entró en vigor el documento preparado por la Organización de las Naciones Unidas (ONU) y que lleva por título "Convención sobre los Derechos de las Personas con Discapacidad". Los países miembros de la organización, casi en su totalidad, se adhirieron en distintas fechas. En el caso particular de Alemania, esta fue ratificada el 24 de febrero de 2009.

El documento comienza "reconociendo que la discapacidad es un concepto que evoluciona" (cf. UN 2006, 1). Hasta los años 70 del pasado siglo XX se consideraba que una persona con una discapacidad debía ser tratada con terapias o intervenciones médicas para poder integrarse efectivamente al grupo social al que pertenecía: es lo que conocemos como modelo médico (cf. Barbosa Ardila et al. 2019, 115). Luego el

---

[4] A fecha 15 de noviembre de 2021, tanto la Oficina de Educación Especial del estado de Nueva Jersey como el *CDC* y la *Autism Society* consideran a los aprendientes diagnosticados con el síndrome de Asperger dentro del espectro autista, por lo que un número específico de participantes en aulas convencionales no está determinado.

[5] Para mayor información, se recomienda consultar: https://www.cdc.gov/ncbddd/autism/data.html (22.05.2023).

concepto evolucionó con Michael Oliver, quien hacia los años 80 propuso lo que se conoce como modelo social[6], el que sostiene que el problema no son las limitaciones individuales, sino la sociedad en su conjunto que fracasa en la provisión de aquellos servicios apropiados y adecuados que aseguren que las necesidades de las personas con una discapacidad sean debidamente tenidas en cuenta en el cuerpo social (cf. Oliver 1996, 32). Dentro de este marco, se debe distinguir entre el *impairment* y *disability*, porque también será pertinente para el espacio áulico. El *impairment* (deficiencia o deterioro) puede ser anatómico, fisiológico o psicológico, como la hipoacusia, una parálisis cerebral o un retraso mental. Mientras que cuando hablamos de *disability* (discapacidad) tenemos en cuenta barreras exteriores a la persona, las que le impiden un normal desarrollo dentro de sus habilidades (cf. UN 2006, 2). Teniendo en cuenta el espacio áulico, de acuerdo con el *CDC* (2020) estas barreras pueden ser:

a) **Físicas**: la falta de un ascensor no permite que un aprendiente en silla de ruedas pueda llegar a nuestra aula en el segundo/tercer/cuarto piso;

b) **Actitudinales**: en la clase hay alumnos neurotípicos que exteriorizan su impaciencia frente a la participación más lenta, quizás, de un compañero neurodivergente;

c) **Comunicacionales**: las instrucciones son impartidas usando oraciones largas y complejas, lo que dificulta la comprensión de un aprendiente con trastornos del aprendizaje;

d) **Programáticas**: el currículo de la materia no contempla la extensión temporal que puede necesitar un aprendiente dentro del espectro autista (por ejemplo) para comprender e internalizar conceptos; ni tampoco suele incluir modelos de evaluación que se centren en evaluar desde sus fortalezas y habilidades;

---

[6] Oliver (1996, 30) señala que no hay un modelo médico de discapacidad, sino un modelo individual de discapacidad dentro del cual la medicalización, o proceso que tiende a dar un carácter médico a algo, es un componente significativo.

e) **Sociales**: en relación con el profesorado, ¿se busca y permite la verdadera inclusión en el espacio áulico?

La pregunta sería entonces, ¿qué se entiende por **inclusión**? En el contexto educacional la educación es un derecho al que todo ser humano neurotípico o neurodivergente debe acceder, compartiendo el mismo espacio, porque esto significaría que todos aprenden a la vez, desarrollando habilidades emocionales como la empatía. Al mismo tiempo, se usan los recursos (también los económicos) más efectivamente. Por lo tanto, un aula verdaderamente inclusiva se abre a todo aprendiente, con o sin un diagnóstico o condición, en la que todos reciben los mismos contenidos, aunque haciendo los ajustes necesarios en el currículo, los materiales, las instrucciones, la evaluación y el acondicionamiento del espacio, en caso de ser imprescindible (cf. UN 2006, 3).

4 Modelos áulicos

A partir de cómo interactúa, o no, un aprendiente con una discapacidad dentro del aula[7], en la práctica se pueden observar diferentes tipos de modelos áulicos.[8] Por eso, es importante diferenciar entre la integración y la inclusión.

4.1 Modelo áulico de integración

Este modelo permite la reunión de aprendientes con o sin necesidades educativas especiales dentro de un mismo espacio áulico. Generalmente nos referimos a educandos que hasta hace relativamente poco tiempo se habían visto privados de una educación común, como las minorías étnicas, las minorías lingüísticas, las niñas, los estudiantes con alguna discapacidad, todos ellos marginados no solo dentro del ámbito educacional sino de la sociedad en general. Ahora bien, al integrarlos nos

---

[7] Para mayor información, se puede consultar este documento en línea preparado por UNICEF (2017).
[8] El sitio de *Aktion Mensch* sintetiza gráficamente estos modelos diferentes. Para mayor información, se recomienda consultar en: https://www.aktion-mensch.de/dafuer-stehen-wir/was-ist-inklusion (22.05.2023).

comprometemos solamente a hacerlos parte de un proceso de "aprender juntos" y no poniendo necesariamente el énfasis en lo que cada aprendiente necesita (cf. Pérez Alarcón 2010).

4.2 Modelo áulico de inclusión

Trabajar dentro de un **modelo de inclusión** significa, en primer lugar, reconocer que todos nuestros aprendientes son diferentes, aún cuando no hayan recibido un diagnóstico especial. En segundo lugar, requiere informarnos sobre cuáles son las características propias de uno o más trastornos, como el síndrome de Asperger, que podamos tener en nuestro espacio áulico. En tercer lugar, demanda pensar y planificar cómo presentar y trabajar los contenidos para que el grupo de aprendientes reciba un *input* que pueda ser procesado por todos los integrantes del aula y que todos tengan las herramientas necesarias para generar un *output* significativo, acorde siempre a sus habilidades (cf. Sánchez-Gómez & López 2020). En cuarto lugar, significa aceptar que todos los aprendientes pueden cumplir con el objetivo, aunque siguiendo diferentes trayectos planteados desde la didáctica.

Tales consideraciones pueden ilustrarse dentro del cuadro del espectro autista de la siguiente forma. Uno de los síntomas que se observa en personas diagnosticadas con el síndrome de Asperger es una reacción inusual a ciertos olores, sabores, colores y texturas. Si una instrucción pide subrayar con rojo los sustantivos y con azul los adjetivos (ejemplo bastante frecuente de encontrar en manuales y actividades de clase), podemos hacerla más inclusiva solo mencionando "con diferentes colores", ya que podríamos tener en el grupo un aprendiente con Asperger que rechace un color determinado y se niegue a cooperar, generando sin querer un problema de conducta. La instrucción se mantiene para todos, pero la resolución práctica (el *output*) podría ser diferente, aunque correcta. Admitamos que el camino recorrido por un aprendiente con Asperger "junto" a los otros miembros de un grupo que comparten el espacio áulico es, tal vez, el mayor logro y no deberíamos privarlo de él, porque también lo estamos ayudando a "compartir" con sus pares: la dificultad para relacionarse socialmente es otra de las características del síndrome de Asperger y los docentes deberíamos cooperar para sortearla de la mejor manera posible.

5 Recursos audiovisuales en el aula

En cualquier espacio áulico de lengua extranjera (LE), los recursos audiovisuales se han convertido hoy en una herramienta comunicativa indispensable y recurrente porque pueden facilitar el aprendizaje. Estos textos semióticos piden revisar constantemente las estrategias de enseñanza-aprendizaje. Por un lado, se debe educar al aprendiente en la decodificación del *input* que recibe a través de estos instrumentos pedagógicos; por otro, se debe instruir al alóglota para que aprenda a expresarse a través de medios multimodales (cf. Herrero 2018, 2). Como lo estipula el Marco Común Europeo de Referencia para las Lenguas (MCER), hacer uso de los medios audiovisuales es una destreza que se debe ejercitar porque exponen al aprendiente a materiales auténticos (cf. Consejo de Europa 2002, XI).

5.1 Recursos audiovisuales en el aula inclusiva desde la perspectiva del síndrome de Asperger

Si el uso de material audiovisual auténtico es relevante en cualquier aula (cf. López Serrano 2019), lo es mucho más en un aula inclusiva. Recordemos algunas características del síndrome de Asperger, porque todas ellas se observan en el aula, y también pueden plantear dificultades al momento de desarrollar el proceso de enseñanza-aprendizaje:

a) No comprensión de ciertas reglas sociales.
b) No comprensión del lenguaje gestual y la ironía.
c) Poca expresividad en el habla.
d) Dificultad para reconocer conceptos abstractos.
e) Aprendizaje memorístico, apreciación por las rutinas y los rituales.

Los instrumentos audiovisuales pueden convertirse en un material indispensable cuando se trabaja con aprendientes con Asperger pues, entre otras cosas, ayudan a mejorar la comprensión del *input* (cf. Rodríguez Muñoz 2020, 706), evitando frustración y ansiedad, visualizando al mismo tiempo situaciones de comunicación para expresar adecuadamente el *output*.

Es sabido que muchos docentes trabajan con películas completas o con material audiovisual de cierta extensión, desarrollando actividades de comprensión lingüística o intercultural, pero en este trabajo proponemos seleccionar escenas puntuales como apoyatura a otros materiales de clase (como el libro de texto) que presentan contenidos que, a priori, nos parece que acarrean cierta dificultad de comprensión para el alóglota con Asperger.

5.2 "Mi obra maestra", la película

"Mi obra maestra" (2018) es una película argentina dirigida por Gastón Duprat (*1969), con guion de Andrés Duprat (*1964)[9] y producción de Mariano Cohn (*1975), un trío que ya ha colaborado en importantes películas, entre los que se destacan "El hombre de al lado" (2009) y "El ciudadano ilustre".[10] Los actores principales son Luis Brandoni (*1940), quien encarna a un pintor en decadencia, y Guillermo Francella (*1955), en el papel de un galerista inescrupuloso, pero buen amigo. La película se filmó en la ciudad de Buenos Aires, en la provincia argentina de Jujuy y en Niterói, cerca de Río de Janeiro. Como ha sucedido en las películas anteriormente mencionadas, en "Mi obra maestra" se establece un inteligente entrecruzamiento de disciplinas artísticas: el cine y las bellas artes, con visionados de las obras de pintores y artistas argentinos, como Carlos Gorriarena (1925-2007), Germán Gárgano (*1953) y Carlos Herrera (*1976), o fugaces miradas a trabajos de León Ferrari, Tulio de Sagastizábal, Cristina Schiavi, Irene Banchero, Martín Di Girolamo y Eduardo Stupía; o referencias a propuestas arquitectónicas icónicas, como el Museo Fortabat de Rafael Viñoly, el Museo Niterói de Oscar Niemeyer y el

---

[9] Desde 2015, Andrés Duprat es director ejecutivo del Museo Nacional de Bellas Artes, organismo dependiente de la Secretaría de Gobierno de Cultura de la Nación Argentina.

[10] Película argentina ganadora de 34 premios nacionales e internacionales, entre los que destacamos el Goya 2017 a la mejor película latinoamericana y la Copa Volpi del Festival de Cine de Venecia 2016 a Óscar Martínez como mejor actor. Entrecruza cine con literatura.

"atelier" de Antoni Bonet.

6 Actividades con la película "Mi obra maestra" para el aula inclusiva con énfasis en aprendientes con síndrome de Asperger

Las siguientes actividades, para diferentes niveles de adquisición, usan escenas puntuales de la película "Mi obra maestra" y se encuentran disponibles para ser descargadas en el apartado de materiales de la presente publicación. Las actividades cubren los temas "Nos saludamos", "Nos presentamos" y "Emojis y lenguaje corporal. ¿Todos comprendemos? " y se han diseñado teniendo en cuenta la presencia de aprendientes con síndrome de Asperger en un espacio áulico inclusivo. Siguiendo las propuestas del diseño universal (cf. Sánchez-Gómez & López 2020), se planifica el contenido a transmitir desde las habilidades y fortalezas de un estudiante neurodivergente. Sin embargo, las actividades se presentan al mismo tiempo a todo el grupo, que en general tiene mayoría de aprendientes neurotípicos (cf. Wiginton 2021).

6.1 Nos saludamos

Trabajemos o no con manuales en el aula, la primera actividad que proponemos a nuestros aprendientes de A1 son las formas básicas de la cortesía: saludarse. Presentamos desde el típico "¡Hola!" o "¿Qué onda?", cuando estamos entre pares, hasta las formas estandarizadas "¡Buenos días!", "¡Buenas tardes!", "¡Buenas noches!", cuando necesitamos adecuar el registro a la circunstancia. Estas fórmulas de cortesía generalmente se acompañan con la gestualidad (sonrisas) y acciones corporales (palmadas en la espalda, apretón de manos). Recordemos que una persona con síndrome de Asperger presenta dificultades en la comunicación verbal y frecuentemente se observa que reduce la cantidad y diversidad de expresiones faciales; pero también tiene problemas para leer correctamente los signos gestuales y las intenciones comunicativas de los demás. Por otro lado, como se relaciona desde la literalidad de los mensajes, se le hace difícil entender una implicatura o la necesidad de adecuar su mensaje a las características de su interlocutor. Por todo esto, una de nuestras tareas en el aula de ELE es ayudar a este aprendiente neurodivergente a decodificar lo que para la mayoría neurotípica no guarda mayores problemas. Recurrimos entonces a material audiovisual para poder mostrar, explicar y luego evaluar la comprensión de las formas de saludo por parte del aprendiente.

6.1.1 Primera actividad sin el material audiovisual

El **objetivo de la actividad** es mostrar, explicar y practicar diferentes formas del saludo. Una de las características más típicas del síndrome de Asperger es la profunda sensibilidad sensorial. Algunos aprendientes pueden negarse a tocar o ser tocados al saludar, por eso es importante ofrecer input relacionado con otras formas de saludo diferentes a las que suelen aparecer en los libros de texto. Además, al hacerlo, estamos introduciendo al grupo en el terreno de la multiculturalidad.

Las **instrucciones** para la actividad grupal son:

a) De pie, se forma un círculo.

b) Se fotocopian, se plastifican (opcional) y se recortan las frases de la plantilla "AB 1: Banco de saludos – Para plastificar y recortar". Se colocan las frases en una bolsa.

c) Siguiendo el orden preestablecido, un estudiante extrae una frase, la lee y ejemplifica el saludo que allí se describe. Si se observa que no puede llevar a cabo la instrucción (están en los comienzos de la adquisición del español), entonces se lo guía con el movimiento correcto.

d) Se establece el número de rondas según sea el número de alumnos. Sin embargo, se recomienda practicar al menos dos veces, ya que es una actividad que requiere lectura (de la frase por parte del alumno), audición (de la instrucción por parte del grupo) y movimiento.

6.1.2 Segunda actividad con el material audiovisual: "Mi obra maestra", secuencia 00:22:38 – 0:22:52

El **objetivo de la actividad** es evaluar la comprensión de la gestualidad. Esta actividad está pensada, sobre todo, para los aprendientes con Asperger que podrían no entender las implicaturas o lo que es genuino de lo que es meramente formal. La escena establece el contexto y a partir de ella se logra una mejor comprensión del comportamiento pragmático.

Las **instrucciones** de la actividad de visionado son:

a) Pasamos una vez la escena, muy breve, en la que Arturo, el galerista, y Mauricio, el crítico, se saludan.

b) Antes de la segunda reproducción, pedimos a los alumnos que fijen su atención en los gestos y los movimientos corporales, especialmente en el breve momento en que se observa a Arturo que se acerca.

    1. ¿Qué dicen los gestos?
    2. ¿Qué transmiten los movimientos corporales?
    3. Arturo y Mauricio, ¿son amigos?
    4. Arturo y Mauricio, ¿son sinceros o solamente cumplen con un ritual? En esta instancia se permitirá el uso de la L1.
    5. Repetimos el pase del clip dos o tres veces más.

c) Formamos parejas que deberán recrear el **contenido significativo** de la escena.

    1. Cada pareja elegirá libremente un **saludo** a partir del banco de saludos.
    2. La recreación deberá adecuarse, desde lo pragmático, al acto ilocutivo expresado en la escena.

Es recomendable considerar actividades que impliquen movimiento corporal y/o manipulación de objetos a lo largo de cada clase. Muchos trastornos, como el síndrome de Asperger, aparecen acompañados por otros. Una de las comorbilidades más frecuentes es la concurrencia de la Deficiencia de Atención (AD(H)D) con el Asperger. El traslado en el espacio, el uso de las manos y el efecto sorpresa reducen el filtro afectivo (de todos) y facilitan la concentración (de todos). En nuestro caso, se busca incorporar movimiento al comienzo y durante los últimos momentos de la clase para fortalecer la atención del aprendiente neurodivergente.

6.2 Nos presentamos

Durante las primeras clases de un nivel A1 varias actividades giran en torno a la presentación personal. Cuando los alóglotas alcanzan un nivel A2, se puede regresar a la función de pedir y dar información sobre uno mismo. Entonces pueden aparecer otros elementos comunicativos que pueden descolocar a un aprendiente con Asperger, acostumbrado a moverse dentro de la literalidad. Visualizar estos rituales a través de una escena de película lo ayudará a comprender mejor no solo el input sino también cómo debe manejar su respuesta si se encontrara en situaciones semejantes. Incluir este material audiovisual en el espacio áulico convencional sería una manera de usar los recursos de forma eficaz, ya que todos los estudiantes participan en y aprovechan la tarea.

6.2.1 Primera actividad con el material audiovisual: "Mi obra maestra", secuencia 00:07:54 – 00:08:21

El **objetivo de la actividad** es entender que un intercambio conversacional no siempre comienza con las fórmulas rituales ya aprendidas, que una presentación personal está reforzada por la gestualidad y que hay diferentes variedades dentro del español que pueden coexistir en un acto de comunicación interpersonal. Esta secuencia es un ejemplo muy sencillo, pero sirve para introducir un tema, las variedades, que preocupa a muchos aprendientes de ELE.

La actividad está pensada desde la neurodivergencia. La escena revela información, como el saludo inicial del pintor, que para un estudiante con Asperger es difícil de decodificar: no hay ni un "¡Hola!" ni un "¡Buenos días!", solo un adverbio de afirmación. Por otro lado, un estudiante neurotípico puede aprovechar la diferencia de acentos para captar algunas características de las variantes aquí representadas: peninsular y rioplatense.

Instrucciones de la actividad de visionado:

a) Sin sonido, reproducimos dos veces la secuencia del primer encuentro entre Renzo, el pintor argentino, y Álex, el español aspirante a discípulo. Pedimos a los alumnos que presten atención a los gestos, es decir, a los movimientos corporales.

b) Les entregamos entonces la hoja de actividades titulada "AB 2.1: Primer encuentro". Les pedimos que imaginen el diálogo entre los personajes y lo escriban en la columna de la izquierda. El profesor determina si es mejor hacer la actividad de expresión escrita en parejas o en grupos.

c) No habrá una respuesta única, pero es de esperar que todos comiencen con un "¡Hola!" o un "¡Buenos días!", porque es lo que aprendieron para iniciar una conversación.

d) Una vez que ellos exponen al grupo las diferentes propuestas, pasamos la secuencia dos veces más, pero con sonido, para que puedan comprobar claramente qué dicen los personajes. ¡Solo deben ver y escuchar y no leer su texto mientras asisten al visionado!

e) Reproducimos la secuencia nuevamente y les pedimos que tomen notas para completar luego el segundo cuadro en la hoja, que es para el diálogo original. De este modo, estamos afianzando la comprensión auditiva. Solo cuando han completado el segundo cuadro, les entregamos el texto original para que comparen.[11]

Esta escena introduce un nuevo personaje central para la película: Álex, un español que está viajando por Latinoamérica. Como estudia artes, al llegar a Buenos Aires decide tomar clases con Renzo Nervi, el pintor. La escena captura el momento en que se conocen y, aunque es muy breve, ofrece múltiples elementos para trabajar, como formas coloquiales de presentación, de apertura de conversación, de expresión de la cortesía. Cada profesor elige dónde poner el acento.

6.2.2 Segunda actividad sin el material audiovisual

El objetivo de la actividad es comprender que el significado de las palabras no es siempre literal y que muchas veces se infiere a partir del contexto en que se establece el acto de habla.

---

[11] En el anexo se incluye el diálogo original.

"Mi obra maestra" - Escenas de película para el aula inclusiva   147

El inferir es una de las cuestiones que más dificultades presenta al estudiante neurodivergente, acostumbrado a manejarse en la literalidad y muchas veces con entonación plana. Las imágenes, en secuencias cortas, ayudan a visualizar e internalizar los diferentes significados de una palabra o una frase. Por eso, es recomendable hacer uso de audiovisuales en el espacio áulico inclusivo.

La actividad cuenta con las siguientes **instrucciones**:

a) Concentrémonos en el diálogo original en la "AB 2.2: Primer encuentro – Claves". Les pedimos a los estudiantes que hagan un círculo en las tres instancias donde aparece el adverbio afirmativo "sí".

b) A continuación, deben comparar el primer "sí" con lo que ellos habían escrito en el primer renglón del primer cuadro ("AB 2.1: Primer encuentro"). Se puede esperar un "¡Hola!" o un "¡Buenos días!", porque es lo que ellos pueden inferir de la escena que han visualizado.

c) Se concentra la atención en la entonación con la que el personaje pronuncia el adverbio, y se remarca que, para iniciar un diálogo, tanto frente a frente como de forma telefónica, se puede usar también un "sí" acompañado de una determinada entonación, significando "¿qué desea?", que es otra forma de comenzar una conversación con un desconocido.

d) Se pasa entonces al segundo "sí". Se repiten los pasos anteriores y se les pregunta si piensan que ese segundo "sí" es un nuevo inicio de diálogo, cuando en verdad es una afirmación/confirmación. Se centra nuevamente la atención sobre la entonación y el movimiento de la cabeza para afirmar.

e) El tercer "sí" viene acompañado por la interjección "ah" y responde a la pregunta "¿Y?" que lanza Renzo. Una vez más es útil comparar lo que los alumnos interpretaron en esta línea del diálogo a partir del visionado mudo. En el "¿Y?" los hablantes nativos pueden reconocer una enorme carga semántica: ¡atención a la gestualidad! Se comienza preguntando cuáles son las hipótesis de significado de "¿Y?" que ellos proponen, y se trabaja desde allí. Si no, se pueden acercar algunas ideas simples: "¿qué necesita?", "¿qué busca?"," ¿en qué lo puedo ayudar?" Entonces el "¡ah, sí!", en el contexto de la situación comunicativa funciona como un anclaje, un apoyo que Álex necesita para continuar con su discurso, para generar una cierta complicidad con Renzo, su interlocutor. Se pide, una vez más, que presenten atención a la entonación.

f) Cada docente puede proponer algunas situaciones comunicativas en las que los alumnos deban responder con los diferentes significados de "sí" que hemos visto en esta práctica. Es importante remarcar, sobre todo para los aprendientes con Asperger, que "sí" no siempre es una afirmación, que mucho depende de la entonación con la que lo acompaña y del contexto dentro del cual se lo usa.

6.3 Emojis y lenguaje corporal: ¿Todos los comprenden?

La Fundación del Español Urgente (Fundéu) seleccionó emoji como palabra representativa del año 2019. Reconoce que estos símbolos gráficos ya forman parte de la comunicación cotidiana, expresando sentimientos, emociones y estados de ánimo. Al añadir matices gestuales y de intención, las caritas aportan contenido semántico a los intercambios conversacionales en correos electrónicos (*e-mail*), mensajes (*Messenger*), *Whatsapp*, ocupando un lugar cada vez más prominente en la comunicación escrita. Frecuentemente aparecen también en las páginas de métodos para el aprendizaje de ELE, tales como "Reporteros internacionales 1" (Calabria et al. 2018, 26), "Campus Sur A-1, A-2" (Rosales Varo et al. 2019, 50;), "Proyectos" (Contreras et al. 2019, 118).

Al ser textos gráficos que transmiten significado es esperable que algunos aprendientes con Asperger presenten dificultades para leer y decodificar las expresiones faciales: no comprenden la significación, o la interpretación del emoji no es correcta; por lo que usar emojis dentro de un manual o una hoja de actividades puede llegar a no cumplir el propósito de ilustrar un nuevo contenido léxico. En un aula inclusiva se recomienda enseñar la denotación de las caritas. Por otro lado, el lenguaje corporal también guarda secretos para un alóglota neurodivergente. Inferir qué significa un paso lento puede no ser fácil: ¿cansancio?, ¿depresión?, ¿saborear el momento? Sin embargo, observar ese paso lento, situarlo en un contexto y relacionarlo con un emoji va preparando al aprendiente a identificar intenciones significativas.

6.3.1 Primera actividad sin el material audiovisual

El **objetivo de la actividad** es introducir contenido léxico relacionado con la gestualidad corporal. Esta actividad, para un nivel A1+, incluye movimiento corporal, por lo que beneficia también a aprendientes con hiperactividad, pues les permite desplazarse por el espacio físico durante algunos minutos, al tiempo que se familiarizan con un input comprensible. Para los diagnosticados con Asperger es un primer paso para ayudarlos a entrar en las interpretaciones que luego se harán comprensibles en la escena audiovisual. En nuestra interacción con aprendientes neurodivergentes hemos observado que cuanto más se involucre el cuerpo en la introducción de nuevos contenidos léxicos, ya sea a través de manipulación de objetos o de actividades con movimiento, más rápida y eficaz es la adquisición.

Instrucciones de la actividad:

a) Se trabaja en grupos de tres o cuatro aprendientes y se calcula un juego de etiquetas léxicas por cada grupo.
b) Se imprime y se plastifica (opcional) el documento titulado "AB 3: Interpretando en la plaza – Para plastificar y recortar". Se recortan los sintagmas que introducirán el nuevo léxico; se colocan los cartoncitos dentro de una bolsa.
c) A continuación, un aprendiente extrae un cartón y actúa el texto (paso arrastrado, brazos cruzados…), ayudado en la comprensión por los compañeros o el profesor si fuera necesario.

Cada docente determinará cuántas rondas se necesitan para trabajar con el nuevo vocabulario, el que tiene que ser comprendido perfectamente para iniciar la siguiente actividad.

6.3.2 Segunda actividad con el material audiovisual: "Mi obra maestra", secuencia 00:24:18 – 00:25:31

Los **objetivos de la actividad** son relacionar, a partir del visionado, el léxico recientemente incorporado con la acción observada en la escena. Esta actividad, surgida también a partir de las necesidades de un aprendiente neurodivergente, ayuda a contextualizar el contenido léxico recién adquirido y permite también evaluar la comprensión dentro de un contexto determinado: ¿qué significa en la escena "paso lento"?, ¿es lo mismo que estábamos haciendo con los compañeros? Lento, ¿tiene un solo significado literal? La escena ayuda a internalizar también los matices a partir de la observación.

Las **instrucciones** de la actividad son:

a) Se reparten las dos hojas, una copia por alumno, que llevan por títulos "AB 4.1: ¿Cómo caminan?" y "AB 4.2: ¿Cómo se sientan?"
b) Se reproduce la escena de la gente en la plaza, sin audio, dos o tres veces.
c) Con la información obtenida a partir del visionado, los aprendientes llenarán los casilleros en las hojas de práctica, siguiendo las instrucciones.

Para esta actividad no hay una respuesta única. El profesor debe aceptar todas las propuestas que sean válidas.

6.3.3 Tercera actividad sin el material audiovisual

El **objetivo de la actividad** es determinar, con la ayuda de emojis, cuál puede ser la emoción o el sentimiento que se refleja en el comportamiento físico y gestual de los personajes. Esta tarea encierra una particular importancia para los aprendientes diagnosticados con Asperger, ya que el visionado de la escena ayudará a entender la significación que representa cada una de las caritas. No se debe asumir que todos pueden decodificar el significado.

Para desarrollar la actividad se pide seguir las siguientes **instrucciones**:

a) Se imprimen, se plastifican (opcional) y se recortan los emojis del documento titulado "AB 5: Emojis".

b) Se pide a los estudiantes que coloquen un emoji (el que ellos crean que refleja la emoción o el sentimiento) sobre las fotografías de las hojas de actividades "AB 4.1: ¿Cómo caminan?" y "AB 4.2: ¿Cómo se sientan?"

c) El siguiente paso será colocar sobre la fotografía, y junto al emoji, la etiqueta léxica de la "AB 6: Etiquetas léxicas" (un adjetivo) que corresponde. Las soluciones se encuentran en "AB 7: Plantilla guía para el docente".

En esta tarea es donde el profesor puede observar si el aprendiente neurodivergente necesita o no ayuda para interpretar la iconografía. Si se considera necesario, se puede involucrar a un estudiante neurotípico para que ayude a realizar esta actividad. No se debe olvidar que el trabajo con un colega también ayuda a fomentar la socialización, una de las deficiencias dentro del síndrome de Asperger.

6.3.4 Cuarta actividad sin el material audiovisual

El **objetivo de la actividad** es introducir los verbos que acompañarán a los adjetivos para formar unidades sintagmáticas. Esta es una tarea lingüístico-gramatical que se ha planificado teniendo en cuenta la neurodiversidad. Introduce la tercera persona singular de los tres verbos básicos que se usan para describir sentimientos, emociones o estados de ánimo. El contenido lingüístico se incorpora siempre visualizando los elementos que se han ido incorporando sobre las páginas que reconstruyen la escena en la plaza: la fotografía, el emoji, la etiqueta léxica y ahora la etiqueta verbal.

Para desarrollar la actividad se solicita seguir las siguientes **instrucciones:**

a) Se fotocopia, se plastifica (opcional) y se recorta la plancha "AB 8: Las etiquetas verbales". Cada aprendiente recibe un juego de etiquetas verbales y puede trabajar en forma individual, en parejas o en grupos de no más de tres integrantes.

b) Relaciona una etiqueta verbal ("AB 8: Las etiquetas verbales") con una etiqueta léxica ("AB 6: Etiquetas léxicas"). Se espera que se cometan errores, porque el contenido aún no está sistematizado.

c) Cada individuo, pareja o grupo comparte ante la clase sus unidades sintagmáticas. El docente las escribe en la pizarra y entre todos se evalúa. Si se ha cometido un error, el docente aporta la forma correcta, ofreciendo una breve explicación. Sin embargo, se busca estimular la autocorrección.

La actividad puede terminar aquí, aunque proponemos continuar con las restantes personas gramaticales. Para esto se usa un dado en cuyas caras se han escrito los pronombres personales. Cada aprendiente tira el dado (movimiento) que marca un pronombre personal. Se apunta entonces la forma verbal correspondiente. Y se continúa. Como nunca se sabe dónde caerá el dado (factor sorpresa), la práctica es significativa, pues no está atada a la memorización de una lista que muestre la conjugación. En este momento debemos remarcar un comportamiento que hemos observado con cierta frecuencia. Ante una pregunta, como "¿qué día es hoy?", algunos aprendientes con Asperger pueden arrancar la respuesta con el primer integrante de la lista, en este caso "días de la semana", y continuar recitando hasta dar con la respuesta que ellos consideran correcta: "hoy es lunes, martes, **miércoles**. Es **miércoles**". El dado y la sorpresa ayudan a erradicar esta práctica.

7   Conclusiones

Trabajar con alóglotas con diagnósticos como el síndrome de Asperger, el AD(H)D, la hiperactividad, la parálisis cerebral o la dislexia en aulas inclusivas representa decididamente un gran desafío para el profesor. No importan la franja etaria ni la severidad de la condición: los profesores sentimos que siempre estamos a prueba, porque ningún aprendiente es igual a otro, aunque compartan el diagnóstico. Atención: los neurotípicos también son diferentes entre sí. Aceptemos que la neurodiversidad es cada vez más prevalente en las aulas convencionales, por lo que la adecuada formación de los docentes, los de ELE en este caso, se debería tomar seriamente, haciéndola posible en la práctica y no solo aludirla de forma teórica. Recordemos que incluir no es integrar, y se puede cumplir con el mandato de la "Convención sobre los Derechos de las Personas con Discapacidad" si desde la metodología, la didáctica y los materiales ofrecemos contenidos pensados y guiados, también, desde las habilidades que caracterizan a los distintos diagnósticos. Si un aprendiente es excluido del aula o solamente integrado, yo, profesor, lo convierto en discapacitado, porque no le estoy acercando las herramientas adecuadas para que despliegue su potencial. Por eso seguiremos abogando por una formación docente que capacite para priorizar la inclusión. Se pueden lograr resultados, nuestra experiencia así lo demuestra: el trabajo es duro, pero la recompensa materializada en una sonrisa o en una simple frase como "puedo hacerlo, lo entiendo" bien vale todo el esfuerzo. Ese logro, grande o pequeño, es nuestra obra maestra.

	Material didáctico para descargar / Didaktisches Material zum Herunterladen
Descripción / Beschreibung	En las hojas de trabajo 1 a 8, las profesoras y profesores encontrarán las actividades para acompañar el visionado de la película "Mi obra maestra" con un enfoque inclusivo. Las actividades dirigidas a aprendientes en el espectro Asperger apoyan la decodificación pragmática de saludos, despedidas, uso de lenguaje corporal, expresiones faciales, además del uso de ser y estar con adjetivos.
Título / Titel	AB 1: Banco de saludos – Para plastificar y recortar
	AB 2.1 / 2.2: Primer encuentro / Primer encuentro – Claves
	AB 3: Interpretando en la plaza – Para plastificar y recortar
	AB 4.1 / 4.2: ¿Cómo caminan? / ¿Cómo se sientan?
	AB 5: Emojis
	AB 6: Etiquetas léxicas
	AB 7: Plantilla guía para el docente
	AB 8: Etiquetas verbales
Acceso / Zugang	https://www.ibidem-verlag.de/pdf/1900/06.pdf

Bibliografía

BARBOSA ARDILA, Samuel David & VILLEGAS SALAZAR, Felipe & BELTRÁN, Jonathan. 2019. „El modelo médico como generador de discapacidad", in: *Revista Latinoamericana de Bioética* 19/2, 111-122. Online: https://doi.org/10.18359/rlbi.4303 (22.05.2023).

BARON-COHEN, Simon. 2015. „Leo Kanner, Hans Asperger, and the discovery of autism", in: *The Lancet* 386/10001, 1329-1330. Online: https://doi.org/10.1016/S0140-6736(15)00337-2 (22.05.2023).

CALABRIA, Marcela & GALLI, María Letizia & SIGNO FUENTES, María. 2018. *Reporteros Internacionales 1*. Barcelona: Difusión.

CDC = Centers for Disease Control and Prevention. 2020. *Common Barriers to Participation Experienced by Peoples with Disabilities*. Online: https://www.cdc.gov/ncbddd/disabilityand health/disability-barriers.html (22.05.2023).

CDC = Centers for Disease Control and Prevention. 2022. *Signs and Symptoms of Autism Spectrum Disorders*. Online: https://www.cdc.gov/ncbddd/autism/signs.html (22.05.2023).

CONSEJO DE EUROPA. 2002. *Marco Común Europeo de Referencia para las Lenguas: aprendizaje, enseñanza, evaluación*. Online: https://cvc.cervantes.es/ensenanza/biblioteca_ele/marco/cvc_mer.pdf (22.05.2023).

CONTRERAS, Fernando & PÉREZ, Javier & ROSALES VARO, Francisco. 2019. *Proyectos*. Barcelona: Difusión.

DUPRAT, Gastón. dir. & COHN, Mariano. prod. 2018. *Mi obra maestra*. Arco Libre, Televisión Abierta y Mediapro.

FUNDÉU = FUNDACIÓN DEL ESPAÑOL URGENTE. 2019. *Los emojis se imponen en la palabra del año de la Fundéu BBVA*. Online: https://www.fundeu.es/recomendacion/los-emojis-se-imponen-en-la-palabra-del-ano-de-la-fundeu-bbva/ (22.05.2023).

HERRERO, Carmen. 2018. „Medios audiovisuales", in: Muñoz-Basols, Javier & Gironzetti, Elisa & Lacorte, Manel edd. *The Routledge Handbook of Spanish Language Teaching: metodologías, contextos y recursos para la enseñanza del español L2*. London [u.a.]: Routledge, 565-582.

LÓPEZ SERRANO, Miguel Jesús. 2019. „El cine como propuesta pedagógica en el alumnado del Grado de Maestro en Educación Primaria", in: *El Futuro del Pasado* 10, 327-341. Online: http://dx.doi.org/10.14516/fdp.2019.010.001.012 (22.05.2023).

MAENNER, Matthew J. et al. 2020. „Prevalence of Autism Spectrum Disorder Among Children Aged 8 years – Autism and Developmental Disabilities Monitoring Network, 11 sites, United States, 2016", in: *MMWR Surveillance Summary* 69/4, 1-12. Online: http://dx.doi.org/10.15585/mmwr.ss6904a1 (22.05.2023).

OLIVER, Michael. 1996. *Understanding disability. From Theory to Practice*. New York: MacMillan Press.

PÉREZ ALARCÓN, Sara. 2010. „Tipos de escuelas: selectiva, integradora e inclusiva", in: *Temas para la Educación* 8, 1-6. Online: https://www.feandalucia.ccoo.es/docuipdf.aspx?d=7192&s= (22.05.2023).

RODRÍGUEZ MUÑOZ, Francisco. 2020. „Pragmática Clínica", in: Escandell-Vidal, María Victoria & Amenós Pons, José & Ahern, Aoife Kathleen. edd. *Pragmática*. Madrid: Akal, 699-712.

ROSALES VARO, Francisco & MORENO, Teresa & MARTÍNEZ LARA, Ana & SALAMANCA, Pilar & BUYSE, Kris & MURILLO, Núria & GARRIDO, Pablo. 2019. *Campus Sur A-1, A-2*. Barcelona: Difusión.

SÁNCHEZ-GÓMEZ, Victoria & LÓPEZ, Mauricio. 2020. „Comprendiendo el Diseño Universal desde el Paradigma de Apoyos: DUA como un Sistema de Apoyos para el Aprendizaje", in: *Revista Latinoamericana de Educación Inclusiva* 14/1, 143-160. Online: https://dx.doi.org/10.4067/S0718-73782020000100143 (22.05.2023).

UN = United Nations. 2006. *Convention on the Rights of Persons with Disabilities (CRPD)*. Online: https://www.un.org/development/desa/disabilities/convention-on-the-rights-of-persons-with-disabilities.html (22.05.2023).

UNICEF = United Nations Children's Fund. 2017. *Inclusive Education. Understanding Article 24 of the Convention on the Rights of Persons with Disabilities*. Online: https://www.unicef.org/eca/sites/unicef.org.eca/files/IE_summary_accessible_220917_0.pdf (22.05.2023).

WIGINTON, Keri. 2021. *What Is Neurodiversity?* Online: https://www.webmd.com/add-adhd/features/what-is-neurodiversity (22.05.2023).

Diálogos digitales

Barbara Thomas

„Also, wir haben gelacht – so als Freunde."
Sprechen als sozialer Akt – Die Förderung der Sprechkompetenz in einem digitalen Begegnungsprojekt

Durch die Verankerung der Kompetenzorientierung in den Bildungsstandards ist im Fremdsprachenunterricht eine Hinwendung zur Output-Orientierung erfolgt, die nochmals die Mündlichkeit bzw. die Sprechkompetenz im Sinne einer interkulturellen Handlungsfähigkeit als Hauptziel des modernen Fremdsprachenunterrichts postuliert.

Dabei wird in Anlehnung an den Gemeinsamen europäischen Referenzrahmen für Sprachen (Europarat 2001) zwischen monologischem und dialogischem Sprechen unterschieden. Somit sind die Lernziele so zu definieren, dass die Lerner*innen in der Lage sind, sowohl einen Vortrag in der Fremdsprache zu halten als auch an Gesprächen teilzunehmen. Das monologische Sprechen kann als Vorstufe für das Interagieren im Dialog betrachtet werden. Bei einer Präsentation kann sich die Sprecherin oder der Sprecher bei einem Monolog auf die vorbereiteten Inhalte konzentrieren. In einem Dialog hingegen ist als weiterer Sinn das Hören relevant, da die Sprecherin oder der Sprecher nur dann adäquat reagieren kann, wenn die Äußerung des Gesprächspartners verstanden wurde.

Das dialogische Sprechen kann im Klassenzimmer durch Lehrer*innen-Schüler*innen- oder Schüler*innen-Schüler*innen-Gespräche geübt werden, wobei häufig der Lehrkraft im Unterricht die meiste Sprechzeit zufällt, sei es im Dialog mit Schüler*innen oder als monologischem Vortrag, etwa wenn ein sprachliches Phänomen erklärt wird (vgl. Gnutzmann 2014, 54).

Die Fertigkeit des Sprechens ist jedoch vielschichtiger, als ein reiner kognitiver oder artikulatorischer Vorgang. So sind es in erster Linie soziale Faktoren, die das eigentliche Sprechen und Kommunizieren erst initiieren und für die Lernenden bedeutsam machen.

Jedoch kann man beim Schulen der Fertigkeit Sprechen von einer Dilemma-Situation sprechen. Die Schüler*innen sollen mit dem dialogischen Sprechen Fertigkeiten erlangen, die v.a. auf außerschulische Kommunikationssituationen vorbereiten (vgl. Gnutzmann 2014, 53), ohne dass sie diese im alltäglichen schulischen Kontext erfahren. Um Fremdsprachenlernende in solche außerschulischen Kontaktsituationen zu bringen, bieten sich Schüler*innen-Austausche an, die jedoch ein hohes Maß an gesamtschulischen Strukturen und Organisation voraussetzen. Zunehmend werden auch digitale Begegnungen arrangiert, die sowohl schriftlich, beispielsweise in einem E-Mail-Projekt, als auch mündlich, über Videotelefonie, ablaufen können.

Das hier vorgestellte digitale Begegnungsprojekt PROCASAL initiiert Kontakte mit gleichaltrigen Schülerinnen und Schülern aus Spanien und ist so angelegt, dass die Fertigkeit des dialogischen Sprechens geschult wird.

Nach einer kurzen Darstellung des Sprechvorgangs laut Levelt (1989) und des Kommunikationsmodells Schulz von Thuns (1981) soll anhand ausgewählter Daten aus dem digitalen Begegnungsprojekt gezeigt werden, wie sich der persönliche Kontakt von Fremdsprachenlernenden mit gleichaltrigen Schülerinnen und Schülern aus Spanien auf die Bereitschaft zu sprechen auswirkt und wie das Sprechen als Fertigkeit wahrgenommen wird.

Zunächst sollen aber einige Überlegungen die Unterschiede zwischen schulischer fremdsprachlicher Kommunikation und Alltagskommunikation verdeutlichen.

1 Kommunikation – eine Eingrenzung

Da der Begriff der Kommunikation von verschiedensten Disziplinen verwendet wird, kommt es bei Definitionsversuchen zu recht unterschiedlichen Ausprägungen (vgl. Ehlich 2010, 342 f.). Für die vorliegenden Ausführungen sollen folgende Aspekte von Kommunikation berücksichtigt werden, ohne auf eine Vollständigkeit abzuzielen: Kommunikation ist ein sozialer Prozess (vgl. Hoffmann 2000, 37), der die Beteiligten zur Konstruktion von Wirklichkeit anregt (Frindte 2001, 17). Für die fremdsprachliche Kommunikation gilt zudem, dass sie einerseits auf Grund mangelnder sprachlicher und interkultureller Kenntnisse als störanfälliger gelten kann (vgl. Plikat 2012, 4), aber andererseits auch umso mehr geprägt ist von sprachlichen Aushandlungsprozessen (vgl. Decke-Cornill & Küster 2015, 145; Abendroth-Timmer & Gerlach 2021, 12), die eine gelingende Kommunikation unterstützen. Kommunikation ist somit immer auch aktive Konstruktion (vgl. Hartmann 2000, 39).

Ein weiterer Ansatz, um Kommunikation zu untersuchen, nimmt die Interaktion der Gesprächspartner*innen in den Blick. Als ein konstituierendes Element jeglicher Konversation bezeichnen Dausendschön-Gay & Krafft (1991, 152) die Aufgaben oder „tâche conversationelle", die jede*r Gesprächsteilnehmer*in, je nach Gesprächsanlass zu erfüllen habe. Ein Gesprächstyp fällt aus diesem Muster heraus, der sogenannte Small Talk. Dort seien die Aufgaben nichts weiter als „prétexte" (ebd.), da die Gesprächsteilnehmer*innen das Gespräch vor allem aus dem Grund führen würden, den sozialen Kontakt aufrecht zu erhalten: „la conversation n'est guère plus qu'un moyen d'établir et d'entretenir le contact" (ebd.).

1.1 Fremdsprachliche Kommunikation in formellen und informellen Kontexten

Den oben genannten Gemeinsamkeiten von Kommunikationssituationen stehen nun Unterschiede bei institutionell angelegter Kommunikation im schulischen Klassenzimmer und einer informellen Alltagskommunikation gegenüber. Zwei Aspekte sollen genauer betrachtet werden, die Gewichtung der Bereiche Inhalt und Sprachrichtigkeit und die Ausprägung der verwendeten Sprache.

In der Spracherwerbsphase kann das Klassenzimmer als ein Schonraum für erste Lernerfolge betrachtet werden, gleichzeitig ist für schulische Kommunikationssituationen aber auch die „explizite Verwertung von Sprachhandlungen zu Sprachleistungen" (Cathomas 2007, 182) prägend, die durch die Bewertung und Benotung entsteht. Die Sprechleistungen werden somit dazu verwendet, Aussagen über den sprachlichen Leistungsstand der Schüler*innen zu machen (vgl. ebd.).

In alltäglichen Kommunikationssituationen, die nicht im Unterricht stattfinden, sind Sprechen und Kommunizieren in erster Linie soziale Vorgänge (vgl. Hoffmann 2000, 37). Wenn wir miteinander sprechen, kommen wir immer auch unseren zwischenmenschlichen Bedürfnissen nach, beispielsweise indem wir jemanden kennenlernen, uns selbst als Sprecher*in darstellen, Einblicke in eine Kultur erhalten oder über ein für uns relevantes Thema diskutieren (vgl. Frindte 2001). In diesen Kommunikationssituationen tritt die Aussageabsicht vor die

Sprachrichtigkeit, das heißt, dass es in einer sozialen Interaktion für die Beteiligten wichtiger ist, dass die Mitteilung ankommt, als dass diese sprachlich korrekt formuliert ist. Diese Beschreibung einer kommunikativen Alltagssituation steht aber in einer Diskrepanz zum sprachlichen Handeln im Klassenraum. Dort liegt der Fokus vor allem auf der Sprachrichtigkeit einer Äußerung, während der Inhalt einer Mitteilung nachrangig betrachtet wird. Man kann im Vergleich von alltagssprachlicher Kommunikation und Kommunikation im Klassenraum also von einer umgekehrten Gewichtung sprechen.

Dies kann sich demotivierend auf das Sprechverhalten oder gar die Sprechbereitschaft der Lernenden auswirken (vgl. Wolff 2011, 73).

Fragt man Sprachenlerner*innen nach ihren Zielen beim Fremdsprachenlernen, wird oft das Sprechen genannt. Ein weiteres Ziel ist es, im jeweiligen Land sprachlich zurecht zu kommen, also zumindest in Teilen am Leben vor Ort und damit auch an einem Gespräch mit Sprecher*innen der jeweiligen Sprache und deren Kultur teilhaben zu können.

Damit sind das Sprechen und der Ausbau einer mündlichen Kommunikationsfähigkeit im schulischen Fremdsprachenunterricht das Hauptziel aus Sicht der Lernenden, auch wenn diese erst in einem außerschulischen Kontext zu einer Anwendung kommen, z.B. bei einem Schüleraustausch oder einem privaten Urlaub im Zielland.

Die Besonderheit schulischer Kommunikation besteht darin, dass die Sprache zum einen Medium des Unterrichts ist, zum anderen aber auch der Lerngegenstand (vgl. Decke-Cornill & Küster 2015, 147). Dies bewirkt, dass sich mitteilungsbezogene und sprachbezogene Kommunikation abwechselt (vgl. Siebold et al. 2004, 17), ein Aspekt, der sich in informellen Kommunikationssituationen kaum finden lässt. Siebold et al. (2004, 19) plädieren daher für einen möglichst authentischen Einsatz von Spracharbeit, die immer dann motivierend sei, wenn sie in kommunikative Erfolge umgesetzt werden kann.

Die in der Schule erworbene und verwendete Sprache deckt sich zudem häufig nicht mit der im Zielland verwendeten Varietät (vgl. Cathomas 2007, 181). Diese „Schulsprache" (ebd.) stellt vielmehr eine eigene Varietät dar, die bestimmt Ausprägungen aufzeigt, die nur im Kontext Schule zu finden sind, wie etwa das Vorgeben des Themas durch Lehrpläne und die Lehrperson. Auch umgangssprachliche Formulierungen oder idiolektale Besonderheiten, wie sie in Kommunikationssituationen mit Gleichaltrigen auftreten, werden nahezu ausgeblendet.

Dies kann bei den Lernenden den Eindruck erwecken, für eine informelle Kommunikation sprachlich nicht gerüstet zu sein. Vor allem ältere Lernende, die Spanisch als dritte oder vierte Schulsprache lernen, empfinden im Anfangsunterricht eine große Diskrepanz zwischen ihrem persönlichen Lernstand und Sprachniveau und dem kognitiven Niveau, auf dem sie sich in ihrer L1 oder auch beispielsweise im Englischen ausdrücken können. Die reduzierte Schulsprache kann dann als zusätzliche Hemmung empfunden werden.

Begründet wird die didaktische Reduktion mit der Komplexität des Sprechvorgangs, der zunächst möglichst einfach gehalten werden soll (vgl. Cathomas 2007, 188). Um die Komplexität des Sprechvorgangs zu erläutern, wird das Sprechmodell nach Levelt vorgestellt.

1.2 Das Sprechmodell nach Levelt (1989)

Levelt (1989, 9) spricht von einem „blueprint for the speaker" und stellt in seinem Sprechmodell drei Phasen dar, die eine Äußerung durchläuft, bevor sie gesprochen wird: das Konzeptualisierungssystem, das Formulierungssystem und das Artikulationssystem. Laut Levelt vollzieht sich der Ablauf chronologisch immer in derselben Reihenfolge.

Für die Phase des Konzeptualisierens benötigt ein*e Sprecher*in prozedurales und deklaratives Wissen. Das Produkt ist eine „preverbal message" (ebd.), die den Input der folgenden Phase darstellt.

Levelt definiert die Phase des Formulierens als Übertragen einer konzeptuellen in eine linguistische Struktur (vgl. ebd., 11) mittels einer grammatikalischen und einer phonologischen Enkodierung (vgl. ebd., 11 f.). Ein*e Sprecher*in muss auf ihren*seinen Wortschatz im mentalen Lexikon zurückgreifen, wo nicht nur das Wort mit seiner Bedeutung, sondern auch alle Informationen in Form von Konzepten und Kategorien, die mit dem Wort einhergehen, verankert sind. Diese ermöglichen es der*dem Sprecher*in syntaktische Strukturen herzustellen (vgl. ebd.). Hinzu treten artikulatorische Informationen (vgl. ebd., 12), die die dritte Phase einleiten.

Die abschließende Phase ist die Artikulation, also das physische Ausführen des phonetischen Plans (vgl. ebd.).

Parallel zu den drei dargestellten Phasen, erfolgt das sogenannte *Self-Monitoring*. Dieses arbeitet wie eine Kontrollinstanz, um falsch formulierte Äußerungen aufzuspüren. Die*Der Sprecher*in hört sich selbst zu. Durch das Hören werden also fehlerhafte Äußerungen bei den Gesprächspartner*innen entdeckt, ebenso aber auch selbst produzierte fehlerhafte Äußerungen (vgl. ebd., 13 f.).

Das dargestellte Modell kann auf ein Sprechen in jeder L angewendet, werden, jedoch greifen die Phase vor allem dann gut und zeitsparend ineinander, wenn die*der Sprecher*in über ein hohes Sprachniveau verfügt, also beispielsweise beim Sprechen in der L1.

Wolff stellt heraus, dass es beim Sprechen in einer Fremdsprache zu Schwierigkeiten im Ablauf der drei Phasen bereits in der Planungsphase kommen kann, da L2-Sprecher dazu tendieren, ihre Muttersprache als Grundlage für die Planung der sprachlichen Äußerung zu nehmen (vgl. Wolff 2000, 15).

Dies bedeutet für den schulischen Fremdsprachenunterricht, dass vor allem die Phase des Konzeptualisierens durch *scaffolding*-Material unterstützt werden muss, um einen problemlosen Ablauf des Sprechsystems zu gewährleisten.

Neben den dargestellten Schwierigkeiten, die das Sprechen in einer Lx bereiten kann, treten soziale Faktoren, die anhand des Kommunikationsmodells von Schulz von Thun dargestellt werden sollen.

1.3 Kommunizieren und Sprechen – das Kommunikationsmodell von F. Schulz von Thun

Ein Kriterium von Kommunikation ist deren sozialer Aspekt. Laut Hoffmann (2000, 37) sind kommunikative Praktiken immer auch soziale Praktiken, da es „gesellschaftlich herausgebildete konventionalisierte Verfahren zur Bearbeitung häufig wiederkehrender kommunikativer Ziele und Zwecke" gibt. Daher spricht man auch von Kommunikation als einem sozialen Prozess, „in dessen Verlauf sich die beteiligten Personen wechselseitig zur Konstruktion von Wirklichkeit anregen" (Frindte 2001, 17).

Betrachtet man das dialogische Sprechen nach Schulz von Thun (1981, 25), besteht der Grundvorgang aus einem Sender, der eine Nachricht mitteilen möchte und einem Empfänger, der diese Nachricht entschlüsselt. Stimmt die gesendete mit der empfangenen Nachricht überein, so kann man davon sprechen, dass eine Verständigung stattgefunden hat (vgl. ebd.).

Was den Vorgang menschlicher Kommunikation jedoch kompliziert und störanfällig macht, ist die Tatsache, dass jede „Nachricht stets viele Botschaften gleichzeitig enthält" (ebd., 26).

Schulz von Thun unterscheidet vier Seiten einer Nachricht: die Sachinformation, die Selbstoffenbarung, die Beziehung und den Appell. Die Sachinformation informiert den Empfänger über einen Sachverhalt (vgl. ebd.). Neben diesen Sachinformationen übermittelt jede Nachricht aber auch Informationen über die Person des Senders, es handelt sich somit um eine Selbstoffenbarung. Der Empfänger erfährt so etwa über den Sender, welche Sprache er beherrscht, welches seine Art ist, Gedanken zu entwickeln, welche Themen er wichtig findet, wie seine innere Befindlichkeit ist etc. (vgl. ebd., 27).

Der dritte Aspekt ist die Beziehung: aus jeder Nachricht geht hervor, wie der Sender zum Empfänger steht und was er von ihm hält. Diese Seite der Nachricht ist nun für den Empfänger sehr bedeutsam, da er sich hier als Person entsprechend behandelt fühlt (vgl. ebd.).

Die vierte Seite einer Nachricht stellt einen Versuch dar, Einfluss auf den Empfänger zu nehmen. Durch den Appell soll der Empfänger dazu gebracht werden, bestimmte Dinge zu tun, zu lassen, zu denken etc. (vgl. ebd., 29).

Diese vier Seiten einer Nachricht wohnen in jeder Äußerung inne. Bezogen auf die mündliche Kommunikation in der Fremdsprache ergeben sich jedoch noch einige Besonderheiten: Plikat (2012, 9) stellt heraus, dass der Aspekt der Selbstoffenbarung in einer fremdsprachigen Gesprächssituation eine zentrale Rolle erhält, da jede Äußerung „einen Einblick in den Lernstand des Sprechers" gibt.

Auch der Beziehungsseite ist besondere Bedeutung beizumessen, da diese von den Beteiligten durch interkulturelle Besonderheiten unterschiedlich interpretiert werden kann.

1.4 Wie kann Beziehung über Kommunikation aufgebaut werden?

Entscheidende Faktoren, um einen Beziehungsaufbau zu einer Person vorzunehmen, sind „die räumliche Nähe und die soziale, demografische Nähe zwischen den Partnern" (Leffelsend & Mauch & Hannover 2004, 65). Durch die räumliche Nähe wird der Partner wahrgenommen und ein erstes Kennenlernen kann stattfinden. Auch in sozialer und demografischer Hinsicht sind sich Freunde häufig ähnlich (vgl. ebd.).

Nähe und Ähnlichkeit der Gesprächspartner*innen sind somit wichtige Faktoren, die bestimmen, „ob es zu einseitigem und oberflächlichem Kontakt kommt" (ebd.) oder eine vertrauensvolle Beziehung entstehen kann. Die Intensivierung der Beziehung hängt dann weiter vom Umfang der gegenseitigen Offenbarung der Partner ab (Selbstoffenbarung) (vgl. ebd.). Hier kann der sogenannte Small Talk helfen, also ein Sprechen über alltägliche Inhalte wie das Wetter, der als Ziel einen Beziehungsaufbau verfolgt (vgl. Dausendschön-Gay & Krafft 1991, 152).

2 Kommunizieren und Sprechen im Fremdsprachenunterricht

Im Folgenden soll die Spezifik unterrichtlicher Kommunikation bezüglich der Rolle des sprachlichen Inputs sowie der Lerner*innen mit Blick auf die Fertigkeit des Sprechens betrachtet werden und anhand des dargestellten Kommunikationsmodells erläutert werden.

2.1 Kommunizieren und Sprechen im Fremdsprachenunterricht: die Rolle des Inputs

Sprachlicher Input stellt einen zentralen Faktor beim Erwerb einer Sprache dar, unabhängig, ob es sich um gesteuerten oder ungesteuerten Spracherwerb handelt (vgl. Roche 2005, 91). Die Inputhäufigkeit im schulischen Unterricht wird dabei schon durch die institutionellen Vorgaben gesteuert, indem die Stundentafel die Anzahl der Wochenstunden vorgibt. Dieser begrenzte Input führt im traditionellen Klassenzimmer dazu, dass das Fremdsprachenlernen nur langsam vonstattengeht (vgl. Muñoz 2020, 172).

Im Anfangsunterricht ist die Lehrperson zumeist die einzige Input-Quelle, ergänzt um Ton- und Filmdokumente. Sobald die Schüler*innen selbst sprechen können, fungieren sie auch gegenseitig als Input-Quelle (vgl. Knapp-Potthoff & Knapp 1982).

Da der Fremdsprachenunterricht als Ziel vor allem die korrekte Sprachproduktion verfolgt, fokussiert sich der Unterricht oftmals auf die Sprachrichtigkeit mündlicher Äußerungen. Dieser *focus on forms* (vgl. Decke-Cornill & Küster 2015, 212) kann aber dazu führen, dass Themen, die für die Schüler*innen inhaltlich bedeutsam sind, nicht in der Fremdsprache eingefordert werden. Es stellt sich eine übermäßige Gewichtung der Sachinformation ein, die die weiteren Seiten, die laut Schulz von Thun in einem kommunikativen Vorgang zum Tragen kommen, vernachlässigt.

Die Fokussierung auf die korrekte Sprachverwendung steht im Kontrast zu einer geforderten *caretaker*-Funktion der Lehrperson, die sich im Gespräch mit den Lernenden immer wieder des richtigen Verständnisses vergewissert (vgl. ebd., 120).

In der Rolle der*des *caretaker* vergewissert sich die Lehrperson durch Umformulierungen des richtigen Verständnisses (vgl. ebd.). In einer so gestalteten Kommunikation übernimmt die Lehrperson also explizit die für eine Kommunikation in der Fremdsprache typischen Aushandlungsprozesse (vgl. ebd.). Dies hat zur Folge, dass eine Kommunikation nicht durch sprachliche Lücken, wie fehlenden oder falsch verwendeten Wortschatz abgebrochen wird. Diese *caretaker*-Funktion kann nach Schulz von Thun neben der Sachinformation auch die Selbstoffenbarung stärken und die Beziehungsseite positiv unterstützen, da die Schüler*innen nicht auf eine Korrektur ihrer mündlichen Äußerungen reduziert werden, sondern eine Unterstützung in ihrer Kommunikation erhalten.

Gemäß des interaktionistischen Ansatzes (Gass 2008, zit. nach Riemer 2017, 321) ist es für den Spracherwerb und die Schulung des Sprechens relevant, auch unter den Schüler*innen zu Alltagsthemen spontane und inhaltlich sowie sozial bedeutsame Kommunikationsanlässe zu etablieren und diese dazu anzuregen, durch die jeweilige Reaktion auf getätigte Äußerungen selbstreflexiv sprachliche Anpassungen und Korrekturen vorzunehmen (vgl. auch Königs 2010, 324; Decke-Cornill & Küster 2015, 31). In der Realität gestaltet es sich jedoch oftmals schwierig, die Schüler*innen dazu anzuleiten, den Input selbst mitzugestalten, um den Spracherwerb voranzutreiben (vgl. Königs 2010, 31). Ein Blick auf die Lerner*innen soll die Schwierigkeiten verdeutlichen.

2.2 Kommunizieren und Sprechen im Fremdsprachenunterricht: die Lerner*innen

Obwohl das Sprechen erklärtes Ziel des Fremdsprachenlernens ist, treten bei Schüler*innen im Fremdsprachenunterricht oftmals Sprechhemmungen auf. Deren Gründe können im Fremdsprachenunterricht selbst liegen, müssen dort aber nicht immer zu finden sein, sondern können eventuell auf Persönlichkeitsmerkmale zurückgeführt werden.

Im schulischen Fremdsprachenunterricht finden neben den schriftlichen Prüfungsformaten zunehmend auch mündliche Kommunikationsprüfungen statt, die der Mündlichkeit mehr Gewicht verleihen. Dennoch hat die Schriftlichkeit oftmals weiterhin einen gewichtigeren Status als die Mündlichkeit. In Nordrhein-Westfalen steht beispielsweise eine Kommunikationsprüfung in der Qualifikationsphase fünf schriftlichen Klausuren gegenüber, auch im Leistungskurs Spanisch werden lediglich schriftliche Prüfungen abgenommen.

Für die schriftliche Sprachproduktion ist jedoch ein anderer *Code* nötig, als für eine mündliche Kommunikation (vgl. Plikat 2012, 4). Daher können die Schüler*innen ihre sprachlichen Kompetenzen im Schriftlichen kaum auf das Sprechen übertragen.

Wird die Schriftsprache als Ausgangspunkt für die Fertigkeit des Sprechens genommen, bleiben bestimmte Möglichkeiten der Verständigung ungenutzt, wie die nonverbale Kommunikation. Dem Verständnis von Herrmann & Grabowski (1994, 439) nach, wird ein*e Lerner*in auch eine mündliche Kommunikationsabsicht tätigen können, wenn sie oder er „keinen einzigen Satz der Zweitsprache zu formulieren in der Lage ist." Die Verwendung außersprachlicher Mittel wie Gestik, Mimik etc., die sprachliche Lücken kompensieren können, macht dies möglich. Fokussiert sich die*der Sprecher*in auf den schriftlichen *Code*, übersieht sie oder er diese Möglichkeit.

Plikat (2012, 5 f.) sieht die Sprechhemmungen außerdem vor allem in der Dialogizität begründet, die in nahezu allen Sprechsituationen vorliege, da neben das Produzieren der Sprache immer auch das Hörverstehen trete. Als weiteren hemmenden Faktor sieht Plikat den Zeitdruck, der in Kommunikationssituationen auf den Sprecher*innen liege (vgl. ebd., 6). Dieser Zeitdruck kommt, wie erwähnt, vor allem durch den gestörten Ablauf der Sprech-Systeme, also dem Ablauf vom Konzeptualisierungssystem in das Formulierungssystem und das Artikulationssystem (vgl. Levelt 1989), zustande und liegt beim monologischen wie auch beim dialogischen Sprechen vor, da bereits in der Planungsphase Verzögerungen eintreten (vgl. Wolff 2000, 15). Im Dialog tritt zu dem Zeitdruck ein sozialer Faktor hinzu: Die*Der Sprecher*in möchte nicht, dass die*der Gesprächspartner*in das Interesse verliert und das Gespräch womöglich beendet. Nach Schulz von Thun (1981, 100) wirkt sich der Zeitdruck also auf den sozialen Prozess aus, indem er Einfluss auf die Beziehungsebene und die Ebene der Selbstoffenbarung hat.

In der Interaktion im Klassenzimmer können dann weitere Faktoren, die nicht spezifisch für den Fremdsprachenunterricht stehen, zu einer angstbesetzten Atmosphäre führen, wie die Konstellation der Lerngruppe, das Verhältnis der Lernenden untereinander und der durch die Lehrkraft etablierte soziale Umgang.

Im Fremdsprachenunterricht können außerdem vorgeschlagene Aktivitäten und Sozialformen die Selbstoffenbarungsangst vergrößern (vgl. Plikat 2012, 9). Hinzu tritt die Konfrontation mit den eigenen sprachlichen Defiziten, die zu einer Angst vor dem Versagen führen kann. Butzkamm (2007, 318) stellt fest: „Unter emotionalem Druck zerfällt die Sprache".

2.3 Schulischer Fremdsprachenunterricht: Möglichkeiten, komplexe Kommunikation zu initiieren

Fremdsprachenunterricht sollte Situationen schaffen, in denen Sprache bedeutsam als kommunikatives Mittel erforderlich wird. Damit einher geht die Forderung nach einem authentischen Sprachgebrauch (vgl. Haß 2011, 94; Ministerium für Schule und Bildung des Landes Nordrhein-Westfalen 2019, 9).

Eine Definition von authentischem Unterrichtsmaterial ist, dass unveränderte Originaltexte aus der Zielkultur (vgl. Leitzke-Ungerer 2017, 12) verwendet werden. Doch was sind echte authentische Sprechanlässe im schulischen Fremdsprachenunterricht, die gefordert werden?

Ellis unterscheidet zwischen situativer und interaktionaler Authentizität

(2003, 6). Hier soll die interaktionale Authentizität in den Blick genommen werden, da sie als Forderung leitend für die Gestaltung des vorliegenden Forschungsprojektes gelten kann. Sie wird klassifiziert als „some sort of relationship to the real world" (Skehan 1996, zit. nach Ellis 2003, 6).

Auch Haß (2011, 94) plädiert für die Schaffung solcher Handlungsrahmen im fremdsprachlichen Unterricht, da sie als „situativ motivierte Merkhilfen für die Speicherung der Redemittel (episodisches Gedächtnis)" dienen können. Dies meint dann, dass die Fremdsprache nicht nur das Lernziel darstellt, sondern zugleich als Ausdrucksmedium auch in der Alltagskommunikation im Unterricht verwendet wird.

Die Forderung nach authentischer Kommunikation impliziert also eine nicht durch Aufgaben gesteuerte Kommunikation, die alle menschlichen Interaktionen umfasst. Es gilt dabei die Diskrepanz zwischen einer institutionalisierten Kommunikation im Klassenzimmer und in der realen Welt zu minimieren (vgl. Decke-Cornill & Küster 2015, 122).

In der Forschung finden sich verschiedene Ansätze, dieser empfundenen Diskrepanz zu begegnen. Butzkamm (2002, 141) etwa sieht als mündliche Kommunikation „das gesetzte Ziel und zugleich den Weg dahin." Siebold et al. (2006) fangen sie mit einem stufenweisen Üben von halbkommunikativen hin zu freien Übungsformaten und einem Pendeln von sprachbezogenem und mitteilungsbezogenem Sprechen auf. Haß (2011, 94 ff.) plädiert für ein Einbinden des Handelns und nichtsprachlicher Verhaltenskomponenten wie Gestik und Mimik, um die Kommunikationssituation im Unterricht einer realen Alltagskommunikation anzunähern.

Folgt man den genannten Definitionen, liegen authentische Kommunikationssituationen vor, wenn in der Fremdsprache konkrete situative Handlungen von Alltagsthemen vollzogen werden, zum Beispiel das Nachfragen, wann die Klassenarbeit geschrieben wird, ein Kommentar zum Wetter geben etc. Dabei können nicht-sprachliche Hilfen die fremdsprachliche Barriere minimieren.

Ein weiteres Kriterium, um Sprechhandlungen im schulischen Unterricht zu beschreiben, ist die Komplexität. Eine sprachliche Handlung, die aus dem Produzieren einer vorbereiteten Ein-Satz-Antwort besteht, ist weniger komplex, als eine spontane sprachliche Reaktion auf eine ungeplante sprachliche Äußerung.

Erhöht wird der Grad der Komplexität, wenn durch die Konstellation des Settings weitere Faktoren eingebunden werden, wie beispielsweise der Einsatz digitaler Medien oder eine Gesprächskonstellation geschaffen wird, in der ein Gefälle im Sprachniveau vorliegt.

Die Daten aus dem Begegnungsprojekt sollen dahingehend untersucht werden, wie die Schüler*innen die authentischen und komplexen Kommunikationssituationen wahrgenommen haben.

2.4 Beziehungsaufbau im fremdsprachlichen Unterricht: Lernen im Tandem

Fremdsprachliches Sprechen ist komplex und anstrengend. Durch die Forderung nach Inhaltsorientierung im Fremdsprachenunterricht wird der Tatsache Rechnung getragen, dass ein*e Lerner*in nur bereit ist, die Anstrengung auf sich zu nehmen, wenn das Thema lohnenswert erscheint (vgl. Timm 2011, 8). Anstrengungsbereitschaft zeigt sich jedoch auch bei zwischenmenschlichen Bedürfnissen, die über Sprache und Sprechen gestillt werden können, z.B. eine Freundschaft mit einer oder einem Sprecher*in einer Lx zu schließen.

Ein Sprechen in der Fremdsprache ist jedoch immer störanfälliger als ein Sprechen in der L1, vor allem, wenn das Sprachniveau noch nicht sehr hoch ist. Wenn nun im schulischen Unterricht dazu angeregt wird, sich in der zu erlernenden Sprache zu unterhalten, wirkt dies vielfach artifiziell, für die Beziehungsarbeit sowie Small Talk switchen die Schüler*innen oftmals wieder in die gemeinsame Ausgangssprache Deutsch. Dies führt dazu, dass die soziale Dimension des Sprechens in der Lx nicht etabliert wird.

Brammerts (2010, 11) verortet die soziale Dimension von Sprechen in jedem Tandemlernen: „Wenn man einem echten Kommunikationspartner etwas erklären, ihn von etwas überzeugen, von ihm etwas erfahren oder Missverständnisse aufklären will, ist man gezwungen, sich auf seine Persönlichkeit, seine Bedürfnisse, seine Gewohnheiten, sein Wertesystem, seine Meinungen, sein (immer begrenztes) Wissen und seine Art zu kommunizieren einzustellen."

So gesehen entsteht durch die Beziehung beider Sprecher*innen einerseits ein echtes Mitteilungsbedürfnis, das auch die soziale Ebene beinhaltet, andererseits erfordert diese Situation auch andere Fähigkeiten, als eine institutionelle Lehr-

/Lernsituation, die rein auf die Versprachlichung fokussiert und damit planbarer ist.

Im Folgenden soll ein digitales Begegnungsprojekt vorgestellt werden, das durch das Setting eben jene Aspekte berücksichtigt und die Schüler*innen zu sozial relevantem Kommunizieren bringt.

3 Das Projekt PROCASAL

Das Projekt PROCASAL (*proyecto castellano alemán*) wurde konzipiert, um Schüler*innen des Fachs Spanisch die Möglichkeit zu geben, in Kontakt mit spanischen L1-Sprecher*innen zu treten.

Die Auswahl der Schule unterlag dabei einem Zufall und kam durch die Eigeninitiative der Autorin zustande. Die beiden kooperierenden Schulen standen zuvor nicht in Kontakt miteinander, arbeiten jedoch über das Projekt hinaus weiter zusammen.

Ziel des Projektes war die Möglichkeit, die zu erlernende Fremdsprache in Kommunikationssituationen anzuwenden, die als authentisch empfunden werden. Zudem sollte das freie und spontane Sprechen geschult werden.

Auf deutscher Seite nahm ein Spanischkurs der Jahrgangsstufe neun eines Gymnasiums teil. Die 13 Schülerinnen und zwei Schüler lernten Spanisch seit der achten Klasse und befanden sich am Beginn des zweiten Lernjahrs. In Spanien nahm eine achte Klasse einer Deutschen Schule teil. Die dortigen 24 Schüler*innen lernten Deutsch als Fremdsprache, die meisten schon seit der fünften Klasse.

Die Schüler*innen wurden auf Basis eines Vorab-Fragebogens[1] durch den Fachlehrer[2] in binationale Paare und Kleingruppen eingeteilt, die für die Dauer des Projektes miteinander arbeiten sollten. Dabei bildeten meist zwei spanische Lernende mit einem deutschen Lernenden eine Gruppe. Das Projekt war in den regulären Spanisch- bzw. Deutschunterricht integriert.

---

[1] Abgefragt wurden Geschlecht, Alter, Hobbies, persönliche Vorlieben und Interessen und der*die Schüler*in lieber alleine oder gemeinsam mit einer*einem Mitschüler*in in einem binationalen Tandem arbeiten wollte.

[2] Die Forscherin im Projekt hat die Unterrichtsmaterialien bereitgestellt, aber darüber hinaus keine Lehrtätigkeiten übernommen.

Das Thema des Projektes war *Medios de comunicación*. Das Thema wurde ausgewählt, da es aus der Lebenswirklichkeit der Schüler*innen stammt und sich gut an den Lehrplan NRW anbinden lässt.

Das Projekt war so konzipiert, dass es sowohl individuelle Arbeitsphasen als auch Phasen der Kooperation gab, und zwar sowohl synchron als auch asynchron. Jede Woche stand unter einem anderen Teilthema[3], für das von den Fachlehrern in Deutschland und Spanien entsprechende Aufgaben gestellt wurden. Dabei wurden unterschiedliche Fertigkeiten geübt.

In mehreren Unterrichtsstunden standen Gespräche über Videotelefonie im Zentrum. Insgesamt an vier Terminen sprachen die Schüler*innen mit ihren Gruppenpartner*innen aus Spanien. Dabei war die Thematik jeweils vorgegeben und den Schüler*innen bekannt, sodass sie die Gespräche inhaltlich und sprachlich vorbereiten konnten. Die Aufgaben waren jedoch so offen gestaltet, dass sie inhaltlich und sprachlich individuell gestaltet werden konnten. Die Sprech-Aufgaben für die Videotelefonie-Gespräche bauten im Hinblick auf die Progression und Länge aufeinander auf und bezogen sich auf das Thema *Medios de comunicación*.

Sämtliche Arbeitsanweisungen und Materialien[4] befanden sich auf einer Lernplattform, die auf dem System Moodle basiert. Dort wurden den Schüler*innen auch verschiedene *tools* bereitgestellt, die zum Bearbeiten der unterschiedlichen Aufgaben notwendig waren. Dies waren Online-Wörterbücher und *chunks*, also Satzanfänge oder Phrasen die das freie Sprechen unterstützen. Diese konnten individuell als *scaffolding*-Material verwendet werden. Ebenso stand ein gemeinsames Forum zur Verfügung, in dem alle Beiträge von sämtlichen Schüler*innen eingesehen und kommentiert werden konnten.

Die Aufgabe der Lehrperson lag vor allem in der Unterstützung bei technischen Schwierigkeiten oder in Hilfestellungen, wenn sich Schüler*innen an sie mit sprachlichen Fragen wandten.

---

[3] Themen waren z. B. "Tú y yo", "¿Cómo comunicamos?" oder "La importancia del internet".
[4] Den Aufbau der Unterrichtseinheit sowie die Fragestellungen und didaktische Kommentare sind der Synapse im Anhang zu entnehmen.

3.1 Datenerhebung und -analyse

Die Leitfrage bei der Datenanalyse ist, wie die Schüler*innen im Rückblick die Kommunikationssituation beschreiben, wie der Input durch gleichaltrige L1-Sprecher*innen wahrgenommen wird und inwiefern das Setting subjektiv ihre Sprechkompetenz geschult hat.

Um einen solchen Einblick in die Selbsteinschätzung der Sprechleistungen der Schüler*innen und ihre motivationalen Aspekte zu erhalten, wurden im Anschluss an das Projekt mit elf Schüler*innen auf deutscher Seite teilstrukturierte Leitfadeninterviews durchgeführt. Ausgehend von der Überlegung, dass die Selbstoffenbarung auch das Sprechen beeinflussen und die Sprechkompetenz von der Ausprägung der Beziehungsseite beeinflusst sein kann (vgl. Schulz von Thun 1981), wurden in den Interviews folgende Bereiche angesprochen: Das Interesse an der Themenwahl, die Nutzung der Medien, die eigene Rolle in dem Projekt, die Rolle der Lehrperson, die Selbsteinschätzung der eigenen Sprechkompetenz und die Motivation. Ebenfalls wurden die Schüler*innen dazu befragt, wie sie die Beziehung zu ihren Tandempartner*innen beschreiben. Vier Schülerinnen konnten nicht befragt werden, da sie aus schulorganisatorischen Gründen nicht erreichbar waren.

Für die folgende Darstellung wurden Daten aus den elf Interviews exemplarisch aufgrund ihrer sprachlich-inhaltlichen Prägnanz ausgewählt sowie Beschreibungen und Analyse der beobachtbaren Sprechleistungen aus den Aufzeichnungen der Videotelefonie gegeben. Die Analysen erfolgten gemäß der Verfahren der qualitativen Inhaltsanalyse (vgl. Mayring 2014) und datengeleitet.

3.2 Die Kommunikation in dem Projekt PROCASAL

Die Kommunikation in dem Projekt PROCASAL war technisch-digital vermittelt und sowohl mündlich als auch schriftlich möglich. Die Schüler*innen nutzten die Chat-Funktion des Programms zum Schreiben sowie die Videotelefonie zum Sprechen. Da nicht alle Schüler*innen immer auch eine Kamera zur Verfügung hatten, verlief das Sprechen teilweise auch ohne Bild.

Es handelte sich ausschließlich um mitteilungsbezogenes Sprechen, da das Ziel der Gespräche nicht didaktischer Art war. Somit war auch kein *focus on forms* vorherrschend, sondern ein *focus on message*.

Eine Benotung der Kommunikationssituationen fand nicht statt, die in den binationalen Tandems entstandenen Produkte der Schüler*innen wurden jedoch nach Ende des Projektes von der Lehrkraft bewertet. Daher standen die Schüler*innen in den Kommunikationssituationen nicht unter einem Notendruck.

Die Gespräche können als komplexe Sprechsituationen mit sozialer Dimension definiert werden, da es sich um wenig planbare sprachliche Interaktionen handelte, die ständige Sprecher- und Themenwechsel erforderten (vgl. Vollmer 2011, 238).

Durch die Konstellation konnte von einer hohen Wahrscheinlichkeit von gelingender Kommunikation ausgegangen werden, da unter den Sprecher*innen ähnliche soziale Umstände und ein etwa gleiches Alter vorhanden waren. Zudem führte die Möglichkeit des gegenseitigen Sehens über die Kameras zu einem wahrscheinlichen Beziehungsaufbau (vgl. Leffelsend & Mauch & Hannover 2004; Hoffmann 2000).

Insgesamt kann gesagt werden, dass die Kommunikationssituation nicht mit einer institutionell gesteuerten Lehr-Lernsituation vergleichbar war, wie sie unter 2. skizziert wurde.

3.3 Wie nehmen die Schüler*innen den Input wahr?

Wie zu sehen war, kann man einen sprachlichen Input nach dem Ziel des Gesprächs klassifizieren. Der in dem Projekt vorherrschende Input durch die Schüler*innen aus Spanien hatte keine didaktische Absicht. So konnte die Aussprache als Modell zur Imitation genutzt werden:

> Sina[5]: Ja, also ich bin mir halt sicher wie man Wörter ausspricht, nachdem ich das so gehört habe. (I/01/34)
>
> Julia: [...] so konnte man eigentlich effektiver lernen, weil man bekommt das dann so halt mit, wie mit dem Akzent halt und mit dem richtig schnellen Sprechen. (I/12/2)

Der Unterschied zu einem Input durch eine Lehrperson, die eine didaktische Absicht verfolgt, ist auch den Schüler*innen deutlich geworden:

> Julia: Das merkt man halt richtig an der, jetzt nicht an der Aussprache, aber am Akzent.

---

[5] Sämtliche Vor- und Familiennamen wurden im Sinne der Anonymisierung verändert.

> Halt wenn die Muttersprachler jetzt richtig sprechen, dann sprechen sie ganz schnell und Herr Reuter versucht sich jetzt größtenteils zurückzuhalten. (I/12/134)

Dieser veränderte Input wurde positiv bewertet:

> Julia: [...] und das ist ja auch eine coole Sache, wenn man jetzt mal wirklich mit Muttersprachlern spricht. (I/12/132)

3.4 Wie nehmen die Schüler*innen den Beziehungsaufbau wahr?

Alle befragten Schüler*innen gaben nach dem Projekt an, eine soziale, freundschaftliche Beziehung zu den Schüler*innen aus Spanien aufgebaut zu haben.

> Vincent: Wir haben halt auch Nummern ausgetauscht und haben uns noch ein bisschen über das Projekt noch geschrieben und unsere Aufgaben, die wir halt bearbeiten mussten [...]. Wir waren alle gut befreundet. (I/07/10)

Obwohl sich die Schüler*innen über ein institutionelles Setting kennenlernen und ausschließlich digital kommunizieren, verläuft der Beziehungsaufbau wie bei *face-to-face*-Begegnungen in privaten Kontexten:

> Julia: Also am Anfang hat halt fast niemand geredet, weil wir uns alle nicht so getraut haben. Weil, wir kannten uns ja noch nicht und wir haben nur kurz [...] geschrieben, aber sonst kannten wir uns ja nicht und dann hat mal einer angefangen „Ja hey, wir sind jetzt Partner und wir müssen jetzt eine Zeit lang miteinander auskommen und ich hoffe, dass das klappt..." und am Ende haben wir uns so, sozusagen, man kann wirklich sagen, dass wir jetzt befreundet sind und wir uns jetzt halt wirklich gut kennen. (I/12/105)

Eine Sprechhemmung liegt zu Beginn des Projektes vor. Diese hat ihren Ursprung jedoch nicht in sprachlichen Defiziten, sondern in der fehlenden Beziehungsebene. Ist die Beziehung hergestellt, wird auch gesprochen.

Diese Beziehung führt dazu, dass die Kommunikation über den institutionellen Rahmen hinausgeht. Die Schüler*innen tauschten private Mobilnummern mit ihren Partner*innen aus Spanien aus und kommunizierten mit diesen auch außerhalb der Unterrichtszeit und des unterrichtlichen Settings über soziale Netzwerke. Damit transferierten sie die Kommunikation in den privaten Bereich. Sie geben später an, in diesem Zusammenhang auch über private Themen gesprochen zu haben, aber auch Absprachen über das gemeinsame Abschlussprojekt getroffen zu haben.

Diese Kommunikation außerhalb des Klassenzimmers findet parallel zur Projektphase statt, erstreckte sich aber zum Teil auch über diesen zeitlichen Rahmen hinaus und findet noch Wochen und Monate nach der Projektphase statt.

3.5 Das Einbinden von Small Talk

Wie zu sehen war, dient die Gesprächsform des Small Talks vor allem dem Beziehungsaufbau in einer Konversation. Die Schüler*innen geben an, intuitiv diese Gesprächsform genutzt zu haben, um ein Gefühl von freundschaftlicher Nähe aufzubauen:

> Katharina: Also wir haben probiert [...] dass wir erst einmal „Hallo wie geht's?" oder sowas gesagt haben, damit das nicht so direkt distanziert ist, dass wir mit Aufgaben anfangen. Sondern dass das auch so ein bisschen menschlicher [...] freundlicher ist. (I/10/23)

> Julia: Wir haben das halt immer so gemacht, dass wir erst einmal so erzählt haben was so in der laufenden Woche passiert ist und ob es irgendwas Neues gibt und halt nach dem Befinden gefragt und so. Und dann haben wir uns halt auf die Aufgabe konzentriert [...]. (I/12/39)

3.6 *Caretaker*-Funktion

Für die Lehrkraft wird im schulischen Fremdsprachenunterricht die Rolle einer*s sogenannten *Caretakers* empfohlen, vor allem, damit die Lernenden schulisches Kommunizieren nicht als permanente Prüfungssituation empfinden. In der Reflexion bestätigen die Lernenden diesen Eindruck.

> Interviewerin: Ist es ein Unterschied, ob dich der Lehrer korrigiert oder deine Tandempartner?

> Annika: Bei Herrn Reuter ist es halt so, wenn er mich korrigiert, dann ist es ein bisschen schlimmer. Also weil er benotet mich ja auch. (I/04/112)

Gleichzeitig schildern die Schüler*innen Situationen, in denen sie gegenseitig eine *Caretaker*-Rolle für die gemeinsame Kommunikation übernommen haben:

> Julia: [...] Wir haben [beim Bearbeiten der Aufgaben] geguckt, inwieweit verstehen wir das und wieweit kriegen wir das jetzt hin und wir haben uns auch immer gegenseitig geholfen. (I/12/34)

3.7 Kamerabild als Möglichkeit des Beziehungsaufbaus

Ein weiterer Aspekt, der den Beziehungsaufbau ermöglicht, ist die Übertragung des Gesprächs über Ton und Bild. Die Schüler*innen geben an, eine Beziehung dadurch aufbauen zu können, dass sie die Gesprächspartner*innen auch sehen konnten. Durch die Übertragung des Bildes entsteht eine Kommunikationssituation, die in Teilen Kriterien von *face-to-face*-Kommunikationssituationen trägt, die als ideale, weil wenig störanfällige Form der Kommunikation gilt (vgl. Hartmann 2004, 675). Da die *face-to-face*-Kommunikation auch in Bezug auf ihre psychologische Wirkung als besonders potent gilt, da sie verschiedene kognitive und emotionale Zustände herbeiführen kann, führt die Übertragung des Bildes hier zu einem Beziehungsaufbau, der als größer angesehen wird, als wenn es sich beispielsweise um einen rein schriftlichen Austausch gehandelt hätte:

> Katharina: Ich würde sagen, wenn man nur mit denen schreibt, dann ist das eher so ein bisschen distanziert [...]. (I/10/18)

3.8 Beziehung als Grundlage für einen Abbau der Sprechhemmung

> Interviewerin: Was habt ihr gemacht, wenn im Gespräch sprachliche Fehler vorkamen?
>
> Sina: Nichts. Also wir haben gelacht. Mehr nicht. Wir konnten schon gut damit umgehen, weil wir, sozusagen, schon eine Beziehung hatten. [...] So als Freunde. (I/01/38-40)

Die Schülerin beschreibt den Umgang mit sprachlichen Fehlern im Gespräch. Wie eingangs zu sehen war, kann die Angst vor sprachlichen Fehlern zu Sprechhemmungen führen. Auch das Ansprechen von sprachlichen Defiziten durch die Lehrkraft kann dazu führen, dass Schüler*innen keine Bereitschaft mehr aufbringen, sich im Fremdsprachenunterricht zu äußern. Durch die entstandene Beziehung wird diese Angst reduziert.

Dieser Zustand reicht auch über den zeitlichen Rahmen des Projektes hinaus und hat Auswirkungen auf den danach wieder stattfindenden regulären Fremdsprachenunterricht im Klassenverband:

> Julia: Vorher war ich eher so eine stille Person, die jetzt nicht wirklich viel geredet hat [...] Dann habe ich mich immer nicht getraut irgendwas zu sagen [...]. Aber jetzt melde ich mich einfach und wenn es falsch ist dann ist es halt falsch. (I/12/140)

Die reduzierte Selbstoffenbarungsangst führt zu einer verbesserten individuell wahrgenommenen Kompetenz und zu einem stärkeren Selbstbewusstsein.

Das Sprechen in einem Setting, das von der Beziehungsebene geprägt ist, wird als positiv wahrgenommen. Die eigene erlebte Kompetenz wird in andere unterrichtliche Settings übertragen.

4 Fazit

Der Ausbau der Sprechfertigkeit wird im schulischen Unterricht von einer Vielzahl von Faktoren beeinflusst (vgl. Plikat 2012). In den Blick genommen werden in der Forschung dabei vor allem sprachliche Anforderungen, die auch sprachliche Hilfen (*scaffolding*) erfordern. Weniger betrachtet wird die soziale Dimension von Sprechen.

Anhand der Analyse der Daten konnte gezeigt werden, dass diese soziale Dimension jedoch die Sprecher*innen in eine Mitteilungsabsicht bringt und sie in ihrem Sprechen leitet. In dem vorliegenden Setting konnten außerdem Sprechhemmungen durch die *peer-to-peer*-Konstellation verringert werden.

Obwohl der vorherrschende Input durch die Schüler*innen aus Spanien keine didaktische Ausprägung hatte, führte er die Lerner*innen zum Verwenden kommunikativer Strategien und zum Aufbau einer freundschaftlichen Beziehung zwischen den Schüler*innen. Dabei wurden intuitiv sprachliche Muster genutzt, die sich vor allem in informellen uns alltagssprachlichen Kommunikationssituationen finden, wie der Small Talk.

Verbunden mit dem Eindruck einer freundschaftlichen Beziehung ist zudem die geforderte Rolle der*des *caretakers* bei der Schulung des Sprechens. Wie zu sehen war, nehmen die Schüler*innen ihre Tandempartner*innen als solche *caretaker* wahr und übernehmen aus selbst diese Rolle.

Das Erfahren eines Beziehungsaufbaus hat eine Strahlkraft über die Projektphase hinaus und beeinflusst auch den danach stattfindenden Spanischunterricht in positiver Weise, wie die Fachlehrer*innen nach Beendigung des Projektes berichteten.

Mit Blick auf Fremdsprachenunterricht bedeutet dies, dass Lernsettings geschaffen werden sollten, die die soziale Dimension der Fertigkeit Sprechen stärker in den Blick rücken. Ein digitales Begegnungsprojekt ist dazu gut geeignet.

	Material didáctico para descargar / Didaktisches Material zum Herunterladen
Descripción / Beschreibung	Neben einem kurzen didaktischen Kommentar werden in der Übersichtstabelle zu den einzelnen Themen des Unterrichtsvorhabens „Medios de comunicación" die relevanten Aufgabenstellungen, Kompetenzen, Fertigkeiten, Materialien und Medien erläutert.
Título / Titel	Anhang: Übersicht über die Unterrichtseinheit „Medios de comunicación" (Synapse)
Acceso / Zugang	https://www.ibidem-verlag.de/pdf/1900/07.pdf

Bibliographie

ABENDROTH-TIMMER, Dagmar & GERLACH, David. 2021. *Handlungsorientierung im Fremdsprachenunterricht. Eine Einführung.* Stuttgart: J. B. Metzler.

BRAMMERTS, Helmut. 2010. „Beispiele für autonomes Lernen im Tandem", in: Brammerts, Helmut & Kleppin, Karin. edd. *Selbstgesteuertes Sprachenlernen im Tandem. Ein Handbuch.* 3. Aufl. Tübingen: Stauffenburg, 5-16.

BUTZKAMM, Wolfgang. 2007. *Lust zum Lehren, Lust zum Lernen. Eine neue Methodik für den Fremdsprachenunterricht.* 2. Aufl. Tübingen: Francke.

CATHOMAS, Rico. 2007. „Neue Tendenzen der Fremdsprachendidaktik. Das Ende der kommunikativen Wende?", in: *Beiträge zur Lehrerbildung* 25/2, 180-191.

DAUSENSCHÖN-GAY, Ulrich & KRAFFT, Ulrich. 1991. „Tâche conversationnelle et organisation du discours", in: Dausenschön-Gay, Ulrich & Gülich, Elisabeth & Krafft, Ulrich. edd. *Linguistische Interaktionsanalysen. Beiträge zum 20. Romanistentag 1987.* Tübingen: Max Niemeyer, 131-154.

DECKE-CORNILL, Helene & KÜSTER, Lutz. 2015. *Fremdsprachendidaktik.* Tübingen: Narr.

EHLICH, Konrad. 2010. „Kommunikation", in: Glück, Helmut. ed. *Metzler Lexikon Sprache.* 4. Auflage. Stuttgart: J. B. Metzler, 342-343.

ELLIS, Rod. 2003. *Task-based Language Learning and Teaching.* Oxford: Oxford University Press.

EUROPARAT. ed. 2001. *Der Gemeinsame europäische Referenzrahmen für Sprachen.* Online: https://europaeischer-referenzrahmen.de (22.05.2023).

FRINDTE, Wolfgang. 2001. *Einführung in die Kommunikationspsychologie.* Weinheim: Beltz.

GNUTZMANN, Claus. 2014. „Mündlichkeit", in: Burwitz-Melzer, Eva & Königs, Frank G. & Riemer, Claudia. edd. *Perspektiven der Mündlichkeit. Arbeitspapiere der 34. Frühjahrskonferenz zur Erforschung des Fremdsprachenunterrichts*. Tübingen: Narr, 50-57.

KÖNIGS, Frank G. 2010. „Spracherwerb und Sprachenlernen", in: Hallet, Wolfgang & Königs, Frank G. edd. *Handbuch Fremdsprachendidaktik*. Seelze-Velber: Klett/Kallmeyer, 322-325.

HARTMANN, Tilo. 2004. „Computervermittelte Kommunikation", in: Mangold, Roland & Vorderer, Peter & Bente, Gary. edd. *Lehrbuch der Medienpsychologie*. Göttingen [u.a.]: Hogrefe, 673-693.

HAß, Frank. ed. 2011. *Fachdidaktik Englisch. Tradition, Innovation, Praxis*. Stuttgart: Klett Sprachen.

HOFFMANN, Bernward. 2000. *Kommunikation und Medien. Einführung und Praxis aus (sozial-)pädagogischer Perspektive*. Münster: Waxmann.

HERRMANN, Theo & GRABOWSKI, Joachim. 1994. *Sprechen. Psychologie der Sprachproduktion*. Heidelberg: Spektrum Akademischer Verlag.

KNAPP-POTTHOFF, Annelie & KNAPP, Karlfried. 1982. *Eine Einführung in die Didaktik der Fremdsprachen vom Standpunkt der Zweitsprachenerwerbsforschung*. Stuttgart [u.a.]: Kohlhammer.

LEFFELSEND, Stefanie & MAUCH, Martina & HANNOVER, Bettina. 2004. „Mediennutzung und Medienwirkung", in: Mangold, Roland & Vorderer, Peter & Bente, Gary. edd. *Lehrbuch der Medienpsychologie*. Göttingen [u.a.]: Hogrefe, 51-71.

LEITZKE-UNGERER, Eva. 2017. „Authentizität", in: Surkamp, Carola. ed. *Metzler Lexikon Fremdsprachendidaktik. Ansätze – Methoden – Grundbegriffe*. 2. Aufl. Stuttgart [u.a.]: J. B. Metzler, 12-13.

LEVELT, Willem J. M. 1989. *Speaking. From intention to articulation*. Cambridge, Mass.: MIT.

MAYRING, Philipp. 2010. *Qualitative Inhaltsanalyse. Grundlagen und Techniken*. Weinheim [u.a.]: Beltz Juventa.

MINISTERIUM FÜR SCHULE UND BILDUNG DES LANDES NORDRHEIN-WESTFALEN. 2019. *Kernlehrplan für die Sekundarstufe I Gymnasium in Nordrhein-Westfalen. Spanisch*. Online: https://www.schulentwicklung.nrw.de/lehrplaene/lehrplan/209/g9_s_klp_3416_2019_06_23.pdf (22.05.2023).

MUÑOZ, Carmen. 2020. „Boys like games and girls like movies. Age and gender differences in out-of-school contact with English", in: *Revista Española de Lingüística Aplicada* 33/1, 172-202.

PLIKAT, Jochen. 2012. „Hable con ellos. Sprechkompetenz im Spanischunterricht gezielt fördern", in: *Der fremdsprachliche Unterricht Spanisch* 39, 4-9.

RIEMER, Claudia. 2017. „Spracherwerb und Spracherwerbstheorien", in: Surkamp, Carola. ed. *Metzler Lexikon Fremdsprachendidaktik. Ansätze – Methoden – Grundbegriffe*. 2. Aufl. Stuttgart [u.a.]: J. B. Metzler, 317-321.

ROCHE, Jörg. 2005. *Fremdsprachenerwerb, Fremdsprachendidaktik*. Tübingen: Narr Francke Attempto.

SCHULZ VON THUN, Friedemann. 1981. *Miteinander reden. Störungen und Klärungen*. Reinbek bei Hamburg: Rowohlt.

SIEBOLD, Jörg. ed. 2006. *Let's talk: Lehrtechniken. Vom gebundenen zum freien Sprechen*. Berlin: Cornelsen.

TIMM, Johannes-Peter. 2011. „Entscheidungsfelder des Englischunterrichts", in: Ebd. ed.: *Englisch lernen und lehren. Didaktik des Englischunterrichts*. Berlin: Cornelsen, 7-14.

VOLLMER, Helmut J. 2011. „Sprechen und Gesprächsführung", in: Timm, Johannes-Peter. ed. *Englisch lernen und lehren. Didaktik des Englischunterrichts*. Berlin: Cornelsen, 237–249.

WOLFF, Dieter. 2011. „Lernstrategien beim Fremdsprachenlernen", in: Timm, Johannes-Peter. ed. *Englisch lernen und lehren. Didaktik des Englischunterrichts*. Berlin: Cornelsen, 70-77.

WOLFF, Dieter. 2000. „Sprachproduktion als Planung: ein Beitrag zur Psychologie des Sprechens", in: *Der fremdsprachliche Unterricht Englisch* 34, 11-16.

Svenja Haberland

Die zielgerichtete Verknüpfung ausgewählter mehrsprachigkeitsdidaktischer Ansätze mit digitalen Medien im Spanischunterricht

1 Einführung: Mehrsprachigkeit und digitale Medien als Ankerpunkte des modernen Fremdsprachenunterrichts

Sprachliche und kulturelle Vielfalt sowie interkulturelle Kommunikationssituationen im digitalen Raum unter Anwendung neuer – sich stetig weiterentwickelnder – Technologien haben sich in der Gesellschaft des 21. Jahrhunderts zu fundamentalen Bestandteilen etabliert, was von Elsner (2011, 27) treffend zur Sprache gebracht wird:

> Firstly, there has been a steady rise of cultural and linguistic diversity, due to migration, multiculturalism and global economic integration; secondly there has been a rapid development of technological devices and the world-wide expansion of new communications media (ebd.).

Entsprechend dieser gesellschaftlichen Entwicklungen obliegt nunmehr auch der Bildungsinstitution Schule die zentrale Aufgabe, Schüler*innen auf ein Handeln in dieser mehrsprachigen, transkulturellen und digitalisierten Welt vorzubereiten und auf deren individuelle Erfahrungen im Rahmen von Unterrichtssituationen aufzubauen:

> [E]ducation in the 21st century should emerge from the **transcultural, plurilingual**, and **technical experiences** that learners bring into our classrooms and aim at the further development of a broad range and new forms of literacies – multi-literacies (ebd., 29, Hervorhebungen SH).

Ausgehend von der bildungsbezogenen Zielsetzung, sogenannte *multiliteracies* im Unterricht auszubilden, haben sich Mehrsprachigkeit und digitale Medien zu relevanten Ankerpunkten des Fremdsprachenunterrichts etabliert, was sich besonders in der aktuell beobachtbaren (Weiter-)Entwicklung zahlreicher bildungspolitischer Grundlagendokumente manifestiert. Beispielhaft wären hier die Erweiterung des GeR (Europarat 2001) um mehrsprachige und plurikulturelle Kompetenzen durch den *Companion to the CEFR* (Europarat 2018), die Konzeption des

Medienkompetenzrahmens NRW (MSB NRW 2019a) auf Basis des Strategiepapiers „Bildung in der digitalen Welt" (KMK 2016) sowie die verstärkte Integration beider Aspekte in aktuellen (überarbeiteten) Fassungen bundeslandspezifischer Curricula (z. B. MSB NRW 2019b, 3 und 8-9) zu erwähnen.

Legt man nun den primären Fokus auf den Einbezug und die Förderung von Mehrsprachigkeit durch unterrichtliche Verfahren, kann es sich in Anlehnung an einige Forschende (vgl. z.B. Nárosy 2015, 142-149; Rösler 2019, 245-246; Woerfel 2020, 1-3) als gewinnbringend erweisen, diese einer zeitgemäßen Kombination mit digitalen Medien zu unterziehen. In diesem Sinne können digitale Medien – hier verstanden als „alle elektronischen Medien, die auf der Basis digitaler Informations- und Kommunikationstechnologien arbeiten" (Grünewald 2017, 227), – zahlreiche Potenziale für eine mehrsprachigkeitsorientierte Unterrichtsgestaltung bieten:

1. Digitale Medien können unkompliziert einen schnellen sowie zeit- und ortsunabhängigen Kontakt zu Individuen verschiedener Sprachen und Kulturen ermöglichen und so zu einer zielgerichteten Aktivierung des individuellen mehrsprachigen Repertoires im Rahmen authentischer (digitaler) Kommunikationssituationen beitragen (vgl. Nárosy 2015, 142-149; Rösler 2019, 246; Haberland 2022, 32-33).
2. Digitale Medien bieten die Möglichkeit, auf einfache Weise auf mehrsprachige authentische Texte (z. B. Gedichte, Lieder, Podcasts, Videos) zuzugreifen, sodass das individuelle mehrsprachige Repertoire zielgerichtet zum Verstehen und Deuten kultureller Produkte eingesetzt und ein Beitrag zur mehrsprachigen und mehrkulturellen Identitätsfindung geleistet werden kann (vgl. Wiater 2006, 60-69; Haberland 2022, 33-34).[1]
3. Digitale Medien können eine ortsunabhängige und autonomiefördernde sprachliche Differenzierung unter Einbezug von individuellen Schul- und Herkunftssprachen vereinfachen (z. B. durch Online-Wörterbücher, Paralleltexte in Schul- und Herkunftssprachen oder Apps mit Rückmeldefunktion) sowie eine klasseninterne kooperative oder kollaborative sprachenübergreifende Zusammenarbeit unterstützen (vgl. Falk 2015, 18-19;

---

[1] Z. B. durch die Auseinandersetzung mit (multimodalen) Texten mehrsprachiger Autor*innen, welche beispielsweise sprachbedingte Identitätskonflikte thematisieren (z.B. *Chicano*-Literatur).

Woerfel 2020, 4; Haberland 2022, 34-35).[2]
4. Digitale Medien ermöglichen es, analoge mehrsprachige Aufgabenformate multimedial aufzubereiten[3], um so verschiedenen Lern- und Wahrnehmungstypen gerecht zu werden sowie durch den Lebensweltbezug die Motivation zum (Mehr-)Sprachenlernen zu steigern (vgl. z. B. Herzig 2014, 13; Korb & Schwender 2019, 4; Schultze & Trapp o. J., 101; Haberland 2022, 35-36).

Trotz dieser Potenziale digitaler Medien für die Förderung von Mehrsprachigkeit weisen Kesper (2018, 247-268) sowie Rösler (2019, 245) darauf hin, dass die intensive Verknüpfung beider Aspekte in der Forschung noch eine Randerscheinung darstellt. Ebenso stellen Eibensteiner & Schlaak (2021, 177) heraus, dass es insbesondere an Arbeiten fehle, die sich mit den Potenzialen digitaler Medien für die Mehrsprachigkeitsförderung beschäftigen.[4] Um sich diesem Desiderat anzunehmen und aufzuzeigen, wie digitale Medien dienlich für die Förderung von Mehrsprachigkeit im schulischen Spanischunterricht eingesetzt werden können, soll der vorliegende Beitrag nach einem Blick auf die bildungspolitischen Forderungen sowie einer theoretischen Einführung in Mehrsprachigkeit, Mehrsprachigkeitsdidaktik und Plurale Ansätze zu Sprachen und Kulturen aufzeigen, wie eine zielgerichtete Verknüpfung von ausgewählten mehrsprachigkeitsdidaktischen Ansätzen und digitalen Medien konkret – unter Ausschöpfung der spezifischen Potenziale – realisiert werden kann. Um dies auch aus einer praktischen Perspektive zu veranschaulichen, wurden für den Beitrag drei Unterrichtsvorschläge angefertigt, die im Anhang zu dieser Publikation abgerufen werden können und in den Teilkapiteln 2.1, 2.2 und 2.3 kurz beschrieben werden.

---

[2] Z. B. durch mehrsprachige Recherchen oder sprachenübergreifende Informationszusammenstellungen zu unterrichtsrelevanten Themen mittels *Etherpads* oder Wikis.
[3] Z. B. Sprachenportraits unter Einbezug digitalisierter sprachenbiografischer Lernartefakte bereitstellen oder Wortserien unter Einbezug von Bildern und Audios darbieten.
[4] Die Autor*innen verweisen darauf, dass im Diskurs zahlreiche Publikationen zu finden sind, die Potenziale digitaler Medien für den allgemeinen Fremdsprachenunterricht thematisieren (z.B. Burwitz-Melzer et al. 2019; De Florio-Hansen 2020; Falk 2015, 2019). In Bezug auf die Kombination von Mehrsprachigkeit mit digitalen Medien lassen sich lediglich Tendenzen (z. B. in Form von mehrsprachigen Online-Plattformen oder sprachenübergreifen Sprachlernapps) erkennen (vgl. Eibensteiner & Schlaak 2021, 178).

2 Mehrsprachigkeit, Mehrsprachigkeitsdidaktik und Plurale Ansätze zu Sprachen und Kulturen

Der Einbezug und die Förderung lernendenseitiger Mehrsprachigkeit im Rahmen des Fremdsprachenunterrichts hat sich – bedingt durch die im Einführungsteil erwähnten gesellschaftlichen Veränderungen sowie entsprechende Reaktionen von Seiten der Bildungspolitik (vgl. z. B. Candelier et al. 2012; Europarat 2001/2018; KMK 2012; MSB NRW 2019b) – zu einer bedeutsamen Ausgangslage sowie einem anzustrebenden Lernziel entwickelt (vgl. z. B. Elsner 2011, 28). Demgemäß wird sich nunmehr von der Vorstellung abgegrenzt, Sprachen isoliert im Sinne eines monolingualen Habitus zu vermitteln und sprachenübergreifendes Lernen – trotz der offensichtlichen Synergieeffekte – vor allem als Fehlerquelle zu verstehen (vgl. z. B. Boeckmann 1997, 315-328; Gogolin 1994; Königs 2019, 41). Im Zuge dieses Paradigmenwechsels lässt sich im fremdsprachendidaktischen Diskurs eine Hinwendung zu sprachenvernetzenden Ansätzen und Mehrsprachigkeitsdidaktik beobachten, was aktuell an einschlägigen Publikationen zum Thema (vgl. z. B. Meißner & Fäcke 2019) sowie der Integration dieser Ansätze u. a. in neue Lehrwerksgenerationen (vgl. z. B. Bachert et al. 2018) zu erkennen ist. Um eine theoretische Grundlage für diesen Beitrag zu liefern, wird im Folgenden zunächst eine Definition diskursspezifischer Termini erfolgen sowie, damit einhergehend, ein kurzer Blick auf nationale und bundeslandspezifische bildungspolitische Forderungen im Bereich Mehrsprachigkeit geworfen.

2.1 Mehrsprachigkeit: Definition und bildungspolitische Forderungen

Der Terminus Mehrsprachigkeit ist durch starke Pluralität geprägt, sodass dieser in Anlehnung an Meißner & Fäcke (2019, 1) „sowohl ein[en] Dachbegriff oder *umbrella-term*, der unterschiedliche Konzepte und Referenzdokumente versammelt, als auch ein[en] Bewegungsbegriff, der Menschen auf ein Ziel hin mobilisiert", darstellen kann. Riehl (2014, 9) bezeichnet Mehrsprachigkeit gemäß dieser Pluralität als „verschiedene Formen von gesellschaftlich oder institutionell bedingtem und individuellem Gebrauch von mehr als einer[5] Sprache",

---

[5] Die für den Mehrsprachigkeitsbegriff determinierte Sprachenanzahl unterscheidet sich im Diskurs ebenfalls stark. Während einige Forschende ab einer Verfügbarkeit zweier Sprachen

wobei explizit darauf verwiesen wird, dass neben Nationalsprachen auch Regional-, Minderheiten- und Gebärdensprache sowie Sprachvarietäten und Dialekte unter dem Terminus subsumiert werden können (vgl. ebd.). Gemäß der angeführten Definition lässt sich zunächst folgern, dass sich der Mehrsprachigkeitsbegriff auf unterschiedliche Dimensionen und Domänen beziehen und in unterschiedlichsten Ausprägungen vorliegen kann und somit stets vom Kontext abhängig ist. Eine Ausdifferenzierung der Begrifflichkeit nach übergeordneten Formen könnte demnach zunächst wie folgt aussehen:

Formen der Mehrsprachigkeit

Institutionelle Mehrsprachigkeit, verstanden als die Verwendung verschiedener Sprachen in Institutionen/Organisationen (z. B. EU, Europarat, UNO).	**Gesellschaftliche Mehrsprachigkeit,** verstanden als die Koexistenz und der Gebrauch von zwei oder mehr Sprachen innerhalb einer Gesellschaft bzw. eines Staates (z. B. Schweiz).	**Individuelle Mehrsprachigkeit,** verstanden als Sprachkenntnisse und Spracherfahrungen eines Individuums in mehr als zwei Sprachen, die vernetzt im individuellen mehrsprachigen Repertoire gespeichert

Abb. 1: Formen der Mehrsprachigkeit, eigene Darstellung in Anlehnung an Bermejo Muñoz (2015, 35); Berthele (2010, 225-226); Europarat (2001, 17); Gogolin & Lüdi (2015, o. S.); Riehl (2014, 11-12)

Unter Bezugnahme auf den schulischen Fremdsprachenunterricht kommt besonders der individuellen Mehrsprachigkeit – also den Erst-, Zweit- und Fremdsprachen der Lernenden – eine zentrale Rolle zu, da diese als Ausgangsgrundlage für die Ausbildung zentraler Kompetenzen (vgl. KMK 2021, 22) und Ziel des Fremdsprachenunterrichts (vgl. ebd., 11) betrachtet wird. Individuelle Mehrsprachigkeit kann hierbei nochmals in zwei Unterformen gegliedert werden:

---

von Mehrsprachigkeit sprechen, verwenden andere diesen beim Vorhandensein von mehr als zwei Sprachen oder der Koexistenz mehrerer Varietäten. In diesem Beitrag soll der Mehrsprachigkeitsbegriff in Anlehnung an Riehl (2014) auf ein Vorhandensein von mehr als einer Sprache referieren und hierbei Erst-/Zweit- und Fremdsprachen, als primär unterrichtsrelevante Sprachen, fokussieren.

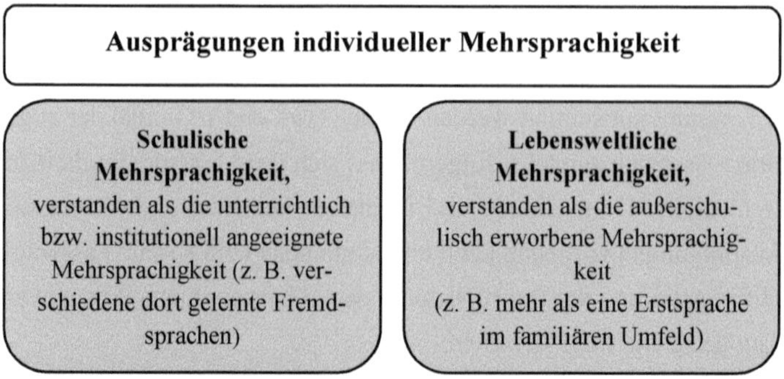

Ausprägungen individueller Mehrsprachigkeit

Schulische Mehrsprachigkeit, verstanden als die unterrichtlich bzw. institutionell angeeignete Mehrsprachigkeit (z. B. verschiedene dort gelernte Fremdsprachen)

Lebensweltliche Mehrsprachigkeit, verstanden als die außerschulisch erworbene Mehrsprachigkeit (z. B. mehr als eine Erstsprache im familiären Umfeld)

Abb. 2: Ausprägungen individueller Mehrsprachigkeit, eigene Darstellung in Anlehnung an Bermejo Muñoz (2014, 120-122); Gogolin & Lüdi (2015, o. S.).

Schulischer Fremdsprachenunterricht sollte laut aktueller bildungspolitischer Zielsetzungen intendieren, das gesamte mehrsprachige Repertoire der Lernenden – verstanden als individuumsbezogene und mental vernetzte Sammlung aller sprachlichen und sprachbezogenen Ressourcen (vgl. Berthele 2010, 226-227; Lüdi & Py 2009, 157) – in unterrichtliche Verfahren einzubeziehen (vgl. Elsner 2011, 28) und im Sinne der Förderung einer mehrsprachigen und plurikulturellen Kompetenz in rezeptiven und produktiven kommunikativen Situationen umzusetzen (vgl. Castellotti 2017, 165; Europarat 2018, 159-164). Dies impliziert, dass es schulische wie lebensweltliche Mehrsprachigkeit gleichermaßen zu berücksichtigen, wertzuschätzen und zu fördern gilt (siehe hierzu z. B. Bermejo Muñoz 2019, 2 und 103-111), was auch mit erneutem Blick auf die nationalen Bildungsstandards für die fortgeführte Fremdsprache (KMK 2012, 22) und die darin erfolgte Ausdifferenzierung „vorhandener Mehrsprachigkeit" deutlich wird:

> Die Schülerinnen und Schüler können ihre sprachlichen Kompetenzen und **ihre vorhandene Mehrsprachigkeit (Erstsprache, ggf. Zweitsprache, Fremdsprachen) selbstständig und reflektiert erweitern.** Dabei nutzen sie zielgerichtet ein breites Repertoire von Strategien und Techniken des reflexiven Sprachenlernens (ebd., Hervorhebungen SH).

Diese Zielsetzung lässt sich auch auf Bundeslandebene ausmachen, sodass z. B. der Kernlehrplan Spanisch für die Sekundarstufe I Gymnasium in Nordrhein-Westfalen hervorhebt, dass es im Spanischunterricht bei der Förderung von Sprachbewusstheit ein „individuelles Mehrsprachigkeitsprofil" aufzubauen gilt (MSB NRW 2019b, 14) bzw. auf Grundlage dessen sprachliche Kompetenzen selbstständig erweitert werden können (ebd., 22). Das benannte „Mehrsprachigkeitsprofil" soll letztlich mobilisiert werden, um Kommunikationsanlässe – auch digitaler Art[6] – bewältigen zu können, was im Kernlehrplan NRW durch folgenden Wortlaut repräsentiert wird:

> Die Schülerinnen und Schüler können **grundlegende Einsichten in die Struktur und den Gebrauch der spanischen Sprache sowie ihre Kenntnisse anderer Sprachen nutzen**, um mündliche und schriftliche **Kommunikationssituationen** weitgehend sicher zu bewältigen (MSB NRW 2019b, 23, Hervorhebungen SH).

Im Rahmen benannter Kommunikationssituationen kommen letztlich digitalen Medien eine wesentliche Rolle zu, da diese angesichts zunehmender Digitalisierung einen zentralen Stellenwert im gesellschaftlichen Alltag und im Kommunikationsverhalten der Schüler*innen einnehmen (vgl. z. B. KMK 2016, 11). Dies wird auch im Kernlehrplan NRW nochmals unterstrichen, indem geäußert wird, dass „das Lernen und Leben mit digitalen Medien zur Selbstverständlichkeit im Unterricht aller Fächer wird […] (MSB NRW 2019b, 3). Um dieser Realität im Rahmen der Förderung von Mehrsprachigkeit angemessen zu begegnen und die in Kapitel 1 genannten Potenziale digitaler Medien im mehrsprachigkeitssensiblen Fremdsprachenunterricht auszuschöpfen, soll im Folgenden aufgezeigt werden, wie ausgewählte digitale Medien die Implementierung mehrsprachigkeitsdidaktischer Ansätze bereichern können. Hierbei soll zunächst ein kurzer Blick auf den Terminus Mehrsprachigkeitsdidaktik geworfen werden, bevor im Detail Plurale Ansätze zu Sprachen und Kulturen als Ausgangspunkte für konkrete Aufgabenbeispiele präsentiert werden.

2.2 Mehrsprachigkeitsdidaktik und Plurale Ansätze zu Sprachen und Kulturen

Einem allgemeinen Verständnis folgend, versteht man unter Mehrsprachigkeitsdidaktik die durchgehende Integration lernendenseitiger Mehrsprachigkeit in den Fremdsprachenunterricht und deren Förderung durch die Implementierung sprachenübergreifender Ansätze. Ziel ist es hierbei, das Sprachenlernen zu

---

[6] Z. B. durch Beteiligung an „digital gestützten Gesprächssituationen" (MSB NRW 2019b, 25) oder der „Rezeption von analogen und digitalen Texten und Medien unter Berücksichtigung der jeweiligen Kommunikationssituation" (ebd., 30).

optimieren, Sprachenbewusstheit und Sprachlernkompetenz zu fördern sowie zur Wertschätzung der Sprachenvielfalt und zum Ausbau der Motivation für lebenslanges Sprachenlernen beizutragen (vgl. u. a. Hutterli & Stotz & Zappatore 2008, 21-22). Als relevante didaktische Verfahren, die die Implementierung von Mehrsprachigkeitsdidaktik ermöglichen, lassen sich in diesem Kontext die Pluralen Ansätze zu Sprachen und Kulturen hervorheben, welche, basierend auf dem individuellen mehrsprachigen Repertoire der Lernenden, den Aufbau einer mehrsprachigen und plurikulturellen Kompetenz intendieren und von Candelier et al. (2009, 5) wie folgt definiert werden:

> Das Konzept ‚*Plurale Ansätze zu Sprachen und Kulturen*' meint sprachenübergreifende Lehr- und Lernverfahren, die **mehrere** Sprachen bzw. sprachliche Varietäten und/oder Kulturen sowie einen übergreifenden Kompetenzbegriff einbeziehen. Seine Komponenten sind überwiegend nicht nur beim Erlernen einer einzelnen bestimmten Sprache von Nutzen, sondern beim Erlernen unterschiedlicher Sprachen. Den Pluralen Ansätzen stehen einzelzielsprachliche Konzepte gegenüber. Diese fokussieren auf **nur eine einzige** Zielsprache und/oder auf **eine** bestimmte Zielkultur (Hervorhebungen im Original).

Diese sprachen- und kulturenübergreifenden Lehr-Lernverfahren, welche das Gegenstück zu einer rein monolingualen Spracheninstruktion bilden, lassen sich ihrerseits in vier Ansätze untergliedern:

Ansatz	Beschreibung	Zielsetzung
Éveil aux langues (el *despertar a las lenguas*)	Lehr-/Lernaktivitäten, die Sprachen einschließen, die traditionell nicht schulisch erworben wurden (Herkunftssprachen, Varietäten etc.)	Sensibilisierung für Sprachenvielfalt, Förderung der Sprach(en)bewusstheit
Integrierte Sprachendidaktik (*la didáctica integrada de las lenguas*)	Lehr-/Lernaktivitäten, die eine begrenzte Anzahl von Sprachen (z. B. Schulfremdsprachen) fokussieren	Herstellung von Verbindungen zwischen Sprachen zur Festigung sowie zum Ausbau neuer und bekannter Sprachen, Förderung der Sprachlernkompetenz
Interkomprehension (*la intercomprensión entre lenguas de la misma familia*)	Lehr-/Lernaktivitäten, bei denen zwei oder mehr verwandte Sprachen parallel erworben werden oder eine Zielsprache unter Rückgriff auf vorhandenes sprachliches Wissen aus nahverwandten Sprachen (rezeptiv) erworben wird	Ökonomisierung des Sprachenlernens, Förderung der Sprach(en)bewusstheit sowie der Sprachlernkompetenz

Interkulturelles Lernen (el enfoque intercultural)	Lehr-/Lernaktivitäten, innerhalb derer ausgehend von kulturellen Phänomenen die Deutung und das Verstehen ebendieser intendiert wird	Förderung interkultureller kommunikativer Kompetenz

Tab. 1: Plurale Ansätze zu Sprachen und Kulturen, eigene Darstellung in Anlehnung an Candelier et al. (2012)

Die dargelegten Ansätze formen die zentrale Grundlage des „Referenzrahmens für Plurale Ansätze zu Sprachen und Kulturen (RePA)", welcher konkrete Deskriptoren zu deren unterrichtlichen Implementierung in den Bereichen Wissen, Einstellungen und Haltungen und Fertigkeiten liefert (vgl. ebd.). Unter Einbezug ausgewählter Deskriptoren des RePA werden im Folgenden die drei **sprach**bezogenen Pluralen Ansätze „*Éveil aux langues*", „Integrierte Sprachendidaktik" und „Interkomprehension" als Ausgangspunkte herangezogen, um in drei unterrichtspraktischen Beispielen aufzuzeigen, wie eine Förderung individueller Mehrsprachigkeit unter zielgerichtetem Einsatz digitaler Medien realisiert werden kann. „Interkulturelles Lernen" wird dabei stets integrativ berücksichtigt, aber aufgrund seiner primär inhaltlichen Ausrichtung im vorliegenden Beitrag nicht separat behandelt. Die konzipierten Unterrichtsvorschläge vereinen jeweils einen ausgewählten Pluralen Ansatz mit dienlichen digitalen Anwendungen und stellen Lehrkräften neben relevanten einführenden Informationen (fokussierte Sprachen, Themenbereiche, Kompetenzen, Lernziele, Material/Medien) Arbeitsblätter (AB) bereit, die direkt für den Unterricht einsetzbar oder adaptierbar sind. Die unterrichtspraktischen Beispiele wurden in ein Gesamtdokument zusammengetragen und können online abgerufen werden:

Unterrichtsvorschläge zum Download:
1. *Éveil aux langues* und *Multilingual Digital Storytelling* (S. 1-6)
2. „Integrierte Sprachendidaktik" und Apps (S. 7-9)
3. „Interkomprehension" und Wikis (S. 10-17)

Tab. 2: Unterrichtsvorschläge zum Download, eigene Darstellung

Nachfolgend soll es zu einer Beschreibung der einzelnen Vorschläge kommen und Potenziale der gewählten digitalen Anwendungen für die Förderung von Mehrsprachigkeit unter Rückbezug auf den „RePA" (Candelier et al. 2012), das

KMK Strategiepapier „Bildung in der digitalen Welt" (KMK 2016) sowie den „Medienkompetenzrahmen NRW" (MSB NRW 2019a) herausgestellt werden.

3 Mehrsprachigkeitsdidaktische Ansätze und digitale Medien zielgerichtet kombinieren

3.1 *Éveil aux langues* und *Multilingual Digital Storytelling*

Um sich dem Terminus des *Multilingual Digital Storytelling* anzunähern, erweist es sich als dienlich, zunächst den Begriff *Digital Story* zu klären (vgl. auch Wengler in diesem Band):

> *Digital Stories* verbinden die uralte, universelle Praxis des Erzählens mit den multimedialen Darstellungsmöglichkeiten des digitalen Zeitalters. Eine in eigener Stimme erzählte, kurze Geschichte wird aufgenommen und durch Bilder sowie unterlegte Musik zur eindrucksvollen Präsentation [...] (Schultze & Trapp o. J., 101).

Erweitert man diese Darlegung um die mehrsprachige Komponente, so bildet die individuelle Mehrsprachigkeit der Erzählenden den zentralen Ankerpunkt von *Multilingual Digital Stories*. Die individuelle Mehrsprachigkeit kann hierbei sowohl die inhaltliche Thematik (z. B. in Form einer Geschichte über die eigene Mehrsprachigkeit oder einzelne Sprachen) als auch die vorrangige versprachlichte Präsentationsform darstellen (z. B. durch Sprachmischungen bzw. *Code-Switching* im Rahmen der digitalen Erzählung) (vgl. z. B. ebd., 100 f.). Die simultane Umsetzung beider Aspekte wird durch das folgende Beispielvideo illustriert, innerhalb dessen eine Erzählende mit Erstsprache Rumänisch ihre Sprachenbiografie unter Verwendung verschiedener Sprachen darlegt und die Bedeutung der Einzelsprachen für ihren persönlichen Werdegang hervorhebt:

Beispiel: Lavinias Sprachenbiografie in Form einer videobasierten *Multilingual Digital Story*
- **Erstsprache:** Rumänisch
- **verwendete Sprachen:** Rumänisch, Englisch, Französisch, Deutsch
- **inhaltlicher Fokus:** Bedeutung der Einzelsprachen im Rahmen der individuellen Biografie

---

Tab. 3: Beispiel für eine *Multilingual Digital Story*, eigene Darstellung

Wie das Beispielvideo verdeutlicht, kann das schüler*innenorientierte *Multilingual Digital Storytelling* authentische Sprechanlässe im geschützten Raum sowie das Sicht- und Hörbarmachen des individuellen Mehrsprachigkeitsprofils unter Einbezug der oftmals weniger berücksichtigten herkunftsbedingten Mehrsprachigkeit ermöglichen (vgl. z. B. Anderson 2016, 147 f.; Schultze & Trapp o. J., 100 f.). Die Arbeit mit *Multilingual Digital Stories* sowie die klasseninterne Veröffentlichung der Einzelprodukte kann so die Sprachenvielfalt des mehrsprachigen Klassenzimmers in einer multimedialen und mehrkanaligen Ausprägung offenlegen, für in der Lerngruppe vorhandene (Herkunfts-)Sprachen sensibilisieren und in diesem Sinne, nebst rezeptiver und produktiver funktional kommunikativer Kompetenz, die Sprach(en)bewusstheit der Schüler*innen fördern. Überdies erleben die Erzählenden durch die Darlegung der eigenen Geschichte und die Verwendung ihrer Sprachen eine gewisse Selbstwirksamkeit (vgl. Anderson 2016, 147 f.; Schultze & Trapp o. J., 101), sodass – im Sinne des Pluralen Ansatzes „*Éveil aux langues*" – an dieser Stelle ein Grundstein für den unterrichtsbegleitenden Einbezug der individuellen Mehrsprachigkeit und die Wertschätzung von Herkunftssprachen gelegt werden kann.

Unter Anwendung des bereitgestellten Unterrichtsvorschlags (siehe Aufgabenbeispiel 1, S. 1-6), kann dies im Unterricht folgendermaßen angeleitet werden: In Anknüpfung an die Thematik „sich vorstellen", wie sie z. B. in den Einführungskapiteln einiger Lehrwerke behandelt wird (vgl. z. B. Görrissen et al. 2005, 6), recherchieren die Schüler*innen als vorbereitende (noch nicht mehrsprachige) Aufgabe unter Anwendung von A 1.1 zunächst die Bedeutung, Herkunft sowie den Stellenwert ihres eigenen Vornamens und beantworten dabei folgende Leitfragen stichpunktartig in deutscher oder spanischer Sprache:[7]

- Wo kommt dein Name her? Gibt es andere Formen in anderen Sprachen? (z. B. Franz – François – Francisco)
- Hat der Name eine Bedeutung? Wenn ja, welche? Passt die Bedeutung zu deiner Persönlichkeit?
- Welche Bedeutung hat der Name für dich, deine Eltern und deine Familie?
- Magst du deinen Namen? Warum (nicht)?

Basierend auf den gewonnenen Erkenntnissen über den eigenen Namen verfassen die Schüler*innen als erste Vorarbeit für ihre *Multilingual Digital Story* schließlich einen Kurztext über ihren Vornamen auf Spanisch und veröffentlichen diesen

---

[7] Die Sprache kann hier je nach Differenzierungsbedarf und Sprachniveau angepasst werden.

in ihrem individuellen Lernblog (beispielsweise mit Hilfe von www.blogger.com oder https://education.weebly.com/), der nur mit der Klasse geteilt wird. Das Spanische wird hier zunächst als Schriftsprache gewählt, um die Zielsprache innerhalb der mehrsprachigkeitsorientierten Aktivität nicht außer Acht zu lassen. Überdies könnte der Text ein erstes Element eines zielsprachigen Scripts[8] darstellen, welches den Mitlernenden bei Verständnisproblemen (bspw. bei Äußerungen in Herkunftssprachen) unterstützend bereitgestellt wird. Beim Veröffentlichen des Textes auf dem individuellen Blog, können die Lernenden auch passende Grafiken, Lieder, Links, Audiospuren etc. hinzufügen, die auch für die später realisierte *Multilingual Digital Story* herangezogen werden können. Sobald der individuelle Blogeintrag fertiggestellt ist, wird dieser einer*einem Partner*in vorgestellt und gemeinsam reflektiert, welche neuen Erkenntnisse über die eigene (sprachliche) Identität durch Bearbeitung der Aufgabe gewonnen wurden. Da hier der Reflexionsprozess ungehindert stattfinden soll, können die Schüler*innen entscheiden, ob sie diese Reflexion in deutscher oder spanischer Sprache vollziehen möchten. Nachdem sich die Lernenden mit ihrem Namen, dessen Ausprägungen in anderen Sprachen sowie dessen Bedeutung(en) – also einem relevanten Aspekt ihrer eigenen Biografie – beschäftigt haben, widmen sie sich darauf aufbauend der sprachenbiografischen Arbeit, indem sie, z.B. anhand einer Sprachenschablone (vgl. Krumm 2010), zunächst ein analoges oder digitales Sprachenportrait anfertigen, welches sie dann im Rahmen ihres Blogs in einer oder mehreren Sprachen ihrer Wahl beschreiben. Dafür wird AB 1.2 eingesetzt. Die Lernenden werden nach Fertigstellung in Kleingruppen eingeteilt und erhalten die Aufgabe, sich die Blogeinträge der Gruppenmitglieder in Form eines digitalen *Gallery Walks* anzuschauen und Rückmeldungen in Bezug auf einen bestimmten Schwerpunkt (z. B. Inhalt, sprachliche Korrektheit, Darstellungsweise etc.) mit Hilfe von Kommentaren oder Likes[9] zu geben. Diese schriftbasierte Vorarbeit soll schließlich dafür

---

[8] Bei der Rezeption von herkunftssprachlichen Produkten bietet es sich an, den anderen Lernenden ein Script in der Ziel- oder Instruktionssprache bereitzustellen, damit die präsentierten Inhalte verstanden werden. Dieses Script könnte von dem vortragenden Lernenden selbst oder von der Lehrkraft unter Zuhilfenahme von Expert*innen oder verlässlichen Übersetzungsprogrammen (z. B. DeepL) bereitgestellt werden.

[9] *Padlet* stellt u. a. die Funktion bereit, auf veröffentlichte Beiträge mit „Gefällt mir" zu reagieren.

genutzt werden, um eine videobasierte *Multilingual Digital Story* unter Implementierung von AB 1.3 zu erarbeiten. Hierbei sollen die Schüler*innen davon ausgehen, sich ihrer (noch neuen) Lerngruppe[10] vorzustellen und dabei Informationen über ihren Namen und dessen Herkunft, die von ihnen beherrschten Sprachen sowie deren Stellenwert selbst zu geben. Hierbei kann ein Beispielvideo (siehe z. B. Tabelle 3) als Vorlage dienen und den Lernenden vorab gezeigt werden. In welchen Sprachen die Geschichte erzählt wird, ist ihnen freigestellt, wobei die Verwendung von mindestens zwei Sprachen vorgegeben werden sollte. Sprachmischungen sind ebenfalls willkommen. Auch sollten die Schüler*innen dazu motiviert werden, die in der Schrifttextvariante verwendeten Lieder, Illustrationen etc. in ihre Erzählung zu integrieren, um diese möglichst anschaulich zu gestalten. Die Planung und Produktion der videobasierten *Multilingual Digital Story* wird durch Fragestellungen in drei Phasen (*antes de la producción, durante la producción, después de la producción*) begleitet, welche auf den bereitgestellten AB 1.3 konsultiert werden können. Die Endprodukte sollen schließlich im Klassenkontext vorgestellt werden und können basierend auf einer konkreten Beobachtungsaufgabe digital von den Mitschüler*innen bewertet werden. Die fertigen *Multilingual Digital Stories* können nach Fertigstellung ebenfalls für alle sichtbar auf dem gemeinsamen Klassenblog geteilt werden.

Durch die im Rahmen der Aufgabe beschriebenen Abläufe können die Schüler*innen unter Rückbezug auf den RePA dazu befähigt werden, „mit anderen über bestimmte Aspekte der eigenen Sprache, der eigenen Kultur, anderer Sprachen oder anderer Kulturen [zu] sprechen" bzw. „[a]nderen bestimmte Aspekte der eigenen Sprache, der eigenen Kultur, anderer Sprachen oder anderer Kulturen [zu] erklären" (Candelier et al. 2012, S4).[11] In diesem Sinne können die Schüler*innen eine „Sensibilität für die Existenz anderer Sprachen, Kulturen und Personen oder für die Vielfalt von Sprachen, Kulturen und Menschen" (ebd., A2)

---

[10] Es bietet sich an, diese Aktivität in einer neu zusammengesetzten Lerngruppe auszuführen, damit sich die Schüler*innen mit Hilfe der Aktivität besser kennenlernen und direkt zu Beginn mit der gruppeninhärenten Sprachenvielfalt konfrontiert werden.

[11] Im Rahmen dieser Quellenangaben wird sich auf Deskriptoren des RePA in den Bereichen Wissen (K), Einstellungen und Haltungen (A) sowie Fertigkeiten (S) bezogen.

entwickeln sowie durch die Rezeption der *Multilingual Digital Stories* der Mitschüler*innen bestenfalls eine „[p]ositive Akzeptanz der sprachlichen oder kulturellen Vielfalt des Anderen oder des Fremden" (ebd., A4). Durch die digitalen Medien gestützt, erhalten die Lernenden somit einen mehrkanaligen Einblick in den Klang, die Verwendung und den Stellenwert der in der Klasse inhärenten Sprachen, was analoge Formate meist nur in visueller bzw. schriftbasierter Form gewährleisten können. Mittels der eigenständigen Erstellung eines Blogs sowie der Planung und Umsetzung eines Videos wird integrativ zur individuellen Mehrsprachigkeit auch die Medienkompetenz der Schüler*innen in den durch das eingangs erwähnte Strategiepapier „Bildung in der digitalen Welt" (KMK 2016) definierten Bereichen „Produzieren und Präsentieren" gefördert. Dies erfolgt, indem die Lernenden das Video „planen und in verschiedenen Formaten gestalten, präsentieren, veröffentlichen oder teilen" (KMK 2016, 3.1.2)[12] und dafür „Inhalte in verschiedenen Formaten bearbeiten [und] zusammenführen" (ebd., 3.2.1).

3.2 „Integrierte Sprachendidaktik" und Apps

Als Lern-App lässt sich eine digitale Anwendung definieren, welche spezifische Lerninhalte zum mobilen Zugriff bereitstellt (vgl. Falk 2015, 15-21; Pursche & Gerschner 2018, 138). Im Sinne des mobilen Lernens kann diese auf verschiedenen Endgeräten wie z. B. Smartphones, Tablets oder Computern verwendet werden und eignet sich, auch aufgrund der häufig integrierten pädagogischen Rückmeldefunktion, für autonomes und ortsunabhängiges Sprachenlernen und eine damit einhergehende aktive rezeptive und produktive Sprachanwendung und Kompetenzförderung (vgl. z. B. ebd., 28). Die eingangs thematisierte Hinwendung zur Mehrsprachigkeit lässt sich auch in der aktuellen Ausgestaltung von Lern-Apps ausmachen, sodass sich in gängigen *App-Stores* zahlreiche Anwendungen finden, die beispielsweise zur sprachenübergreifenden Förderung funktional kommunikativer Kompetenz oder sprachlicher Mittel im Rahmen unterrichtlicher Verfahren für alle angewendet oder zur Differenzierung bereitgestellt werden können.[13]

---

[12] Hier werden die Deskriptoren des Strategiepapiers der KMK zur Zitation verwendet.
[13] Z. B. *ZUMPad* zum (mehrsprachigen) kollaborativen Schreiben, *Polylino* zur Förderung des Leseverstehens in verschiedenen Sprachen, *Romanica* zur sprachenübergreifenden Förderung der Lexik.

Auch besteht für Lehrkräfte und Lernende die Möglichkeit, eigene (mehrsprachige) Minianwendungen für spezifische Lernsituationen unter Einbezug verschiedener Sprachen zu entwickeln, wobei sich exemplarisch *LearningApps* (www.learningapps.org) als dienlich hervorheben lässt.[14]

Im Kontext der Implementierung der „Integrativen Sprachendidaktik" könnte das letztgenannte Onlineangebot beispielsweise dazu genutzt werden, um im Spanischunterricht Sprachenvergleiche zwischen Schulfremdsprachen, z. B. in Bezug auf sprachliche Mittel, spielerisch sowie unter Einbezug visueller und auditiver Reize (Ansprache verschiedener Lern- und Wahrnehmungstypen) zu vertiefen, sodass es zu einer mehrkanaligen Anwendung, Festigung sowie zum Ausbau neuer und bereits bekannter Vokabeln oder grammatischer Strukturen kommen kann (vgl. Candelier 2012, o. S.; Karagiannakis 2017, 461-475). Dies kann unter Rückbezug auf *LearningApps* unter Anwendung des Formats „Paare zuordnen" beispielhaft wie folgt realisiert werden:

Selbsterstellte Minianwendung zur sprachenübergreifenden Festigung von Wortschatz • **digitale Anwendung:** www.learningapps.org • **fokussierte Sprachen:** Englisch, Französisch Spanisch • **Format:** Paare zuordnen	

Tab. 4: Beispiel für eine selbsterstellte Minianwendung, eigene Darstellung

Durch die inhaltlich flexible Ausgestaltung sowie die Möglichkeit, auf zahlreiche Vorlagen zurückzugreifen, bietet die thematisierte browserbasierte Anwendung in besonderem Maße die Möglichkeit, an die schulische Mehrsprachigkeit der Schüler*innen anzuknüpfen und Lernbausteine für den jeweiligen Unterrichtskontext unter Einbezug ausgewählter Schulfremdsprachen zu gestalten bzw. von den Schüler*innen nach dem von Martin (1986) entwickelten Prinzip „Lernen durch Lehren" (vgl. z. B. Sommerfeldt 2011, 105) gestaltet zu lassen (vgl. z. B. ÖSZ 2018, 12 f.).

Bei Anwendung des Unterrichtsvorschlages 2 (siehe S. 7-9) bietet es sich dabei an, die dargebotenen Aktivitäten in einen (mehrsprachigen) kommunikativen

---

[14] Überdies könnte *Quizlet* (www.quizlet.com) dienlich zur individuellen Erarbeitung von (mehrsprachigen) Vokabelkarteikarten genutzt werden.

Handlungsrahmen einzubetten und – ausgehend von einem situationsrelevanten zielsprachigen Text oder einer thematischen Wortsammlung (vgl. z. B. Ainciburu et al. 2010, 272) – für die Kommunikation dienliches Vokabular in der Zielsprache erarbeiten zu lassen. Daran anknüpfend kann nun im Sinne der „Integrativen Sprachendidaktik" eine Verbindung zu vorgelernten Sprachen hergestellt werden. In einer einführenden Aufgabe soll unter Anwendung von AB 2.1 das erarbeitete spanische Vokabular zunächst in ein bereitgestelltes mehrsprachiges Wörterbuch eingetragen und mit Entsprechungen in bekannten Schulfremdsprachen versehen werden.[15] Durch eine Aufgabenstellung initiiert, sollen die eingetragenen Lexeme anschließend einem Vergleich auf semantischer und sprachstruktureller Ebene unterzogen werden, indem Ähnlichkeiten und Unterschiede markiert und in einem Textfeld schriftlich, auch in Hinblick auf zukünftige Sprachlernaktivitäten in der Zielsprache, reflektiert werden. Nach der sprachenübergreifenden Erarbeitung der Lexik soll diese nun mit Hilfe einer von der Lehrkraft vorgefertigten Anwendung – z. B. per www.learningapps.org oder www.quizlet.com – wiederholt bzw. gefestigt werden. Hier könnte beispielsweise ein mehrsprachiges Zuordnungsspiel (siehe Beispiel Tabelle 4) gestaltet werden, bei dem die Schüler*innen die neuen spanischen Lexeme nochmals mit Entsprechungen in vorgelernten Schulfremdsprachen zusammenführen. Dabei können auch visuelle und auditive Reize (z. B. Illustrationen und Audiospuren) eingebunden werden, um verschiedene Lern- und Wahrnehmungstypen anzusprechen. In einem nächsten Schritt wäre es denkbar, die Schüler*innen selbst (ggf. in Gruppenarbeit) eine solche Minianwendung mit Hilfe des Smartphones konzipieren zu lassen und diese ihren Mitschüler*innen per Link oder QR-Code zur Verfügung zu stellen. In diesem Sinne können sie das spanische Vokabular erneut nach dem „Lernen durch Lehren-Prinzip" wiederholen und dieses mit ihren präferierten Schulfremdsprachen (oder Herkunftssprachen) verknüpfen. Nachdem die erstellten Minianwendungen im Klassenkontext erprobt wurden, bietet es sich an, die sprachenübergreifende Vokabelarbeit unter Einbezug von Apps reflektieren zu lassen und die Sinnhaftigkeit des gewählten Vorgehens für das weitere Sprachenlernen in Anlehnung an die auf dem AB be-

---

[15] Es besteht auch die Möglichkeit, in der letzten Tabellenspalte andere Sprachen (z. B. Herkunftssprachen) einzubringen.

reitgestellte Reflexionsaufgabe zu verschriftlichen. Im Anschluss sollte es zu einer thematisch passenden Anwendung der sprachlichen Mittel in einem kommunikativen Kontext im Sinne einer *tarea final*[16] kommen.

Unter Rückbezug auf den RePA können die thematisierten Handlungen gemäß der „Integrierten Sprachendidaktik" dazu beitragen, „Ähnlichkeiten und Unterschiede zwischen Sprachen oder Kulturen durch Beobachtung, Analyse oder Identifikation heraus[zu]arbeiten [...]" (Candelier et al. 2012, S.3.1.1) und z. B. grafische und lexikalische Nähe in Bezug auf die zielsprachigen Wörter wahrzunehmen (vgl. ebd., S.3.3/S.3.4). Die aufgabeninhärenten Reflexionen können die Schüler*innen zudem bestenfalls zu der Erkenntnis führen, dass sie „[d]ie in einer Sprache verfügbaren Kenntnisse und Fertigkeiten für Handlungen des Sprachverstehens oder der Sprachproduktion in einer anderen Sprache nutzen können" (ebd., S5). Durch die Arbeit mit webbasierten Übungen werden die Schüler*innen ferner in ihrer Medienkompetenz gestärkt, indem sie z. B. lernen, „digitale Werkzeuge bedarfsgerecht einzusetzen, diese zum persönlichen Gebrauch anzupassen und passende Werkzeuge zum Lernen, Arbeiten und Problemlösen zu finden, zu bewerten und zu nutzen" (KMK 2016, 5.2.), sodass sich auch in diesem Falle die Förderung von Mehrsprachigkeit unter Einbezug digitaler Medien als profitabel erweisen kann.

3.3 „Interkomprehension" und Wiki

Auch Wikis können für die Förderung von Mehrsprachigkeit von Vorteil sein. Unter einem Wiki versteht man in Anlehnung an Grünewald (2017, 238-240) zunächst eine Webseite bzw. eine Sammlung verlinkter Seiten, welche über das Internet rezipiert, modifiziert und ergänzt werden kann, mit dem Ziel, schnell und einfach Informationen bereitzustellen oder einen Zugang zu diesen zu bekommen. In diesem Kontext lässt sich Wikipedia wohl als prominentestes Beispiel anführen[17], welches laut JIM-Studie 2020 von Jugendlichen nach Suchmaschinen und

---

[16] Im weiteren Verlauf des Beitrags wird nicht näher auf das Prinzip der Aufgabenorientierung eingegangen. Zur vertiefenden Lektüre könnte beispielsweise Ellis (2010) konsultiert werden.
[17] Das Internet stellt aber auch weitere Wikis, Plattformen und Portale bereit, welche authentische Grundlagentexte für rezeptive interkomprehensive Unterrichtsaktivitäten bieten, z. B. http://www.eurocomprehension.de/.

YouTube am dritthäufigsten zur Informationsentnahme genutzt wird (vgl. mpfs 2020, 50-52). Aufgrund der anonymen Autor*innenschaft sowie der damit verbundenen Schwierigkeit, die Verlässlichkeit und sprachliche Korrektheit der Quellen festzustellen, gerät das Format jedoch häufig in Kritik, sodass Lehrkräfte bei dessen Verwendung stets die Zuverlässigkeit der zu rezipierenden Einträge prüfen und den Schüler*innen vermitteln sollten, dass Wikipedia als Ausgangspunkt, nicht jedoch als alleinige Grundlage für eine Recherche genutzt werden kann (vgl. Grünewald 2017, 240).

Als besonders vorteilhaft lässt sich in Anbetracht der Förderung individueller Mehrsprachigkeit jedoch herausstellen, dass Wikipedia eine Bandbreite von Texten bereithält, die zielkulturelle Informationen unter authentischer Sprachverwendung transportieren und in 320 Sprachversionen rezipiert werden können (vgl. Wikipedia 2023), wobei die dargebotenen Informationen in den Einzelsprachen mehr oder weniger umfänglich sein und Aspekte unterschiedlich stark fokussieren können (vgl. Rösler 2019, 246). Bei unterrichtlicher Anwendung des Pluralen Ansatzes „Interkomprehension" könnte das durch Wikipedia bereitgestellte Textmaterial als Grundlage für die rezeptive Erarbeitung unterrichtsrelevanter Informationen sowohl in der Zielsprache als auch in nahverwandten Sprachen herangezogen werden, sodass verschiedene und ggf. auch umfänglichere Perspektiven auf eine spezifische Thematik (z. B. durch Rezeption des umfänglicheren katalanischen Eintrages über die katalanische Sprache) einbezogen werden können. Die textuell initiierte Arbeit mit nahverwandten Sprachen kann auch die Förderung der Sprachlernkompetenz bereichern, indem z. B. sprachliche Strukturen oder textsortenspezifische Merkmale unter Rückgriff auf vorhandenes sprachliches Wissen interkomprehensiv erarbeitet sowie Textverstehensstrategien im Interkomprehensionsprozess eruiert und für den Zielsprachenerwerb reflektiert werden (vgl. Candelier et al. 2012).

Neben der Rezeption vorhandener Wikis eignet sich das zugrundeliegende Format ebenfalls für interproduktive Arbeiten im Fremdsprachenunterricht (vgl. z. B. Tesch 2019, 405-407). Hierbei kann die Anwendung *ZUMpad*[18] genutzt werden

---

[18] *ZUMPad* ist eine kostenlose browserbasierte Anwendung, welche auf Computern, Tablets und Smartphones mit Internetverbindung gleichermaßen angewendet werden kann. Mit Hilfe eines Weblinks kann der Zugriff für eine ausgewählte Gruppe gewährleistet werden (vgl. ÖSZ

(www.zumpad.de), um basierend auf Interkomprehension im Klassenverband kollaborativ Texte in nahverwandten Sprachen (oder ausgewählten Schul- und Herkunftssprachen) zu erstellen (z. B. nach Prinzipien des mehrsprachigen diagnostischen Schreibens (vgl. ebd.; Meißner 2008)).

Im Rahmen des exemplarisch konzipierten Aufgabenbeispiels (siehe Aufgabenbeispiel 3, S. 10-17) wird die digitale Anwendung Wiki als Ausgangspunkt herangezogen, um zunächst interkomprehensiv Informationen zu den Sprachen Galizisch und Katalanisch zu erarbeiten und diese daraufhin produktiv in einem eigenen Wiki umzusetzen, damit gemäß des fokussierten Pluralen Ansatzes neben funktional kommunikativer Kompetenz und interkultureller kommunikativer Kompetenz die Sprachlernkompetenz (Fokus: Lesestrategien; Scheib-/Kompositionsstrategien, Transfer) der Schüler*innen gefördert wird. In einer einführenden Aufgabe auf AB 3.1 werden den Schüler*innen in Expert*innengruppen zunächst kurze Textausschnitte aus Wikipedia in galizischer (Gruppe 1) und katalanischer Sprache (Gruppe 2) zugeteilt, welche sie rezipieren sollen, um die wesentlichen Inhalte stichpunktartig auf Spanisch zusammenzufassen. Im Anschluss sollen die Schüler*innen all jene Lexeme unterstreichen, die sie mit Hilfe ihrer Brückensprachen verstehen, um diese unter Einbezug der Entsprechungen in ein mehrsprachiges Wörterbuch einzutragen. Darauffolgend sollen die notierten Lexeme bezüglich Form und Inhalt verglichen und die gemachten Entdeckungen auf Deutsch[19] schriftlich reflektiert werden. In einem nächsten Schritt sollen die Schüler*innen unter Anwendung von AB 3.2 in Gruppen (Einteilung erfolgte über die Interkomprehensionstexte) über die ihnen zugeteilten Sprachen (Galizisch oder Katalanisch) eine leitfragengestützte Internetrecherche durchführen, wobei der Fokus auf Wikipedia gelegt wird. Damit eine Bandbreite an Wikipediaeinträgen in möglichst vielen Sprachen konsultiert und die generierten Informationen in Hinblick auf verschiedene kulturelle Perspektiven und Darstellungsweisen verglichen werden können, wird zunächst in der Gruppe diskutiert, welche sprachlichen Ressourcen die einzelnen Lernenden in die Gruppenarbeit einbringen können und

---

2018, 44 f.).

[19] Die deutsche Sprache wird hier verwendet, um den Reflexionsprozess zu erleichtern.

jeder bzw. jedem Lernenden wird die Expert*innenrolle in einer Sprache[20] zugewiesen. Daraufhin erarbeiten die Schüler*innen unter Konsultation der ihnen zugeordneten Sprachversion des Wikipediaeintrages zunächst in Einzelarbeit die durch die Leitfragen geforderten Informationen, um diese anschließend mit den anderen Gruppenmitgliedern mündlich zu diskutieren und inhaltliche Gemeinsamkeiten und Unterschiede zu reflektieren. Daran anschließend sollen die Schüler*innen mittels der gesammelten Informationen einen Text auf Spanisch zu den Sprachen Galizisch oder Katalanisch verfassen, den sie kollaborativ in ein zuvor durch die Lehrkraft generiertes Klassenwiki (z. B. *ZUMpad*) einarbeiten. Nachfolgend wird den Lernenden die Aufgabe erteilt, die spanischsprachigen Texte der anderen Expert*innengruppen im Klassenwiki zu konsultieren und Informationen über die von ihnen nicht konsultierte Sprache leitfragenbasiert und stichpunktartig auf Spanisch zusammenzutragen.

Die beschriebenen Aktivitäten tragen in Anlehnung an den RePA im Bereich Mehrsprachigkeit dazu bei, dass die Schüler*innen „sprachliche Elemente [...] in mehr oder weniger vertrauten Sprachen [...] identifizieren (oder erkennen)" (Candelier et al. 2012, S3) bzw. „[s]prachliche oder kulturelle Phänomene verschiedener Sprachen oder Kulturen vergleichen" (ebd., S3) und im Rahmen der interkomprehensiven Aktivitäten „[d]ie in einer Sprache verfügbaren Kenntnisse und Fertigkeiten für Handlungen des Sprachverstehens oder der Sprachproduktion in einer anderen Sprache nutzen" (ebd., S5) können. Die autonome Recherche sowie die kollaborative Zusammenarbeit im Format Wiki fördert überdies die Medienkompetenz im Bereich „Informieren und Recherchieren" und „Zusammenarbeiten", indem die Schüler*innen beispielsweise „[t]hemenrelevante Informationen und Daten aus Medienangeboten filtern, strukturieren, umwandeln und aufbereiten (MSB NRW 2019a, 2.2) oder „digitale Werkzeuge für die Zusammenarbeit bei der Zusammenführung von Informationen, Daten und Ressourcen nutzen" (KMK 2016, 2.3.1.) und diese „bei der gemeinsamen Erarbeitung von Dokumenten" (ebd., 2.3.2.) anwenden.

---

[20] Hierunter können bekannte Sprachen aus den mehrsprachigen Repertoires der Schüler*innen fallen oder weitere dem Spanischen naheverwandte unbekannte Sprachen interkomprehensiv erschlossen werden. Es besteht die Möglichkeit, hier je nach Leistungsniveau zu differenzieren.

4 Fazit

Die dargebotenen theoretischen und praxisbezogenen Impulse intendieren aufzuzeigen, dass die Förderung individueller Mehrsprachigkeit durch Plurale Ansätze zu Sprachen und Kulturen im Spanischunterricht mittels des gezielten Einsatzes digitaler Medien bereichert werden kann. So bieten letztere u. a. die Chance, das individuelle mehrsprachige Repertoire der Schüler*innen in einer multimedialen und mehrkanaligen Form erfahrbar zu machen, individuelle sprachenübergreifende Lernstrategien zu erarbeiten und zu reflektieren sowie in einen realitätsnahen Dialog mit zielsprachigen und zielsprachenverwandten Texten zu treten und kulturelle Präsentationsformen spezifischer Inhalte zu vergleichen. In Anlehnung an das eingangs thematisierte Desiderat, Mehrsprachigkeit und digitale Medien stärker zusammenzudenken (vgl. Rösler 2019, 245), sei deshalb abschließend die Empfehlung ausgesprochen, das vielfältige Potenzial digitaler Medien für die Förderung von Mehrsprachigkeit im Rahmen des Unterrichtshandelns auszuschöpfen und Lernende so gleichermaßen auf ein Handeln in einer mehrsprachigen und digitalen Welt vorzubereiten.

	**Material didáctico para descargar / Didaktisches Material zum Herunterladen**
Descripción / Beschreibung	Das erste Aufgabenbeispiel leitet die Lernenden an, ein kurzes Video aufzunehmen, in dem sie sich vorstellen, die Bedeutung ihres Namens nennen und von ihrer Sprachlernbiografie erzählen. Bei Aufgabenbeispiel 2 wird mehrsprachige Wortschatzarbeit betrieben. Das dritte Aufgabenbeispiel fokussiert die Interkomprehension zwischen Spanisch und Galizisch oder Katalanisch. Alle Vorschläge regen den integrierten Einsatz digitaler Medien wie Tablets, Handys oder Apps wie ZUM-Pad an.
Título / Titel	Aufgabenbsp. 1: *Éveil aux langues* und *Multilingual Digital Storytelling*
	AB 1.1: Mein Vorname und dessen Bedeutung(en)
	AB 1.2: Meine Sprachlernbiografie

	AB 1.3: Meine *Multilingual Digital Story*
	Aufgabenbsp. 2: „Integrierte Sprachendidaktik" und Apps
	AB 2.1: Mehrsprachige Wortschatzarbeit mit Apps
	Aufgabenbsp. 3: „Interkomprehension" und Wikis
	AB 3.1: Expertengruppe 1: Interkomprehensives Verstehen eines katalanischen Textes und Expertengruppe 2: Interkomprehensives Verstehen eines galizischen Textes
	AB 3.2: Expert*innenrecherche auf Wikipedia
Acceso / Zugang	https://www.ibidem-verlag.de/pdf/1900/08.pdf

Bibliographie

AINCIBURU, María Cecilia et al. 2010. *Con dinámica. Competencias y estrategias.* Stuttgart: Klett.

ANDERSON, Jim. 2016. „Language learning, multilingual repertoires and identity", in: Anderson, Jim & Macleroy, Vicky. edd. *Multilingual Digital Storytelling. Engaging creatively and critically with literacy.* London [u.a.]: Routledge, 146-162.

BACHERT, Dorothea & JORIßEN, Catherine & LOOSE, Anne. 2018. *À plus! Méthode intensive 1. Schülerbuch.* Berlin: Cornelsen.

BERMEJO MUÑOZ, Sandra. 2014. „Implementierung schulischer und lebensweltlicher Mehrsprachigkeit in ein aufgabenorientiertes Unterrichtskonzept im Spanischunterricht der Sekundarstufe II", in: *Zeitschrift für Interkulturellen Fremdsprachenunterricht* 19/1, 119-137.

BERMEJO MUÑOZ, Sandra. 2015. „Entwicklung und Evaluation einer mehrsprachigkeitsberücksichtigenden Lehrerhandreichung für den Anfangsunterricht Spanisch der Sekundarstufe I", in: Grünewald, Andreas & Roviró, Bàrbara & Bermejo Muñoz, Sandra. edd. *Spanischunterricht weiterentwickeln, Perspektiven eröffnen.* Trier: WVT, 35-54.

BERMEJO MUÑOZ, Sandra. 2019. *Berücksichtigung schulischer und lebensweltlicher Mehrsprachigkeit im Spanischunterricht. Eine empirische Studie.* Trier: WVT.

BERTHELE, Raphael. 2010. „Mehrsprachigkeitskompetenz als dynamisches Repertoire – Vorüberlegungen zu einer integrierten Sprachendidaktik", in: Bitter Bättig, Franziska & Tanner, Albert. edd. *Sprachen lernen – durch Sprache lernen.* Zürich: Seismo, 225-239.

BURWITZ-MELZER, Eva et al. edd. 2019. *Das Lehren und Lernen von Fremd- und Zweitsprachen im digitalen Wandel: Arbeitspapiere der 39. Frühjahrskonferenz zur Erforschung des Fremdsprachenunterrichts.* Tübingen: Narr.

BOECKMANN, Klaus-Börge. 1997. „Multilingualität und Multikulturalität als Herausforderung für ein monozentrisches Selbstverständnis im Deutsch als Fremd- und Zweitsprache-Unterricht", in: *Jahrbuch Deutsch als Fremdsprache - Intercultural German Studies* 23, 315-328.

CANDELIER, Michel et al. 2009. *Referenzrahmen für Plurale Ansätze zu Sprachen und Kulturen.* Graz: Europäisches Fremdsprachenzentrum des Europarates. Online: https://archive.ecml.at/mtp2/publications/C4_RePA_090724_IDT.pdf (22.05.2023).

CANDELIER, Michel et al. 2012. *RePA – Referenzrahmen für plurale Ansätze zu Sprachen und Kulturen. REPA Deskriptoren.* Graz: Europäisches Fremdsprachenzentrum des Europarates. Online: https://carap.ecml.at/Descriptors/tabid/6525/language/de-DE/Default.aspx (22.05.2023).

CASTELLOTTI, Véronique. 2017. *Pour une didactique de l'appropriation. Diversité, compréhension, relation.* Paris: Éditions Didier.

DE FLORIO-HANSEN, Inez. 2020. *Digitalisierung, Künstliche Intelligenz und Robotik. Eine Einführung für Schule und Unterricht.* Münster [u.a.]: Waxmann.

EIBENSTEINER, Lukas & SCHLAAK, Claudia. 2021. „Potenziale der Digitalisierung für die Mehrsprachigkeitsdidaktik – von analogen zu digitalen Konzeptionen. Forschungen und Forschungsperspektiven aus der romanistischen Fremdsprachendidaktik", in: *Zeitschrift für Romanische Sprachen und ihre Didaktik* 15/2, 165-194.

EUROPARAT. ed. 2001. *Gemeinsamer europäischer Referenzrahmen für Sprachen: lernen, lehren, beurteilen.* Berlin: Langenscheidt.

EUROPARAT. ed. 2018. *Common European Framework of Reference for Languages: Learning, Teaching, Assessment. Companion Volume with New Descriptors.* Strasbourg: Council of Europe.

ELLIS, Rod. 2010. *Task-based language learning and teaching.* Oxford: Oxford University Press.

ELSNER, Daniela. 2011. „Developing multiliteracies, plurilingual awareness & critical thinking in the primary language classroom with multilingual virtual talkingbooks", in: *Encuentro* 20, 27-38.

FALK, Simon. 2019. *Mobile-Assisted Language Learning: Eine empirische Untersuchung zum Einsatz digitaler mobiler Endgeräte im Kontext des Fremdsprachenunterrichts.* Tübingen: Narr.

FALK, Simon. 2015. „Ap(p)ropos mobil – Über den Einsatz von Apps im DaF-Unterricht", in: *GFL-Journal* 2, 15-31. Online: http://www.gfl-journal.de/2-2015/falk.pdf (22.05.2023).

GOGOLIN, Ingrid. 1994. *Der monolinguale Habitus an multilingualen Schulen.* Münster [u.a.]: Waxmann.

GOGOLIN, Ingrid & LÜDI, Georges. 2015. *Mehrsprachigkeit: Was ist Mehrsprachigkeit? In vielen Sprachen sprechen.* München: Goetheinstitut. Online: https://www.goethe.de/de/spr/

mag/lld/20492171.html (22.05.2023).

GRÜNEWALD, Andreas. 2017 „Förderung der Text-und Medienkompetenz", in: Grünewald, Andreas & Küster, Lutz. edd. *Fachdidaktik Spanisch – Das Handbuch für Theorie und Praxis*. Stuttgart: Klett Sprachen, 200-244.

GÖRRISSEN, Margarita et al. 2005. *Caminos neu. Lehr- und Arbeitsbuch Spanisch*. Stuttgart: Klett Sprachen.

HABERLAND, Svenja. 2022. „Schulische und lebensweltliche Mehrsprachigkeit in digitalen Lernumgebungen fördern", in: *Zeitschrift für romanische Sprachen und ihre Didaktik* 15/1, 27-57.

HUTTERLI, Sandra & STOTZ, Daniel & ZAPPATORE, Daniela. 2008. *Do you parlez andere lingue?*. Zürich: Pestalozzianum.

KARAGIANNAKIS, Evangelia. 2017. „Einsatz von Lernspielen im Deutsch als Zweitsprache-Unterricht", in: Ahrenholz, Bernt & Oomen-Welke, Ingelore. edd. *Deutsch als Zweitsprache*. Baltmannsweiler: Schneider Hohengehren, 461-475.

KEPSER, Matthis. 2018. „Digitalisierung im Deutschunterricht der Sekundarstufe. Ein Blick zurück und Einblicke in die Zukunft", in: *Mitteilungen des Deutschen Germanistenverbands* 65/3, 247-268.

KMK = Sekretariat der Ständigen Konferenz der Kultusminister der Länder in der Bundesrepublik Deutschland. 2012. *Bildungsstandards für die erste Fremdsprache (Englisch/Französisch) für die Allgemeine Hochschulreife*. München: Luchterhand.

KMK = Sekretariat der Ständigen Konferenz der Kultusminister der Länder in der Bundesrepublik Deutschland. 2016. *Bildung in der digitalen Welt. Strategie der Kultusministerkonferenz*. München: Luchterhand.

KRUMM, Hans-Jürgen. 2010. „Mehrsprachigkeit in Sprachenportraits von Migrantinnen und Migranten", in: AkDaF Rundbrief 61, 16-24. Online: http://www.akdaf.ch/html/rundbrief/rbpdfs/61_Mehrsprachigkeit_Sprachenportraits.pdf (22.05.2023).

KÖNIGS, Frank G. 2019. „Mehrsprachigkeit, Interkomprehension, Übersetzen und Sprachmitteln", in: Meißner, Franz-Joseph & Fäcke, Christiane. edd. *Handbuch Mehrsprachigkeits- und Mehrkulturalitätsdidaktik*. Tübingen: Narr Francke Attempto, 41-46.

LÜDI, Georges & PY, Bernard. 2009. „To be or not to be ... a plurilingual speaker", in: *International Journal of Multilingualism* 6/2, 154-167.

MEIßNER, Franz-Joseph. 2008. „Vom Lesen zum Schreiben. Diagnostisches und erwerbsorientiertes mehrsprachiges Schreiben als Strategie zur Förderung von Mehrsprachigkeit und Lernkompetenz", in: *französisch heute* 39/3, 267-293.

MEIßNER, Franz-Joseph & FÄCKE, Christiane. 2019. „Einleitung", in: Ebd. edd. *Handbuch Mehrsprachigkeits- und Mehrkulturalitätsdidaktik*. Tübingen: Narr Francke Attempto, 1-16.

MPFS = MEDIENPÄDAGOGISCHER FORSCHUNGSVERBAND SÜDWEST. ed. 2020. *JIM-Studie 2020. Jugend, Information, Medien. Basisuntersuchung zum Medienumgang 12- bis 19-Jähriger*. Online: https://www.mpfs.de/fileadmin/files/Studien/JIM/2020/JIM-Studie-2020_Web_final.pdf (22.05.2023).

MSB NRW = Ministerium für Schule und Bildung des Landes Nordrhein-Westfalen. 2019a. *Medienkompetenzrahmen NRW*. Online: https://medienkompetenzrahmen.de (22.05.2023).

MSB NRW = Ministerium für Schule und Bildung des Landes Nordrhein-Westfalen. 2019b. *Kernlehrplan für die Sekundarstufe I Gymnasium/Gesamtschule in Nordrhein-Westfalen. Spanisch*. Online: https://www.schulentwicklung.nrw.de/lehrplaene/lehrplan/138/gym8_spanisch.pdf (22.05.2023).

MSW NRW = Ministerium für Schule und Weiterbildung des Landes Nordrhein-Westfalen. 2014. *Kernlehrplan für die Sekundarstufe II Gymnasium/Gesamtschule in Nordrhein-Westfalen. Spanisch*. Online: https://www.schulentwicklung.nrw.de/lehrplaene/lehrplan/139/KLP_GOSt_Spanisch.pdf (22.05.2023).

NÁROSY, Thomas. 2015. „(Mehr)Sprachliche Bildung mit digitalen Medien und Werkzeugen – Sprachen lernen in Zeiten des digitalen Transits", in: *ide* 4, 142-149.

PURSCHE, Anne & GERSCHNER, Katharina. 2018. „Umsetzung und Evaluation eines Fernlehrgangs für die Vorbereitung zur Prüfung zum/zur „geprüften Prozessmanager/-in Produktionstechnologie (IHK)"", in: Kannek, Monique & Hoppe, Annekatrin. edd. *Gestaltungskompetenzen für gesundes Arbeiten. Arbeitsgestaltung im Zeitalter der Digitalisierung*. Berlin: Springer, 133-139.

RIEHL, Claudia M. 2014. *Mehrsprachigkeit: Eine Einführung*. Darmstadt: WBG.

RÖSLER, Dietmar. 2019. „Mehrsprachigkeit und digital gestütztes Lernen und Lehren fremder Sprachen", in: Meißner, Franz-Joseph & Fäcke, Christiane. edd. *Handbuch Mehrsprachigkeits- und Mehrkulturalitätsdidaktik*. Tübingen: Narr Francke Attempto, 245-250.

SCHULTZE, Ulrich & TRAPP, Ulrike. o.J. „Vom Seminar ‚Meine Sprache(n) und ich' zum Film ‚Migration – Mehrsprachigkeit – Schule' und zu sprachenbiografischen Digital Stories", in: Quehl, Thomas & Schultze, Ulrich & Trapp, Ulrike. edd. *Migration – Mehrsprachigkeit – Schule. Eine Handreichung für Multiplikator_innen und Lehrer_innen zum gleichnamigen Kurzfilm*. Arnsberg: Bezirksregierung Arnsberg, 100-104. Online: http://www.sprachschaetze.net/wordpress/wp-content/uploads/handreichung_migration-mehrsprachigkeit-schule_druckversion.pdf (22.05.2023).

SOMMERFELDT, Kathrin. 2011. „Mit dem Lehrbuch arbeiten", in: Ebd. edd. *Spanisch Methodik. Handbuch für die Sekundarstufe I und II*. Berlin: Cornelsen, 91-129.

TESCH, Bernd. 2019. „Mehrsprachiges diagnostisches Schreiben", in: Meißner, Franz-Joseph & Fäcke, Christiane. edd. *Handbuch Mehrsprachigkeits- und Mehrkulturalitätsdidaktik*. Tübingen: Narr Francke Attempto, 405-407.

ÖSZ = Österreichisches Sprachen-Kompetenz-Zentrum. 2018. *Digitale Werkzeugkiste eROM*. Graz: ÖSZ.

WIKIPEDIA. 2023. „List of Wikipedias". Online: https://meta.wikimedia.org/wiki/List_of_Wikipedias (22.05.2023).

Jennifer Wengler

Digital Storytelling: Potenziale für den Spanischunterricht

> *We tell ourselves stories in order to live.*
> Joan Didion

Erzählen ist ein Grundbedürfnis des Menschen. Es ist uns allen inhärent, kultur- und generationenübergreifend. Erzählen ist ein evolutionäres Erbe (vgl. Müller-Wood 2017; Gansel, Vanderbeke 2012, 1 f.; Mellmann 2012). Noch erhaltene Höhlenmalereien des Cro-Magnon-Menschen von vor 20.000 bis 30.000 Jahren in Südfrankreich und Nordspanien sind Zeugnisse von Erzählungen und Ausdruck früher Kreativität. Diese urgeschichtliche Kunst ist ein Informationsträger. Sie erzählt uns von den Lebensumständen der ersten Menschen. Noch heute dient Erzählen der Überlieferung von Vergangenem. Erzählen ist aber auch sozialer Austausch und vermittelt darüber hinaus Wissen, denn Geschichten beinhalten Botschaften und Lehren. Schon im Altertum wurden religiöse Geschichten und Fabeln in unterschiedlichen Kulturräumen zur moralischen Erziehung eingesetzt, denn mit Geschichten können wir überzeugen und Einfluss nehmen. In der heutigen Zeit wird sich diese Wirkungsfähigkeit insbesondere im Marketing und der Werbung zu Nutze gemacht (zum *Marketing Storytelling* und seiner Bearbeitung im Unterricht s. Wengler 2020). Das Erzählen hilft zudem, uns in unserer Lebenswelt zurechtzufinden. Erzählend reflektieren wir über Geschehenes und finden Lösungswege für Zukünftiges. Wir interpretieren erzählend unsere Umwelt, aber auch unser Inneres. Mit persönlichen Erzählungen antizipieren und verarbeiten wir Emotionen. Nicht von ungefähr kommen die Sprichwörter „Geteiltes Leid ist halbes Leid" und „Geteilte Freude ist doppelte Freude". Das (biografische) Erzählen nimmt in der Psychotherapie eine wichtige Rolle ein und auch das therapeutische Erzählen kann Prozesse in Gang setzen, die zu Verhaltensänderungen und seelischer Heilung führen. Mit dem, wie wir und was wir erzählen, geben wir darüber hinaus etwas von uns preis und konstruieren so ein Bild unserer selbst. Unser tägliches Leben ist seit jeher geprägt vom Geschichtenerzählen und -rezipieren.

Erzählen im literaturwissenschaftlichen Sinne ist eine Geschehensdarstellung, die singuläre und konkrete Sachverhalte und Ereignisse, die sich räumlich, zeitlich und kausal aufeinander beziehen, in einem Zeitverlauf beschreibt (vgl. Martínez 2017, 2 f.). Dabei kann diese Geschehensbeschreibung durch eine unbestimmte Anzahl von Erzählmerkmalen ergänzt werden, z. B. die Erfahrungshaftigkeit (vgl. ebd.), die für das klassische *Digital Storytelling* eine wichtige Rolle spielt.

Obgleich das Geschichtenerzählen stets präsent war und ist, so unterliegt das Medium einem stetigen Transformationsprozess. Das analoge Zeitalter des Erzählens begann mit mündlichen Darstellungen. Es durchlebte seine erste mediale Transformation mit dem Aufkommen prähistorischer Kunst, welche eine raumzeitliche Distribution und Tradierung ermöglichte. Erste handschriftliche Aufzeichnungen und Druckerzeugnisse folgten. Die Erfindung des Tonbandes machte es möglich, flüchtige, gesprochene Erzählungen im Originalton festzuhalten. Diese Entwicklung mündete letztlich in einer medialen Verknüpfung von visueller und auditiver Information in Form von analogen Videobandaufnahmen, der Voraussetzung für die Entstehung des *Digital Storytelling*.

1 Ursprünge des Digital Storytelling

In den 1970er und 80er Jahren formierten sich Künstler*innen in den USA mit dem Ziel, das Kunstschaffen für alle Menschen unabhängig von Herkunft, ökonomischen Ressourcen und künstlerischen Vorerfahrungen möglich zu machen (vgl. StoryCenter o. J.). Insbesondere das mündliche, autobiographische Erzählen stand dabei im Fokus des Interesses (vgl. StoryCenter 2011). Dana Atchley, ein Künstler und Medienproduzent legte mit „Next Exit", seiner Multimediaautobiografie, die erste Digital Story vor (vgl. StoryCenter o. J.), welcher große Resonanz in der Szene der Kunstschaffenden zuteil wurde. Mit dem Aufkommen neuer computergestützter Technologien in den 1990er Jahren wurden digitale Werkzeuge für die breite Masse zugänglich und erschwinglich. Infolgedessen wuchs in der Community der Kunstschaffenden der Wunsch, es Atchley gleichzutun und ebenfalls persönliche Geschichten im Multimediaformat zu produzieren (vgl. StoryCenter 2011). Gemeinsam mit Joe Lambert, Theaterproduzent, und dessen Ehefrau Nina Mullen, gründete Dana Atchley 1994 das *San Francisco Digital Media Center* (vgl. StoryCenter o. J.). Atchley und Lambert waren überzeugt, dass diese

Art der künstlerischen Darstellung auch für Menschen mit wenigen oder keinen Erfahrungen in Multimediaproduktionen umsetzbar war und wollten ihre professionellen Erfahrungen an Interessierte weitergeben (vgl. ebd.). So erarbeiteten sie in den folgenden Jahren ein Curriculum für Workshops zum multimedialen Geschichtenerzählen, dem *Digital Storytelling* (vgl. ebd.). 1998 benannten die Pioniere des *Digital Storytelling* ihren gemeinnützigen Verein in *Center for Digital Storytelling* um und verlegten ihre Wirkungsstätte nach Berkeley (vgl. ebd.). Dort gingen sie eine Kollaboration mit der University of California ein, die nach didaktischen Möglichkeiten suchte, das *Digital Storytelling* für die schulische Bildung fruchtbar zu machen (vgl. StoryCenter 2011). Im Jahr 2000 erreichte das *Digital Storytelling* Europa dank einer Zusammenarbeit mit der *BBC* und wurde in den folgenden Jahren für viele Kultur-, Bildungs-, und Wirtschaftsbereiche interessant. Insbesondere in den Sozialwissenschaften bzw. dem Pflege- und Gesundheitswesen wurde das Potenzial der Digital Stories erkannt, um beeinträchtigten und/oder benachteiligten Personen eine Stimme zu geben (vgl. ebd.). Seit dem Jahr 2015 nennt sich der Verein *StoryCenter* und unterhält weitreichende Netzwerke mit Künstler*innen, Organisationen und Bildungseinrichtungen weltweit (vgl. StoryCenter o. J.).

2 Klassische und moderne *Digital Stories*

2.1 Klassische *Digital Stories*

Im vorliegenden Artikel wird zwischen klassischen **Digital Stories** und modernen Digital Stories unterschieden. Klassische Digital Stories liegen im Videoformat vor. Das mündlich Erzählte wird medial mit Bild und Ton angereichert. Sie sind i. d. R. kurz, umfassen nur ca. 150 Worte und eine begrenzte Anzahl an Bildern (vgl. StoryCenter 2011), die in Form einer Videoslideshow aneinandergereiht werden. Hierbei können Blenden und Ken-Burns-Effekte[1] zum Einsatz kommen. Die Digital Story kann mit Musik untermalt sein. Es handelt sich um biografische, tiefgründige Erzählungen eigener Erfahrungen (vgl. ebd.). Das klassische *Digital*

---

[1] Unter dem Ken-Burns-Effekt wird eine Animationstechnik verstanden, mit der durch Überblendungen, Schwenken und Vergrößern Bilder zu Videos transformiert werden. Diese Art der Produktion wurde durch den Dokumentarfilmer Ken Burns populär.

Storytelling basiert somit auf dem erzählerischen Merkmal der *experientiality*, der Erfahrungshaftigkeit, wie es Fludernik (2001, 21) definiert:

> In narrating such experience, however, after-the-fact evaluations become important as a means of making narrative experience relevant to oneself and to others. All experience is therefore stored as emotionally charged remembrance, and it is reproduced in narrative form because it was memorable, funny, scary, or exciting. Whereas, in oral narrative, narrated experience always tends to be related to incidence, more extended narrative ventures [...] frequently reproduce quite uneventful experiences and already tend to centre on interviewees' mental situations. The dynamics of experientiality as it surfaces in the narrativity of natural reposes not solely on the changes brought about by external developments or effected through the self-monitored (goal-oriented) actions of a central intelligence of consciousness. On the contrary, this dynamic is related particularly to the resolution effect of the narrative endpoint of the tale [...].

Martínez (2017, 5) hält diese Repräsentation von subjektiver Erfahrung für einen wichtigen Grund, „weshalb wir uns überhaupt für Erzählungen interessieren." Mittels ihrer Rezeption „können wir vorübergehend am Leben anderer teilnehmen und unsere eigene Wirklichkeitserfahrung erweitern" (ebd.).

Das klassische *Digital Storytelling* kann der*dem Erzählenden als Bewältigung von Erlebtem dienen, denn „der Impuls zum Ausdruck leidvoller Erfahrung kann als Grundbedürfnis des Menschen angesehen werden" (Lucius-Hoene & Scheidt 2017, 235), indem das zu bewältigende Problem strukturiert und geordnet, Kontrolle erzählend zurückgewonnen, Autonomie widerhergestellt und Umstände und Handlungsoptionen plausibilisiert werden (vgl. ebd., 238 f.). Erzählen wirkt sinnstiftend und gibt die Möglichkeit zum narrativen Probehandeln und der Entwicklung einer Zukunftsperspektive (vgl. ebd., 239). Erzählungen können zudem das moralische Urteils- und Differenzierungsvermögen stärken:

> Indem Erzählungen bestimmte, auch widersprüchliche emotionale Reaktionen hervorrufen, unsere Sensibilität und unsere Vorstellungskraft herausfordern, vergegenwärtigen sie uns diese Reaktionen und helfen mit, sie zu verfeinern. Außerdem können Erzählungen, indem sie zeigen, wie ein bestimmtes moralisches Problem im Leben verstrickt ist, dessen Komplexität und auch die Schwierigkeit seiner ethischen Thematisierung vor Augen führen (Ammann 2017, 261 f.).

Auch das Medium Film, das dem *Digital Storytelling* zugrunde liegt, hat ein großes narratives Potenzial, da nicht nur eine sprachliche Ebene (in Bild und Ton) vorhanden ist, sondern auch eine nicht-sprachliche, audiovisuelle Ebene, über die erzählt wird (vgl. Kuhn 2017, 46). Allein das bewegte Bild besitzt bereits eine erzählerische Dimension (vgl. ebd., 46 f.).

Die visuelle Bildebene der *Digital Story* basiert auf Fotografien. Obgleich die Narrativität fotografischer Einzelbilder beschränkt ist, so enthält doch jedes Bild einen narrativen Kern, der sich durch die Imagination der*des Betrachtenden ergibt (vgl. Caspers 2017, 56 f.). Die serielle und sequenzielle Anordnung von Einzelbildern, wie sie beim klassischen *Digital Storytelling* erfolgt, sorgt wiederum für eine Dynamik, sodass narrative Strukturen entstehen können. Auch (Hintergrund-)Musik kann eine narrative Funktion übernehmen (vgl. Mildorf 2017, 88) und als Narrationsgenerator dienen (vgl. Niklas 2015, 269 ff.), denn die Erlebensqualität (vgl. Kraemer 2015, 232) des Gehörten korreliert mit dem eingangs genannten Kriterium der *experientiality* (vgl. Mildorf 2017, 89). Musik stimuliere uns zur Konstruktion von Narrativen, die wir wiederum auf die Musik projizierten (vgl. Mohr 2015, 330).

Lambert et al. (2010, 5 ff.) definiert fünf Typen von *Digital Stories*: Geschichten über wichtige Personen, Geschichten über wichtige Erlebnisse, Geschichten über wichtige Orte, Geschichten über persönliche Aktivitäten und andere persönliche Geschichten. Ihnen allen ist gemein, dass sie sich auf persönliche Erfahrungen und das eigene Leben beziehen. Geschichten über wichtige Personen können Charaktererzählungen (*character stories*) sein, die auf eine zwischenmenschliche Beziehungen rekurrieren, aber auch Erinnerungsgeschichten (*memorial stories*), in denen die Beziehung zu Verstorbenen oder aus den Augen verlorenen nahestehenden Personen im Vordergrund steht (vgl. ebd., 5). Erlebnisgeschichten können sich mit einem persönlichen Abenteuer und lebhaften Erinnerungen an Geschehnisse befassen (*adventure stories*) oder über eine persönliche Leistung oder Errungenschaft berichten

Abb. 1: *Digital Stories* in unterschiedlichen Sprachen auf YouTube (*StoryCenter*)

(*accomplishment stories*) (vgl. ebd., 6). Geschichten über wichtige Orte beschreiben das persönliche Verhältnis zu einem Raum oder Gebiet oder erzählen von persönlichen Erfahrungen, die eng mit einem Ort verknüpft sind (vgl. ebd., 6 f.). Stories über persönliche Aktivitäten können sich mit Arbeit, Hobbies, Ehrenamt oder anderen Lebensaufgaben befassen und wie diese Tätigkeiten das persönliche Leben prägen (vgl. ebd., 7). Unter *other personal stories* versteht Lambert (vgl.

ebd., 7 f.) Genesungsgeschichten (*recovery stories*), die die Erholung nach einer schweren Krankheit, aber auch nach einem Schicksalsschlag reflektieren, Liebesgeschichten (*love stories*), über romantische Liebe, aber auch familiäre und freundschaftliche Zuneigung und Entdeckungsgeschichten (*discovery stories*), in denen ein persönlicher Lern- oder Entdeckungsprozess reflektiert wird. Beispiele dieser Story-Arten, veröffentlicht vom *StoryCenter,* sind über den QR-Code (Abb. 1) abrufbar.

Für den Fremdsprachenunterricht besonders geeignet sind *adventure, accomplishment* und *discovery stories*, da sie sich auf persönliche Erfahrungen beziehen, aber weniger intime Offenbarung abverlangen als andere Arten von persönlichen Geschichten, obgleich solche je nach Inhalt, Klassenatmosphäre und Abwägung der Lehrkraft auch gewinnbringend eingesetzt werden können. Auch Geschichten über persönliche Aktivitäten wie Hobbies, Ehrenämter oder andere soziale und gesellschaftliche Aufgaben können je nach Themenschwerpunkt nutzbringend Einsatz finden. Geschichten über wichtige Orte können wiederum für Fremdsprachenstudierende ein interessantes Mittel sein, um einen Auslandsaufenthalt zu reflektieren.

2.2 Moderne *Digital Stories*

Moderne *Digital Stories* sind persönliche und unpersönliche Erzählungen im Audio- oder Videoformat, die jedoch nicht zwingend der klassischen Darstellungsform einer *Digital Story* folgen, sondern auf anderen Gestaltungsarten basieren, so z. B. Legetrick-Filme (wie unter nebenstehendem QR-Code abrufbar) und Stop-Motion-Trickfilme oder digitalem Marionettentheater. Aber auch unpersönliche Geschichten, die den gleichen Gestaltungsprinzipien wie klassische *Digital Stories* unterliegen oder durch Fotoslideshows begleitet werden, sind als moderne *Digital Stories* zu verstehen. Dies können z. B. fiktive Geschichten über historische Personen und Geschehnisse sein. Moderne *Digital Stories* basieren wie klassische *Digital Stories* auf dem Prinzip der Narrativität und Multimodalität.

Abb. 2: Legetrick-Geschichten auf TikTok (@cata_loka_1529)

Davon abzugrenzen ist die rein text-, audio- oder bildbasierte digitale und unimodale Narration, z. B. in Form von Blogeinträgen, Hypertexten oder Instagramstories. Die Übergänge zum *Digital Storytelling* können gerade bei Letzteren fließend sein, wenn z. B. Fotosequenzen und Audioinhalte so kombiniert werden, sodass einfache narrative Strukturen entstehen. Ein Video- und Audioinhalte enthaltendes eBook mit narrativem Charakter kann genauso eine moderne *Digital Story* sein wie ein mit audiovisuellen Medien angereicherter fiktionaler Hypertext.

Robin (2006) versteht unter *Digital Stories* auch Videos, die informieren oder instruieren. Solche werden hier weder als *Digital Story* im klassischen noch im modernen Sinne gewertet, da es sich, selbst wenn *Storytelling*-Strategien zum Einsatz kommen, um Erklärvideos bzw. Lernvideos oder Tutorials[2] handelt. Obgleich *Digital Stories* ebenso wie andere narrative Formate einen informierenden oder instruierenden Charakter haben können, liegt ihr Fokus nicht in erster Linie auf der Information und Instruktion, sondern auf der Ebene der *experientiality*.

3 *Digital Stories* im Unterricht

3.1 Potenzial für den Fremdsprachenunterricht

Jugendliche nutzen soziale Netzwerke ausgiebig (vgl. Rat für Kulturelle Bildung 2019; mpfs 2018). In vielen von ihnen finden sich Story-Funktionen, mit denen Bilderserien oder Videos mit Text, Ton, Musik, Filtern, Gifs und Stickern angereichert und der Öffentlichkeit zugänglich gemacht werden können. Die Story-Funktion wird von Laien ebenso verwendet wie von nationalen und internationalen Personen des öffentlichen Lebens. Deren Stories erfreuen sich wiederum großer Beliebtheit bei Jung und Alt. Das *Digital Storytelling* ist darum so nah an der aktuellen Lebenswelt der Lernenden wie kaum eine andere didaktische Methode. Hallet (2011, 55) weist darauf hin, dass sich

> Themen und Inhalte an realweltlichen Diskursen orientieren und dass Text- und Materialkombinationen, didaktische Arrangements, die Aufgaben dazu und die fremdsprachlichen Unterrichtsdiskurse realweltliche Diskurse modellieren oder repräsentieren [sollten], auch und gerade in ihrer Pluralität und Stimmenvielfalt.

---

[2] Für eine Definition dieser Videotypen s. Wolf (2020).

Dass Erzählen positive Effekte auf das schulische Lernen haben kann, ist keine neue Erkenntnis. Bereits in den 1980er Jahren plädierte Egan (1986) für einen stärkeren Einbezug des Erzählens in den Fachunterricht. Er argumentiert, dass Kinder ihre Erfahrungen hauptsächlich über Geschichten verarbeiten würden (vgl. hierzu auch Bruner 1985) und somit eine stärkere Berücksichtigung des Erzählens in der Schule nur nahe läge.

Digital Storytelling geht über das reine Erzählen hinaus, verknüpft es mit multimedialen, multimodalen und multicodalen Inhalten. So kann es zur Ausbildung von *multiliteracy*[3] beitragen und die multimodale Kommunikationsfähigkeit fördern. Das digitale Erzählen ist zudem ein höchst handlungsorientiertes Verfahren, welches für alle Altersstufen geeignet ist; so kann es schon im Grundschulbereich eingesetzt werden (vgl. hierzu Foley 2013).

Die Arbeit mit Geschichten in multimedialen und multimodalen Kontexten motiviert, da bedeutungsvolle Sprachprodukte entstehen; zudem fördert sie die Medienkompetenz[4], denn der Umgang mit Medien und digitalen Werkzeugen will geübt sein, genauso wie die Recherche geeigneter Bilder und Materialien. Auch kann das *Digital Storytelling* für ein Verständnis verschiedener Textsorten und Genres sorgen und narrative Kompetenzen ausbauen.

Weiterhin fördert das *Digital Storytelling* die Schreibkompetenzen, denn die Geschichten werden sinnvollerweise verschriftlicht (und ein Storyboard erstellt), bevor es an die Aufnahme des Videos geht. Der Schwerpunkt kann auf den Einsatz bestimmter sprachlicher Mittel gelegt werden. Auch ist es denkbar, Geschichten ohne vorherige Verschriftlichung mündlich erzählen zu lassen, was allerdings den Schwierigkeitsgrad um ein Vielfaches erhöht, jedoch den Fokus auf die Mündlichkeitsförderung verschiebt. Wenn es sich um persönliche Geschichten mit Lebensweltbezug handelt, darf mit einer stärkeren (Schreib-)Motivation gerechnet werden. Die nachfolgende Vertonung kann im Sinne der Ausspracheschulung einen Beitrag leisten und das Sprechen in der Fremdsprache insgesamt unterstützen.

---

[3] Der Begriff *multiliteracy* wurde geprägt durch die London Group und nimmt Bezug auf die Teilhabe an vielfältigen Diskursen in einer globalisierten und digitalisierten multimodalen Welt (s. The New London Group 1996).
[4] Zum Medienkompetenzbegriff s. Inal & Wengler (2021).

Digital Storytelling kann Autonomie und Kollaboration gleichermaßen fördern. *Digital Stories* können in Einzel- oder Gruppenarbeit erstellt werden. In Gruppenarbeiten lässt sich durch gezielte Rolleneinteilung differenzieren. So ist es beispielsweise denkbar, sehr aktive Lernende einmal eine eher technische Rolle übernehmen zu lassen und die Vertonung von einer*einem Lernenden vornehmen zu lassen, die*der sich normalerweise weniger mündlich beteiligt. Durch die Möglichkeit, die Tonaufnahme so oft wie nötig zu wiederholen, stellt sich zum einen ein Übungseffekt ein, zum anderen kann ein gelungenes Endergebnis dazu motivieren, Sprechhemmungen zukünftig zu überwinden. Auch mittels Scaffolding kann der Schwierigkeitsgrad der Aufgabe angepasst werden: Je mehr Materialien vorgegeben sind, desto leichter wird die Umsetzung. Nicht zuletzt kann das *Digital Storytelling* ganz im Sinne der Urheber*innen zur kognitiven Förderung beeinträchtigter und benachteiligter Personen beitragen, insbesondere, weil fehlende Sprachkenntnisse durch den visuellen und musikalischen Ausdruck ergänzt werden (vgl. StoryCenter 2011; Holzwarth 2008).

Digital Storytelling unterstützt das selbstregulierte, schüler*innenzentrierte Lernen, denn Selbstregulationsprozesse werden dann in Gang gesetzt, wenn Lernende, ausgestattet mit entsprechenden Scaffolding-Angeboten, komplexe Aufgaben selbstständig planen, umsetzen und evaluieren können und Lernstrategien entwickeln, um das gesetzte Ziel zu erreichen (Zimmerman 2002, 69 f.), so wie es beim *Digital Storytelling* der Fall ist (s. hierzu auch Haşlaman 2017; Kaya 2019). Die Methode bietet auch eine Grundlage für komplexe Kompetenzaufgaben, wie Heinz (2016) exemplarisch zeigt.

Werden die individuellen Geschichten der Lernenden im Klassenverband rezipiert und besprochen, zeugt dies nicht nur von einer Wertschätzung gegenüber der geleisteten Arbeit, sondern dient darüber hinaus dem Hörsehverstehen.

Die Rezeption von Geschichten wirkt sich zudem lernförderlich aus: Informationen in Form von Geschichten dargeboten, werden besser im Langzeitgedächtnis konsolidiert, da kognitive Schemata aktiviert werden. „Kognitive Schemata sind interne Datenstrukturen, in denen Erfahrungen verallgemeinert sind und die typische Sachverhalte bzw. zu erwartende Zusammenhänge aus einem bestimmten Realitätsbereich repräsentieren" (Schnotz 1994, 61). Entsprechen neue Erfahrungen und zu lernende Sachverhalte einem bereits bestehenden kognitiven

Schema, werden sie besser erinnert. Als kognitive Schemata sind typische Darstellungsstrukturen von Geschichten im Gedächtnis gespeichert. So haben typische Geschichten zumeist eine bestimmte Form[5], (mindestens) eine Identifikationsfigur und es gibt ein Ereignis, eine Herausforderung oder eine zu lösende Problemstellung. Rezipieren wir Geschichten mit derselben oder einer ähnlichen Darstellungsstruktur, werden die entsprechenden kognitiven Schemata aktiviert und die neuen Inhalte besser gemerkt. Zudem sorgt eine Identifizierung mit Figuren oder Situationen für eine Perspektivübernahme und Empathie (vgl. Bredella 2012). Empathie und durch die Identifikation mit dem Inhalt hervorgerufene Emotionen wiederum nehmen ebenfalls Einfluss auf die Gedächtnisbildung (vgl. Wengler 2017).

Digital Storytelling ist eine anspruchsvolle Aufgabe, die es erlaubt, Lernziele der Taxonomiestufen Synthese (entwickeln, verfassen, kombinieren, konstruieren, planen, produzieren) und Evaluation (bewerten, beurteilen, entscheiden, überprüfen, auswerten, vergleichen, vereinfachen) zu erreichen (s. hierzu Bloom 1976).

Die von der KMK (2016) formulierten Kompetenzbereiche werden fast vollständig durch das *Digital Storytelling* berücksichtigt. Die Suche und Verarbeitung von geeigneten Materialien und Bildern für eine *Digital Story* ist dem Kompetenzbereich I „Suchen, Verarbeiten und Aufbewahren" zuzuordnen. Arbeiten die Schüler*innen kollaborativ zusammen, werden Kompetenzen aus dem Bereich II „Kommunizieren und Kooperieren" gefördert. Sie produzieren und präsentieren bedeutungsvolle Multimediaprodukte und lernen im Produktionsprozess digitale Werkzeuge zielgerichtet einzusetzen sowie mögliche technische Probleme selbstständig zu lösen (Kompetenzbereich V „Problemlösen und Handeln"). Durch die analytische Rezeption und Reflexion der erstellten *Digital Stories* werden Kompetenzen aus dem Bereich VI „Analysieren und Reflektieren" angebahnt. Neben instrumenteller Medienkompetenz bei der Erstellung von *Digital Stories* wird durch die Auseinandersetzung mit ihnen und der Reflexion ihrer Wirkweisen auch kritisch-reflexive Medienkompetenz gefördert.

Nicht zuletzt kann sich das *Digital Storytelling* positiv auf das musische und

---

[5] Z. B. Dreiakter, Fünfakter oder Heldenreise.

mathematisch-logische Lernen auswirken, wenn es um die Auswahl passender Hintergrundmusik und -töne und die zeitlich-technische Planung und Anpassung von Bild und Ton geht (vgl. Frazel 2010, 13). Zudem ist die Erstellung nicht sehr zeitintensiv. Vier Schulstunden können bereits ausreichen (vgl. Heinz 2016, 152). Der didaktische Nutzen von *Digital Stories* ist empirisch nachweisbar (vgl. ebd.). So schätzten in einer Studie von Castañeda & Rojas-Miesse (2016) Studierende nach einem *Digital Storytelling*-Projekt in einem universitären Spanischkonversationskurs ihre technischen Fähigkeiten und Schreibkompetenzen höher ein als vor dem Projekt. Auch die Befragten Zehntklässler*innen der Studie von Al-Amri (2020) hoben die von ihnen während eines *Digital Storytelling*-Projekts wahrgenommene Lernendenautonomie, Kooperation, den Fokus auf Kommunikation und die Möglichkeit, für sie persönlich bedeutungsvolle Themen in ihren *Digital Stories* zu bearbeiten als positiv heraus. Auch empfanden sie eine Steigerung ihrer phonologischen, grammatikalischen und lexikalischen Kompetenzen nach der Intervention. Foley (2013) konnte mittels einer Studie mit Grundschüler*innen zeigen, wie sich *Digital Storytelling* zur Steigerung der Schreibmotivation, Förderung der Schreibkompetenzen und der metasprachlichen Fähigkeiten der Lernenden einsetzen lässt. Hoffmeister (2021) wiederum konnte nachweisen, dass sich *Digital Storytelling*-Interventionen im Rahmen einer komplexen Kompetenzaufgabe positiv auf den Wortschatzerwerb von Schüler*innen auswirken. Auch Loranc-Paszylk & Firla (2019) konnten einen Wortschatzzuwachs im Zuge einer *Digital Storytelling*-Intervention bei Schüler*innen ausmachen. Das *Digital Storytelling* wirkte sich etwas positiver als das *Audio Storytelling* aus, welches ebenfalls sehr positive Effekte generierte.

Das *Digital Storytelling* dient darüber hinaus zur Ausspracheförderung. Kimura (2012) konnte zeigen, dass sich die Prosodie und mündliche Lesekompetenz im Verlauf eines solchen Projektes bei den Lernenden ihrer Studie verbesserten.

3.2 Integration in den Unterricht

Die curricularen Vorgaben für die Sekundarstufe I (Gymnasium, Spanisch) – beispielsweise in Niedersachsen – sehen vor, dass im Unterricht zu bearbeitende

Themen „für Jugendliche von Interesse sein können und ihre Lebenswelt berücksichtigen" sowie „Aspekte enthalten, die zu persönlicher Stellungnahme und Diskussion herausfordern" (Niedersächsisches Kultusministerium 2017, 35). Dies kann das *Digital Storytelling* leisten. Betrachtet man die im Kerncurriculum als verpflichtend geltenden Themen, lassen sich in allen Bereichen thematische Aspekte identifizieren, in denen das *Digital Storytelling* sinnvollerweise angesiedelt werden kann. So sollen beispielsweise im „Themenfeld 1: Ich und die anderen" in den Jahrgängen 6 und 7 Angaben zur Person, so z. B. das persönliche Befinden, Interessen und Vorlieben thematisiert werden. Hier können klassische *Digital Stories* über persönliche Aktivitäten und andere Aufgaben, die das tägliche Leben prägen, zum Einsatz kommen. In den Jahrgängen 8 bis 10 wiederum sollen Schüler*innen über persönliche Stärken und Schwächen, Träume, Hoffnungen und Ängste sprechen, was in Form von *accomplishment stories* oder *discovery stories* geschehen kann, in denen sie über persönliche Leistungen oder Lernprozesse berichten. Auch Erlebnisgeschichten (*adventure stories*) sind denkbar, in denen die Lernenden von lebhaft erinnerten Ereignissen ihrer Vergangenheit erzählen oder *character* stories über andere Menschen.

Die Themen „Familie" und „Freunde" können u. a. in *character* und *memorial stories*, aber auch in *love stories* bearbeitet werden, in denen die Schüler*innen sich ihnen nahe stehenden Personen widmen. Insbesondere ab Jahrgang 8, wo die Bedeutung von Familie, familiäre Rollen sowie Rechte und Pflichten reflektiert werden, können auch *recovery stories*, in denen Schicksalsschläge aufgearbeitet werden oder *discovery stories*, in denen ein persönlicher Lern- oder Entwicklungsprozess reflektiert wird, zum Einsatz kommen. Zum Thema „Wohnen" lassen sich Geschichten über für die Lernenden wichtige Orte erzählen, ab Klasse 8 auch Geschichten über persönliche Aktivitäten in kulturellen Einrichtungen und *discovery stories* mit Bezug zu differierenden (sozial und kulturell geprägten) Wohn- und Lebensstilen.

Das „Themenfeld 2: Jugendliche in ihrem unmittelbaren Erfahrungsbereich" bietet ebenso viele Möglichkeiten. So können Geschichten über wichtige Orte und über persönliche Aktivitäten beim Thema „Schule und Ausbildung" entstehen, aber auch *discovery stories,* wenn es um die Reflexion eigener Lern- und Entdeckungsprozesse geht, z. B. ab Klasse 8 mit Bezug zu Auslandsaufenthalten und

Zukunftsperspektiven. Das Thema „Freizeit" bietet Anlass, um in Klasse 6 und 7 von persönlichen Aktivitäten zu erzählen, aber auch von Erlebnissen, Gelerntem und Errungenschaften aus dem Freizeitbereich *(adventure stories, accomplishment stories, discovery stories)*. Ab Klasse 8 kommen mit den Subthemen „Jugendkultur" und „Jobben" auch Erzählungen über persönliche Beziehungen und Vorbilder *(character stories)* sowie wichtige Orte neben Geschichten über eigene Aktivitäten, Errungenschaften *(accomplishment stories)* und Lernprozesse *(discovery stories)* in Betracht. Das Thema „Konsum" bietet Anlass zur Reflexion des eigenen Konsumverhaltens in Geschichten über persönliche Aktivitäten, *accomplishment stories, discovery stories* und *recovery stories*.

Im „Themenfeld 3: Gesellschaftliches und kulturelles Leben" kann das Thema „Feste und Traditionen" in *character* und *discovery stories,* Geschichten über wichtige Orte und Geschichten über persönliche Aktivitäten thematisiert werden. Erinnerungen an besondere Geburtstage und Feiern oder Erzählungen über eigene und fremde Sitten und Bräuche lassen sich hier beispielsweise bearbeiten. Das Thema „Natur und Umwelt" bietet Raum für *discovery, accomplishment* und *adventure stories* sowie Geschichten über persönliche Aktivitäten, z. B. die eigenen Bemühungen zum Umwelt- und Naturschutz oder Geschichten über besondere Orte in der Natur, die den Lernenden etwas bedeuten. „Gesellschaftliches Miteinander" kann sowohl in *character, adventure, accomplishment* und *discovery stories* als auch in Geschichten über wichtige Orte und persönliche Aktivitäten thematisiert werden. Bezüge zu eigenen Migrationserfahrungen wären genauso denkbar, wie Berichte über eigenes soziales und gesellschaftliches Engagement. Geschichten über wichtige Orte und *adventure stories* können darüber hinaus beim Thema „Die spanischsprachige Welt" zum Einsatz kommen, aber auch *character, discovery* und *recovery stories* sind denkbar, wenn die Lernenden über die Lebensbedingungen von Menschen in der spanischsprachigen Welt reflektieren.

Das Thema „Kommunikation und Medien" bietet Raum für die Reflexion über den eigenen Medienkonsum und den persönlichen Stellenwert von Medien in *discovery* und *accomplishment stories* oder Geschichten über persönliche Aktivitäten. Themen wie Internetdating und -freundschaften sowie Cybermobbing und die Gefahren sozialer Netzwerke könnten darüber hinaus in *love stories* bzw. *recovery stories* verarbeitet werden.

Jahrgang	Auswahl möglicher Themen	Art der *Digital Story*
	Themenfeld 1: „Ich und die anderen"	
6/7	Angaben zur Person: Persönliches Befinden, Interessen und Vorlieben	Geschichten über persönliche Aktivitäten
	Familie: Familienmitglieder, Tätigkeiten	*character stories* *memorial stories*
	Freunde: Aktivitäten	Geschichten über persönliche Aktivitäten
	Wohnen: Wohnung, Wohnort/-umfeld	Geschichten über wichtige Orte
8/9/10	Angaben zu Person: Stärken und Schwächen, Träume, Hoffnungen, Ängste, Menschen, über die man spricht	*accomplishment stories* *adventure stories* *discovery stories* *character stories*
	Familie: Bedeutung von Familie, Rollen, Rechte und Pflichten	*character stories* *memorial stories* *love stories* *recovery stories* *discovery stories*
	Freunde: Freundschaft und Liebe, Konflikte und Auseinandersetzungen, Gruppendynamik, sexuelle Orientierung	*character stories* *memorial stories* *love stories* *recovery stories* *discovery stories*
	Wohnen: Wohn- und Lebensstile, Wohnen in der Stadt und auf dem Land, kulturelle Einrichtungen	Geschichten über wichtige Orte Geschichten über persönliche Aktivitäten *discovery stories*

Jahrgang	Auswahl möglicher Themen	Art der *Digital Story*
	Themenfeld 2: Jugendliche in ihrem unmittelbaren Erfahrungsbereich	
6/7	Schule und Ausbildung: Schulalltag	Geschichten über persönliche Aktivitäten
	Freizeit: Sport, Musik, Kino, Wochenend- und Feriengestaltung, weitere Hobbys	Geschichten über persönliche Aktivitäten *adventure stories* *accomplishment stories* *discovery stories*
	Konsum: Lebensmittel, Kleidung	*accomplishment stories* *discovery stories*

8/9/10	Schule und Ausbildung: Auslandsaufenthalte, Zukunftsperspektiven	Geschichten über wichtige Orte Geschichten über persönliche Aktivitäten *discovery stories*
	Freizeit: Jugendkultur, Jobben	Geschichten über wichtige Orte Geschichten über persönliche Aktivitäten *character stories* *accomplishment stories* *discovery stories*
	Konsum: Konsumverhalten, Umgang mit Geld, Suchtverhalten, Ernährung	Geschichten über persönliche Aktivitäten *accomplishment stories* *discovery stories* *recovery stories*

Themenfeld 3: Gesellschaftliches und kulturelles Leben		
6/7	Feste und Traditionen: Geburtstag, Namenstag, Feiern mit Freunden	Geschichten über persönliche Aktivitäten Geschichten über wichtige Orte *character stories*
	Natur und Umwelt: Natur, Landschaft, Klima	Geschichten über wichtige Orte
	Spanischsprachige Welt: Städte und Sehenswürdigkeiten, Regionen und Landschaften	Geschichten über wichtige Orte *adventure stories*
8/9/10	Feste und Traditionen: Sitten und Bräuche	Geschichten über persönliche Aktivitäten Geschichten über wichtige Orte *discovery stories*
	Kommunikation und Medien: Medienkonsum, Rolle der neuen Medien	Geschichten über persönliche Aktivitäten *accomplishment stories* *discovery stories* *(love stories)* *(recovery stories)*
	Natur und Umwelt: Umweltschutz, Nachhaltigkeit, Tourismus	Geschichten über persönliche Aktivitäten Geschichten über wichtige Orte *adventure stories* *accomplishment stories* *discovery stories*

	Gesellschaftliches Miteinander: Migration, multikulturelle Gesellschaft, soziales und gesellschaftliches Engagement	Geschichten über persönliche Aktivitäten Geschichten über wichtige Orte *character stories* *adventure stories* *accomplishment stories* *discovery stories*
	Spanischsprachige Welt: Charakteristika ausgewählter Metropolen, Regionen, Länder, Lebensbedingungen	Geschichten über wichtige Orte *character stories* *discovery stories* *recovery stories*

Tab. 1: Integration des *Digital Storytelling* nach Unterrichtsthema

Auch in die Lehrwerksarbeit lässt sich das *Digital Storytelling* dementsprechend integrieren. Bereits gegen Mitte/Ende des ersten Lernjahres können erste, einfache *Digital Stories* (klassisch oder modern) produziert werden. Wird beispielweise mit dem Lehrwerk *¿Qué pasa? Nueva edición* gearbeitet, könnten kurze Geschichten zur Festigung der sprachlichen Mittel und des Wortschatzes nach Unidad 3 „Mi familia", Unidad 4 „Mi tiempo libre", Unidad 6 „Mi lugar preferido", Unidad 7 „Un día en mi vida" und Unidad 8 „Mi cumpleaños" entstehen (*character stories*, Geschichten über persönliche Aktivitäten und Geschichten über wichtige Orte). In den folgenden Lernjahren entstehen dann elaboriertere *Digital Stories*. Im fünften Lernjahr können dies Geschichten sein, in denen es um die Identifikation mit dem eigenen Land oder gesellschaftliche Themen geht (Geschichten über wichtige Orte und über persönliche Aktivitäten, *discovery* und *character stories*; Módulo „Chile – un país de contrastes" und Módulo „Imágenes de Latinoamérica"). Persönliche Schicksale und Migrationserfahrungen (Módulo „El mundo en movimiento") können in *accomplishment, adventure, memorial, recovery* und *discovery stories* thematisiert werden. Das Schreiben von inneren Monologen (Módulo „Leemos una novela") kann in *accomplishment* oder *discovery stories* einfließen. Eine Biografie (Módulo „Paseamos por Madrid") oder eine Charakterbeschreibung (Módulo „Leemos una novela") kann als *character* oder *memorial story* verfasst werden. Der Einsatz des *Digital Storytelling* bietet sich immer dann an, wenn ein Thema inhaltlich tiefgehend und affektiv nachhaltig bearbeitet werden soll.[6]

3.3 Praktische Umsetzung

3.3.1 Drei Tools zur Erstellung von klassischen *Digital Stories*

An dieser Stelle sollen drei empfehlenswerte und kostenlose Apps vorgestellt werden, mit denen sich klassische *Digital Stories* leicht umsetzen lassen. Weiterhin halten sich diese Apps im schnelllebigen Softwaremarkt schon seit vielen Jahren. Es handelt sich dabei hauptsächlich um Apps für das Betriebssystem iOS. Wenn möglich wird auf gleichwertige Android- und Windows-Alternativen verwiesen.

3.3.1.1 iMovie (Apple):

iMovie ist ein klassisches Schnittprogramm, das jedoch aufgrund seiner eingeschränkten Möglichkeiten einfach zu bedienen und überschaubar ist. Mit wenigen Handgriffen lassen sich Fotos importieren, die automatisch mit Übergängen versehen und zu einer Slideshow zusammengefügt werden. Die Länge der Übergänge und Fotosequenzen lässt sich händisch anpassen. Auch können Ken-Burns-Effekte und Filter zum Einsatz kommen. O-Töne werden direkt innerhalb der App aufgenommen und können dort bearbeitet werden. Hintergrundmusik bietet iMovie ebenfalls, die auch innerhalb von Veröffentlichungen problemlos genutzt werden darf.[7] Die technischen Arbeiten bedürfen nur wenig Zeiteinsatz. Die fertige *Digital Story* wird als Video exportiert und kann direkt aus der App mit anderen geteilt oder veröffentlicht werden. Weiterhin bietet iMovie sogenannte Trailer, vorgefertigte Templates zu unterschiedlichen Themen (z. B. Heldenabenteuer, Märchen,

Abb. 3: Eine Gruselgeschichte erstellt mit iMovie

---

[6] Ein Ablaufplan für die Erstellung und eine Storyboardvorlage befinden sich im Anhang.
[7] Dies gilt nur für die in iMovie integrierten Audios aus dem Ordner „Soundtracks" und „Toneffekte", nicht für durch die GEMA lizensierte Musik, unter die auch aktuelle Popsongs fallen.

Expedition, Erzählung), die eine narrative Struktur vorgeben und nur noch mit Bildern, Texten und Ton gefüllt werden müssen. Ein Storyboard wird anhand eines Template erstellt, dessen Inhalte automatisch in das Video einfließen. Ein Beispiel für eine *Digital Story* erstellt mit Hilfe eines solchen Template verbirgt sich hinter dem QR-Code (Abb. 3). Die App funktioniert auch auf Mac-Rechnern. Eine Android-Alternative, allerdings mit weniger Möglichkeiten, ist die App Powerdirector (Cyberlink). Zur Not können auch die Präsentationsprogramme Keynote (Apple) und Powerpoint (Windows) als Alternativen dienen. Auch hier können Bilder importiert, Texte eingesprochen, Hintergrundmusik eingefügt und Übergänge zwischen der Folien hinzugefügt werden. Die fertige *Digital Story* kann dann ebenso als Video exportiert werden, jedoch gestaltet sich die technische Erstellung der Geschichte als umständlicher.

3.3.1.2 Spark Video (Adobe)

Mit Spark Video lassen sich sehr leicht und zügig *Digital Stories* erstellen. Die App bietet wie iMovie neben einem offenen Format Storyvorlagen (z. B. Heldenreise, Erlebnisdarstellung, Erfahrungsbericht), die nur noch mit eigenen Inhalten gefüllt werden müssen. Besonders hilfreich sind die vorgegebene Struktur und die Kernfragen, die die Gliederung und den inhaltlichen Aufbau der Geschichte unterstützen. Gleichwohl kann auch die Struktur individualisiert werden. Positiv hervorzuheben ist die Möglichkeit der direkten Einbindung lizenzfreier Bilder, Töne und Musik aus der Adobe-Datenbank. Das zeitliche Limit für Audioaufnahmen pro Folie kann als Einschränkung wahrgenommen

Abb. 4: Eine *recovery story* über einen Straßenhund erstellt mit Spark Video

werden, aber auch dazu anregen, eine vorgegebene Videolänge einzuhalten. Obwohl diverse Individualisierungsmöglichkeiten bestehen, sind diese soweit beschränkt, dass man sich nicht in technischen Spielereien verlieren dürfte. Die fertige *Digital Story* wird als Video exportiert und kann direkt aus der App mit anderen geteilt oder veröffentlicht werden. Im Abspann werden alle genutzten externen Werke aus der Adobe-Datenbank als solche automatisch gekennzeichnet.

Die Einblendung des Adobe-Logos kann man in Anbetracht der kostenfreien Nutzung dieser sehr guten Software sicherlich verschmerzen.

Die App funktioniert auch unter Android oder über den Browser auf Windows- und Mac-Rechnern. Anzumerken ist, dass eine einmalige Registrierung bei Adobe nötig ist, um das Programm nutzen zu können. Videoprojekte können auf dem Adobe-Server gespeichert werden. Daher sollten die schulischen Datenschutzbestimmungen des jeweiligen Bundeslandes im Vorfeld konsultiert werden.

3.3.1.3 Clips (Apple)

Clips ist eine App zur Gestaltung von Videocollagen. Auch hier können eigene Bilder importiert und mit gesprochenem Wort versehen werden. Eine Besonderheit der App ist, dass während der Aufnahme automatisch Untertitel generiert werden können. Dies funktioniert nicht nur auf Deutsch, sondern auch in diversen anderen Sprachen, darunter natürlich Spanisch, Französisch und Englisch. Zudem können sogenannte Plakate als Fotoplatzhalter und Erzählvorlage verwendet werden. Es steht eine große Auswahl zur Verfügung, so z. B. zu den Themen „Abenteuer", „Meine Story", „Es war einmal…" oder „Recuérdame" (passend zum *Día de los Muertos*). Neben Fotos und Text kann der*die Sprechende auch eine Aufnahme von sich selbst einfügen und diese mit diversen (Verfremdungs-)Filtern versehen. Es steht dieselbe große Kollektion an Hintergrundmusik zur Verfügung wie in iMovie. Das Exportieren oder Teilen des Videos erledigt sich ebenfalls wie in iMovie mit zwei Klicks. Eine im Funktionsumfang vergleichbare, kostenlose App (insbesondere mit Spracherkennung) für Android ist m.W. nicht erhältlich.

3.3.2 Vier empfehlenswerte Apps für moderne *Digital Stories*

3.3.2.1 Stop Motion Studio (Cateater)

Wie der Name schon vermuten lässt, können mit dieser App Stop-Motion-Trick-

Abb. 5: Eine *Digital Story* über Pablo Picasso als Stop-Motion-Film

filme erstellt werden. Obwohl dies im Grunde mit jedem x-beliebigen Schnittprogramm, wie z. B. iMovie ebenfalls möglich wäre, bietet Stop Motion Studio einige Features, die die Erstellung eines Stop-Motion-Trickfilms erleichtern, so z.B. die Zwiebelschichtfunktion, die es möglich macht, das zuletzt aufgenommene Foto in seiner Transparenz zu verändern, sodass das nächste zu fotografierende Motiv hindurchscheint. So entstehen saubere, verwacklungsfreie Übergänge zwischen den einzelnen Bildern. Der Trickfilm kann innerhalb der App mit einem O-Ton unterlegt werden. Die günstig zu erwerbende Vollversion bietet darüber hinaus die Möglichkeit, lizenzfreie Musik, Filter und Übergänge einzufügen sowie die Videos in höherer Auflösung (bis 4K) zu exportieren.

Stop Motion Studio steht auch für Mac-Rechner und seit Kurzem für Android zur Verfügung.

3.3.2.2 Toontastic (Google)

In der aufwändig gestalteten App Toontastic lassen sich digitale 3D-Figuren zum Leben erwecken. Schüler*innen erstellen mit ihr eigene Animationsfilme. Es stehen drei Erzählvorlagen zur Verfügung (Dreiakter, Fünfakter und Forschungsbericht, die jedoch individuell verändert werden können). Bevor die eigentliche Erstellung der Geschichte beginnt, wird die Erzählstruktur grafisch und mit kurzen Einführungsvideos verdeutlicht. Es steht eine Handvoll digitaler Bühnenbilder zur Verfügung (z. B. die Szenerie einer Schule, eines Piratenschiffs oder eines Tempels). Hintergründe können auch selbst gemalt werden.

Abb. 6: Eine *adventure story* aus Sicht von Cristobal Colón erstellt mit Toontastic

Aus einer Reihe vorgefertigter Figuren werden die Protagonist*innen der Geschichte ausgewählt und können individualisiert werden (z. B. mit einem eigenen Foto des*der Sprecher*in). Als nächstes wird der Ton aufgenommen und die Figuren entsprechend der Geschichte durch das Bühnenbild bewegt. Es kann zudem Hintergrundmusik eingefügt werden. So wird jeder Akt separat bearbeitet. Zuletzt werden der Titel und die Namen der Autor*innen für die Einleitung und den Abspann, die automatisch im Stile eines Spielfilms generiert werden, eingetragen und das Video exportiert oder geteilt. Leider steht die App bisher nur in Englisch zur Verfügung. Toontastic läuft auch auf Android-Systemen.

3.3.2.3 Puppet Pals HD / 2 (Polished Play)

Puppet Pals funktioniert ähnlich wie Toontastic, jedoch mit 2D-Figuren. Während hier keine Erzählstrukturen vorgeben sind, kann wiederum in Puppet Pals mehr individualisiert und auch Tiere und Objekte in das Bühnenbild eingefügt werden. Die Erstellung und der Export einer Geschichte ist genauso einfach wie in Toontastic. Leider stehen in den kostenlosen Versionen von Puppet Pals HD und Puppet Pals 2 nur eine begrenzte Anzahl an Figuren, Objekten und Hintergründen zur Verfügung. Der Kauf der recht günstigen Vollversionen lohnt, wenn häufiger mit Puppet Pals gearbeitet wird. Puppet Pals HD steht nur in englischer, Puppet Pals 2 auch in deutscher Sprache zur Verfügung. Die Apps gibt es nur für das iOS-Betriebssystem.

3.3.2.4 Shadow Puppet Edu (Seasaw Learning)

Shadow Puppet ist eine einfach zu bedienende App, mit der sich u. a. Slideshows erstellen lassen. Obwohl die App optisch eher minimalistisch gehalten ist und nur wenige Bearbeitungsmöglichkeiten bietet, soll sie Erwähnung finden aufgrund der Integration diverser Bilddatenbanken, die lizenzfreie Fotos und Abbildungen zur Verfügung stellen (z. B. Wikimedia Commons, Flickr Creative Commons, Met Museum of Art, The British Library, NASA). Zudem können Landkarten eingefügt werden. Eine gewisse Anzahl an Sehenswürdigkeiten wie z. B. der Machu Picchu oder die Sagrada Família sind bereits im Archiv gespeichert.[8]

4 Fazit

Das Erzählen von Geschichten ist im Menschen inhärent verankert und begleitet

---

[8] Weitere App-Beispiele für das *Digital Storytelling* u. a. mit Märchen finden sich bei Wengler (2021).

uns seit jeher durch unseren Alltag. Der Akt des Geschichtenerzählens und die Rezeption von Geschichten bieten ein großes Potenzial für den Fremdsprachenunterricht, denn sie ermöglichen ein narratives Probehandeln, das Abwägen zwischen diversen Handlungsoptionen, die Initiation von Problemlöseprozessen, das Erreichen von Kontrolle und Autonomie sowie die Erweiterung des moralischen Urteils- und Differenzierungsvermögens und der Empathie. Darüber hinaus wirken sich Erzählen und Rezipieren von Geschichten positiv auf das Lernen aus.

Das *Digital Storytelling* verknüpft das mündliche und schriftliche Erzählen mit multimedialen, multimodalen und multicodalen Inhalten, trägt zur Ausbildung von *multiliteracy* bei und fördert die multimodale Kommunikationsfähigkeit der Lernenden. Es kann als höchst handlungsorientiertes, lernendenzentriertes, autonomieförderndes und kreatives Verfahren in allen Lernjahren zum Einsatz kommen und fördert dort Schreib-, Sprech- und Medienkompetenzen. Zudem erweist es sich als geeignetes Verfahren für die Binnendifferenzierung und die Förderung beeinträchtigter und benachteiligter Personen. Im Spanischunterricht ergeben sich darüber hinaus viele thematische Anknüpfungspunkte für das *Digital Storytelling*.

Eine Implementierung von *Digital Storytelling*-Projekten bereits in der Lehrer*innenbildung liegt insofern nahe, als dass angehende Lehrkräfte, z. B. in Sprachpraxis-Kursen von der Methode zur Förderung ihrer sprachlichen Kompetenzen profitieren können und gleichzeitig diverse professionelle Kompetenzen angebahnt werden. Zudem sieht die KMK (2019, 6) vor, dass „[i]m Rahmen ihres Studiums [...] die angehenden Lehrerinnen und Lehrer optimal dafür auszubilden [sind], digitale Kompetenz in die Schulbildung zu integrieren." *Digital Storytelling*-Projekte im Lehramtsstudium können einen Beitrag dazu leisten, angehende Lehrkräfte für die fachgebundene Förderung digitaler Kompetenzen bei Schüler*innen zu befähigen.

Auch die parallele Evaluation und wissenschaftliche Begleitung solcher Projekte in Universität und Schule zur Eruierung der Potenziale des *Digital Storytelling* über die bereits beforschten Kompetenzbereiche hinaus wären wünschenswert und bieten ein breites wissenschaftliches Betätigungsfeld.

	Material didáctico para descargar / Didaktisches Material zum Herunterladen
Descripción / Beschreibung	Der Anhang enthält einen Arbeitsplan und eine Vorlage für ein *Storyboard*. Diese Materialien laden dazu ein, das Potenzial des *Digital Storytelling* zu nutzen, um Inhalte auf thematisch tiefgreifende und emotional nachhaltige Weise zu behandeln.
Título / Titel	Anhang: Ablaufplan für die Erstellung einer *Digital Story*
Acceso / Zugang	https://www.ibidem-verlag.de/pdf/1900/09.pdf

Bibliographie

AL-AMRI, Haifa Mohammed. 2020. „Digital Storytelling as a Communicative Language Teaching Based Method in EFL Classrooms", in: *Arab World English Journal* 11/1, 270-281.

AMMANN, Christoph. 2017. „Moralische Bildung", in: Martínez, Matías. ed. *Erzählen. Ein Interdisziplinäres Handbuch.* Stuttgart: J. B. Metzler, 259-262.

BLOOM, Benjamin Samuel. ed. 1976. *Taxonomie von Lernzielen im kognitiven Bereich.* Weinheim [u.a.]: Beltz.

BREDELLA, Lothar. 2012. *Narratives und interkulturelles Verstehen. Zur Entwicklung von Empathie-, Urteils- und Kooperationsfähigkeit.* Tübingen: Narr.

BRUNER, Jerome. 1985. „Narrative and paradigmatic modes of thought", in: Eisner, Elliot W. ed. *Learning and teaching the ways of knowing. 84th yearbook, part 2, of the National Society for the Study of Education.* Chicago: University of Chicago Press, 97-115.

CASPERS, Britta. 2017. „Fotografie", in: Martínez, Matías. ed. *Erzählen. Ein Interdisziplinäres Handbuch.* Stuttgart: J. B. Metzler, 56-60.

CASTAÑEDA, Martha & ROJAS-MIESSE, Nohelia. 2016. „Digital Storytelling in the Foreign Language Classroom", in: Moeller, Aleidine J. ed. *Fostering Connections, Empowering Communities, Celebratin the World.* Richmond: Robert M. Terry, 131-146.

EGAN, Kieran. 1986. *Teaching as story telling. An alternative approach to teaching and curriculum in the elementary school.* Chicago: University of Chicago Press.

FLUDERNIK, Monika. 2001. *Towards a 'natural' narratology.* London: Routledge.

FOLEY, Leslie M. 2013. *Digital storytelling in primary-grade classrooms.* Ann Arbor: ProQuest Dissertations Publishing. Online: https://www.proquest.com/docview/1355759958 (22.05.

2023).

FRAZEL, Midge. 2010. *Digital Storytelling. Guide for Educators.* Washington, Eugene: International Society for Technology in Education.

GANSEL, Carsten & VANDERBEKE, Dirk, 2012. „Evolution and Literature: Preface", in: Gansel, Carsten & Vanderbeke, Dirk. edd. *Telling stories / Geschichten erzählen. Literature and evolution / Literatur und Evolution.* Berlin [u.a.]: De Gruyter, 1-4.

HALLET, Wolfgang. 2011. *Lernen fördern: Englisch. Kompetenzorientierter Unterricht in der Sekundarstufe I.* Seelze: Klett/Kallmeyer.

HAŞLAMAN, Tulin. 2017. „Supporting self-regulated learning: A digital storytelling implementation", in: *İlköğretim Online (Elementary Education Online)* 16, 1407-1424.

HEINZ, Susanne. 2016. „Digital storytelling tasks im kompetenzorientierten Englischunterricht in der Sekundarstufe I: ein schulisch-universitäres Projektseminar", in: Becker, Carmen & Rössler, Andrea & Blell, Gabriele. edd. *Web 2.0 und komplexe Kompetenzaufgaben im Fremdsprachenunterricht.* Frankfurt am Main [u.a.]: Peter Lang, 143-156.

HOFFMEISTER, Sonja. 2021. „Tell me a story. Digitale Lernaufgaben zur Stärkung der kommunikativen Kompetenz – Ein Prä-/Post-Design mit einer Multikomponentenintervention zum Wortschatzerwerb als Forschungsprojekt im Master of Education", in: *k:ON - Kölner Online Journal für Lehrer*innenbildung,* 107-135.

HOLZWARTH, Peter. 2008. *Migration, Medien und Schule. Fotografie und Video als Zugang zu Lebenswelten von Kindern und Jugendlichen mit Migrationshintergrund.* München: KoPäd.

INAL, Benjamin & WENGLER, Jennifer. 2021. L'interface parallèle : Ein Plädoyer für die digitale Bildung, in: *französisch heute* 52/3, 5-11.

KAYA, Sinan. 2019. „Digital storytelling as a self-regulated learning tool", in: YILMAZ, Recep & ERDEM, M. Nur & RESULOĞLU, Filiz. edd. *Handbook of research on transmedia storytelling and narrative strategies.* Hershey: IGI Global, 209-232.

KIMURA, Midori. 2012. „Digital storytelling and oral fluency in an English reading class at a Japanese University", in: *International Journal of Computer-Assisted Language Learning and Teaching* 1/2, 1-12.

KMK = Sekretariat der Ständigen Konferenz der Kultusminister der Länder in der Bundesrepublik Deutschland. 2016. *Bildung in der digitalen Welt. Strategie der Kultusministerkonferenz.* Online: https://www.kmk.org/fileadmin/Dateien/pdf/PresseUndAktuelles/2017/Strategie_neu_2017_datum_1.pdf (22.05.2023).

KMK = Sekretariat der Ständigen Konferenz der Kultusminister der Länder in der Bundesrepublik Deutschland. 2019. *Empfehlungen zur Digitalisierung in der Hochschullehre.* Online: https://www.kmk.org/fileadmin/Dateien/pdf/PresseUndAktuelles/2019/BS_190314_Empfehlungen_Digitalisierung_Hochschullehre.pdf (22.05.2023).

KRAEMER, Florian. 2015. „Raum - Perspektive - Narration", in: Döhl, Frédéric & Feige, Daniel Martin. edd. *Musik und Narration:* transcript, 227-244.

KUHN, Markus. 2017. „Film", in: Martínez, Matías. ed. *Erzählen. Ein Interdisziplinäres Handbuch.* Stuttgart: J. B. Metzler, 46-55.

LAMBERT, Joe & HILL, Amy & MULLEN, Nina & PAULL, Caleb & PAULOS, Emily & WEINSHENKER, Daniel & SOUNDARARAJAN, Thenmozhi. 2010. *Digital storytelling cookbook*. Berkeley: Digital Diner Press.

LORANC-PASZYLK, Barbara & FIRLA, Magdalena. 2019 „Engaging students with authentic ways to learn new words: Use of storytelling in the L2 classroom", in: Lenkaitis, Chesla Ann & Hilliker, Shannon M. edd. *Engaging teacher candidates and language learners with authentic practice*, IGI Global, 90-102.

LUCIUS-HOENE, Gabriele & SCHEIDT, Carl Eduard. 2017. „Bewältigen von Erlebnissen", in: Martínez, Matías. ed. *Erzählen. Ein Interdisziplinäres Handbuch*. Stuttgart: J. B. Metzler, 235-242.

MARTÍNEZ, Matías. 2017. „Was ist Erzählen?", in: Martínez, Matías. ed. *Erzählen. Ein Interdisziplinäres Handbuch*. Stuttgart: J. B. Metzler, 2-6.

MELLMANN, Katja. 2012. „Is storytelling a biological adaptation?: Preliminary thoughts on how to pose that question", in: Gansel, Carsten & Vanderbeke, Dirk. edd. *Telling stories / Geschichten erzählen. Literature and evolution / Literatur und Evolution*. Berlin [u.a.]: De Gruyter, 30-49.

MILDORF, Jarmila. 2017. „Musik", in: Martínez, Matías. ed. *Erzählen. Ein Interdisziplinäres Handbuch*. Stuttgart: J. B. Metzler, 87-91.

MOHR, Georg. 2015. „Kann Musik erzählen?", in: Döhl, Frédéric & Feige, Daniel Martin. edd. *Musik und Narration:* transcript, 321-342.

MPFS = MEDIENPÄDAGOGISCHER FORSCHUNGSVERBUND SÜDWEST. 2018. ed. *JIM-Studie 2018. Jugend, Information, Medien. Basisuntersuchung zum Medienumgang 12- bis 19-Jähriger*. Online: https://www.mpfs.de/fileadmin/files/Studien/JIM/2018/Studie/JIM2018_Gesamt.pdf (22.05.2023).

MÜLLER-WOOD, Anja. 2017. „Evolution und Erzählmacht: Zur Natur des Erzählens", in: Eckel, Winfried & Müller-WOOD, Anja. edd. *Die Macht des Erzählens. Transdisziplinäre Perspektiven*. Remscheid: Gardez! Verlag, 21-38.

NIEDERSÄCHSISCHES KULTUSMINISTERIUM. 2017. *Kerncurriculum für das Gymnasium Schuljahrgänge 6 – 10. Spanisch*. Online: https://cuvo.nibis.de/cuvo.php?p=download&upload=58 (22.05.2023).

NIKLAS, Stefan. 2015. „Kopfhören und Narration", in: Döhl, Frédéric & Feige, Daniel Martin. edd. *Musik und Narration:* transcript, 257-274.

RAT FÜR KULTURELLE BILDUNG E. V. 2019. *Jugend / YouTube / Kulturelle Bildung. Horizont 2019. Studie: Eine repräsentative Umfrage unter 12- bis 19-Jährigen zur Nutzung kultureller Bildungsangebote an digitalen Kulturorten*. Online: https://www.stiftung-mercator.de/content/uploads/2020/12/Studie_YouTube_Webversion_final.pdf (22.05.2023).

ROBIN, Bernard R. 2006. „The Educational Uses of Digital Storytelling", in: Crawford, C. et al. edd. *Proceedings of Society for Information Technology & Teacher Education International Conference 2006*. Chesapeake, VA: AACE, 709-716. Online: http://faculty.coe.uh.edu/brobin/homepage/Educational-Uses-DS.pdf (22.05.2023).

SCHNOTZ, Wolfgang. 1994. *Aufbau von Wissensstrukturen*. Untersuchungen zur Kohärenzbildung beim Wissenserwerb mit Texten. Weinheim: Beltz.

STORYCENTER. O. J. Our story. How it all began. Online: https://www.storycenter.org/history (22.05.2023).

STORYCENTER. 2011. *Center for Digital Storytelling – History*. Online: https://vimeo.com/33556414 (22.05.2023).

THE NEW LONDON GROUP. 1996. „A pedagogy of multiliteracies: Designing social futures", in: *Harvard Educational Review* 66, 60-93.

WENGLER, Jennifer. 2017. „Grenzen überwinden, Gefühle zulassen: Ein Plädoyer für die Auseinandersetzung mit Emotionen in der Didaktik der romanischen Sprachen", in: del Valle Luque, Victoria & Koch, Corinna. edd. *Romanistische Grenzgänge: Gender, Didaktik, Literatur, Sprache. Festschrift zur Emeritierung von Lieselotte Steinbrügge*. Stuttgart: ibidem, 159-170.

WENGLER, Jennifer. 2020. „Storytelling Marketing im Unterricht: Hörsehverstehen schulen und moderne Manipulation durchschauen", in: *Der fremdsprachliche Unterricht Spanisch* 70, 30-35.

WENGLER, Jennifer. 2021. „Rotkäppchen revisited: Sieben differenzierende Zugänge zum Digital Storytelling mit Märchen", in: *Hispanorama* 174, 83-90.

WOLF, Karsten D. 2020. „Sind Erklärvideos das bessere Bildungsfernsehen?", in: Dorgerloh, Stephan & Wolf, Karsten D. edd. *Tutorials - Lernen mit Erklärvideos*. Weinheim: Beltz, 17-24.

ZIMMERMAN, Barry J. 2002. „Becoming a self-regulated learner: An Overview", in: *Theory Into Practice* 41, 64-70.

Beatriz Moriano Moriano

"El gran apagón": un *podcast* de ficción distópica en el aula de ELE

¿Qué potencial tiene el *podcast* en el aula de ELE? ¿Qué podemos aprender de una narrativa distópica? Estas preguntas constituyen las claves de nuestra propuesta. En ella abordamos la integración en el aula universitaria de ELE de "El gran apagón", una ficción radiofónica distópica cuya primera temporada seguimos con dos grupos de niveles B1 y B2 en la *Universidade Nova de Lisboa* (Portugal). En la primera parte de nuestro trabajo exponemos las características del *podcast* en cuestión y de la propuesta didáctica, presentamos los resultados de su aplicación a partir de producciones escritas de los estudiantes y apuntamos algunas conclusiones sobre la relevancia de esta contribución. En la segunda parte, ofrecemos una guía didáctica para su exploración en el aula de ELE con niveles de usuarios independientes, según el *Marco Común Europeo de Referencia para las lenguas* (MCER 2002).

1 Introducción

Desde su nacimiento a inicios de siglo como archivo de sonido descargable, el *podcast* ha experimentado y sigue experimentando un desarrollo exponencial. La invención del sistema de redifusión RSS o *Riche Site Summary* en el presente siglo permitió la trasmisión de contenidos de audio que dieron luz al fenómeno *podcasting*. El término procede de un acrónimo formado "a partir de la marca iPod, uno de los reproductores portátiles más populares, y el término *broadcast* ('emisión' o 'transmisión')" (Fundéu 2022), con lo cual, se remite desde su creación a su forma de reproducción a partir de un dispositivo móvil o portátil, la principal característica que lo diferencia de otros medios de información y que ha revolucionado el consumo de contenidos sonoros. Según Santiago & Bárcena (2016, 63), el término fue acuñado por primera vez el 12 de febrero de 2004 en el periódico *The Guardian*, y con él se anticipaba una "revolución del audio amateur". Bajo este concepto, surgen innumerables posibilidades; existen *podcasts* creados específicamente como tales y *podcasts* derivados de programas radiofónicos, en cualquier caso, ambos concebidos para ser descargados en dispositivos móviles sin restricciones de horario. Por otro lado, disponemos de *podcasts* creados con fines didácticos, para el ámbito de ELE, como Radio ELE 1, de la Universidad de Alcalá, Podcasts ELE, Hoy hablamos, *Spanish Podcast, Unlimited Spanish*, etc. Y existe también un universo de *podcasts* no adaptados para la didáctica. En el caso que nos ocupa, nos centraremos en estos últimos, un campo que abarca desde el entretenimiento, el humor, la información, la divulgación científica, hasta el testimonio o el autoperiodismo. En la misma línea, las posibilidades temáticas son tantas casi como *podcasts* existen. Feminismos, literatura, salud mental, programas de desarrollo personal, filosofía, política, viajes, parentalidad, microbiología y sus relaciones culturales… las posibilidades que este medio de transmisión nos ofrece son infinitas. Gran parte de su popularidad radica tanto en su gran diversidad, pues contamos con *podcasts* sobre intereses muy concretos, como en la flexibilidad de acceso a los contenidos, fácilmente descargables con diferentes dispositivos digitales, dependiendo apenas de una conexión a Internet y de una suscripción gratuita. En efecto, los *podcasts* nos transportan como oyentes a lugares insospechados sin limitaciones de horarios, nos permiten participar en diferentes comunidades virtuales y encontrar una vía para el aprendizaje a lo largo de la vida. En el ámbito de las lenguas extranjeras, ofrecen un potencial inestimable, tanto por su diversidad temática, que permite que el usuario acceda a contenidos próximos a sus intereses y necesidades, como por su capacidad para conectarnos con comunidades virtuales en las cuales el aprendizaje es significativo, sin olvidar las ventajas evidentes para el desarrollo de las destrezas orales, tales como la comprensión auditiva de retransmisiones y material grabado para diferentes fines, ya sea extrayendo datos esenciales o información específica, identificando detalles, puntos de vista, implicaciones y actitudes, dependiendo del nivel de competencia del grupo de alumnos. En contrapartida, la enorme variedad de materiales también presenta desafíos a la hora de seleccionar contenidos de calidad, con potencial pedagógico, adecuados al nivel de los estudiantes y que contribuyan a desarrollar el pensamiento crítico. El papel del profesor, al respecto, debe ser el de acompañar la selección de contenidos teniendo en cuenta el perfil del grupo de alumnos y alumnas y reflexionar sobre para qué y cómo integrarlos en el aula, además de favorecer la reflexión crítica en torno a los valores que transmiten. Desde una perspectiva lingüística, es necesario pensar qué actividades de comprensión auditiva podemos diseñar para guiar el proceso de comprensión, de qué paratextos escritos dispone el alumnado (p.ej. título, resumen del contenido) que les avancen elementos clave para la comprensión global y cómo podemos aprovecharlos didácticamente, así como con qué información no verbal cuentan para comprender información específica sobre determinadas escenas. No olvidemos que en el caso de los *podcasts* de ficción narrativa hispana la calidad de los efectos sonoros es cada vez mayor y los elementos no verbales no solo colaboran en la construcción del significado de las escenas, sino que son, de hecho, tan significativos como la información verbal. Por último, debemos insistir en que no se pretende una comprensión palabra por palabra, sino una comprensión que puede ser global o específica pero que, en cualquier caso, debe ser estratégica, esto es, incluir diferentes recursos de apoyo a la comprensión: paratextuales, no verbales y preguntas de la guía didáctica que indican para qué escuchan. Por este motivo, en la propuesta didáctica se recomienda leer las preguntas antes de escuchar, tomar notas breves a medida que escuchan y volver a escuchar si es necesario. Así pues, el papel del profesorado es facilitar la comprensión y reducir la posible frustración ante la complejidad de este formato narrativo.

2 El gran apagón

"El gran apagón"[1] es una serie de ficción sonora creada específicamente como *podcast* que cuenta con tres temporadas de ocho episodios cada una. La duración de cada episodio oscila entre los diez y los veinte minutos. Los audios se alojan en la plataforma Podium Podcast[2], del grupo PRISA radio, merecedora del Premio Ondas 2016 como mejor plataforma radiofónica en Internet. Con guion de José Antonio Pérez Lezo y dirección de Ana Alonso, la serie llegó al millón y medio de descargas en su primera temporada y alcanzó los cuatro millones de descargas en las tres temporadas (Espinosa de los Monteros 2018). Una parte importante de

---

[1] En adelante, EGA.
[2] https://www.podiumpodcast.com/el-gran-apagon/

su éxito se puede atribuir a las voces e interpretaciones de un notable elenco de artistas de la talla de Nacho Novo, Terele Pávez, Miguel Rellán e Irene Escolar. En la web, cada episodio se acompaña de un resumen del contenido y de la transcripción del primer minuto, lo cual puede facilitar la comprensión auditiva para el alumnado de ELE, funcionando a modo de introducción y de síntesis de contenido que podría explotarse en la fase de preparación de la audición con los y las estudiantes, como forma de acercarles a la esencia del episodio. Por ejemplo, en el capítulo 1 de la primera temporada, leemos y escuchamos este fragmento, que resume el punto de partida de la trama narrativa: "El 11 de abril de 2018 se produjo una tormenta solar de clase X9. Fue la más intensa jamás registrada. Dos días después, el 13 de abril, la radiación alcanzó la atmósfera terrestre inutilizando todos los satélites y gran parte de los sistemas eléctricos. El planeta quedó en completa oscuridad. Este evento fue conocido como el Gran Apagón".[3]

3 La narración distópica

Entre las múltiples finalidades de los textos de ficción, la narración distópica plantea mundos alternativos y nos lleva a cuestionar el orden social vigente. Grandes clásicos de este (sub)género literario, como *Brave New World*, de Aldous Huxley (1930), *Animal Farm* (1945) y *Nineteen Eighty-Four* (1984) de George Orwell, proponen una visión del futuro y nos llevan a interrogarnos sobre el presente, enfrentándonos a nuestros miedos como sociedad. En el caso de la primera temporada de EGA, la acción se sitúa en un futuro inminente, el 11 de abril de 2018, y se conecta con noticias que alertan sobre la posibilidad de que un gran fallo eléctrico vuelva a repetirse.[4] De este modo, la ficción se construye sobre varios elementos de la realidad: por un lado, la referencia a apagones históricos como el del verano de 1957 en Europa y América Latina[5], por otro, la remota

---

[3] https://www.podiumpodcast.com/el-gran-apagon/temporada-1/la-tormenta/
[4] La serie fue publicada en 2016 y en su primera temporada se ficcionaliza el futuro de 2018. Este mismo recurso parece orientar el guion de las siguientes temporadas, que sitúan la acción en un año posterior a la publicación de cada temporada. De ese modo, la amenaza en la ficción adquiere un tono más inquietante para los y las oyentes, un recurso más para atraparlos.
[5] La lista de grandes apagones no se limita al año 1957. Hubo otros fallos eléctricos en Nueva York (1965, 1977) y en Argentina, Paraguay y Uruguay 2019 (véase https://es.wikipedia.org/wiki/Apag%C3%B3n_el%C3%A9ctrico_de_Argentina,_Paraguay_y_Uruguay_de_2019).

posibilidad de que se produzca una tormenta solar o geomagnética de impacto global. A ello se les suma la referencia a motines en la cárcel La Modelo (Colombia), conocida por su alto grado de peligrosidad, y el robo de cuadros en el Museo del Prado (España), un hecho propio de un estado de guerra.[6] Escenarios, situaciones y datos que contribuyen a dotar a la ficción de anclajes en la realidad mediante los que se concede verosimilitud al relato. En este cruce, surge una narración distópica que alerta sobre un mundo posible en el que nuestra dependencia digital, el riesgo de fenómenos climáticos extremos y la oscuridad informativa amenazan nuestra libertad y seguridad como ciudadanos.

EGA juega con la veracidad de las pruebas documentales aportadas y un silencio institucional que sugiere desconfianza hacia el papel de los gobiernos como órganos protectores de la sociedad civil y de los sistemas democráticos. En la distopía propuesta por Pérez Lezo, no faltan características de un escenario apocalíptico: una catástrofe natural que imposibilita el acceso a la información, una dudosa gestión institucional con una sospechosa intervención militar, el aislamiento de los ciudadanos, la desconfianza de la gestión gubernamental, el colapso de los sistemas de seguridad y un impacto dramático en diversos puntos del globo que conlleva víctimas morales, además del desabastecimiento de comida y agua corriente.

La serie se presenta como ciencia ficción y se fundamenta en numerosas referencias científicas (alusiones a la NASA, entrevistas a expertos en física, entre otros) que dibujan un panorama extremo pero verosímil, que cobra aún más fuerza dada la pandemia causada por la COVID-19. Es, por sus características, un material con gran potencial para cuestionar el presente y hacernos pensar sobre amenazas futuras, entre ellas, nuestra dependencia digital y los riesgos de la desinformación en la sociedad de la información.

4   Contexto de aplicación

Aplicamos esta propuesta con un grupo universitario de ELE en Portugal de niveles B1 y B2, estudiantes de segundo y tercer curso de las licenciaturas de

---

[6] Como veremos en la guía didáctica, se proponen actividades para explorar estos referentes culturales, incluyendo el traslado de los cuadros del Museo del Prado durante la Guerra Civil (véase anexo).

Lenguas, Literaturas y Culturas y de Traducción en la *Universidade Nova de Lisboa* (Portugal). Durante ocho semanas de clase trabajamos los ocho episodios de la primera temporada. Los y las estudiantes recibieron una guía de apoyo para escuchar cada *podcast* fuera del aula, escucharon el audio, tomaron notas fuera de clase y posteriormente, pusieron en común las respuestas e impresiones en el aula, de forma semanal. La evaluación de la propuesta en los cursos de B1 y B2 se integró en las actividades de evaluación continua y tuvo en cuenta la discusión oral en el aula y la entrega de un comentario final escrito sobre la serie en la novena semana.

5 Resultados de la propuesta: perspectivas de los participantes

A partir de las producciones escritas de los y las estudiantes que dieron su consentimiento informado para participar en este estudio[7], llevamos a cabo un análisis cualitativo de los resultados obtenidos siguiendo las indicaciones de Phatiki (2014), codificando las producciones mediante categorías emergentes. Seleccionamos y presentamos dos de las categorías que surgieron: a) experiencia didáctica innovadora y motivadora; b) aspectos negativos de la experiencia didáctica.

Los datos obtenidos provienen de la actividad final de escritura, realizada en la novena semana de trabajo como práctica de carácter reflexivo[8] que cumple una doble finalidad: permite al alumno autoevaluar su experiencia y aporta perspectivas de los y las estudiantes sobre esta propuesta pedagógica para la docente/investigadora. Veamos los resultados de la primera categoría:

---

[7] Para proteger el anonimato de los y las participantes, cada estudiante recibe un código de identificación (E1, E2, E3 y así sucesivamente).

[8] Revisa tus anotaciones de la serie "El gran apagón" y escribe un comentario personal exponiendo tu opinión: qué es lo que más te ha gustado y qué es lo menos interesante para ti. Para fundamentarla, utiliza ejemplos de tus anotaciones a lo largo de las últimas semanas. Recuerda que puedes referir elementos como el tema, el desarrollo del tema, los personajes, los mejores y peores momentos, el final y qué crees que va a suceder en la segunda temporada.

	Experiencia didáctica innovadora y motivadora
Grupo de B1	
E1	Nunca había escuchado y seguido una **serie en audio** y no pensaba que me pudiese gustar tanto, pero en verdad me *ha*[9] quedado **muy interesada**.
E3	A mí me gustó mucho la primera temporada de este podcast. ¡Oírlo fue una excelente manera de aprender y *praticar* mi español!
E4	A modo de conclusión, considero que este podcast es precioso, **divertido** y altamente misterioso, dado que crea *inmenso* **suspense** entre los episodios, tiene un contenido histórico y *lexical* bueno para aprendices de castellano y, sin *cualquier* duda, **engancha** cualquier persona independientemente de sus gustos.
E5	La historia en *si* **me enganchó** desde el primer momento, porque me gusta la ficción de escenarios apocalípticos (como en las películas "El Día de Mañana" y "Soy Leyenda", por ejemplo), pero también porque creo que la historia en *si* y la narración tienen bastante **calidad**. (...) considero que en general fue una muy buena experiencia para mí y me parece que la mayoría de mis colegas piensan lo mismo.
E6	En resumen, esta serie **valió la pena**.
E7	Es una serie muy interesante y **me encantó escucharla**, pues **no es un tema común** en las series y películas. **La innovación** fue *o* que me encantó **más** y me dejó interesado en esta serie. Con este podcast fue posible para mí aprender más la lengua española.
E8	*Ciencia ficción* no es un género que me guste mucho, siendo yo una persona que prefiere series y películas de comedia. Sin embargo, *lo* **realismo** de "El Gran Apagón" me conquistó y **me** *prendió* desde el primer episodio.
E9	"El Gran Apagón" fue **una novedad** para mí. Esta fue la primera vez que escuché una **serie radiofónica** y *luego* una serie española. (...) Este género de serie de ciencia ficción es algo a que no estoy acostumbrada, pero "El Gran Apagón" fue una sorpresa muy agradable y me *hizo* **ganas de seguir escuchándola**. (...) El *facto* de ser radiofónica y no una serie televisiva, *a cual* estamos acostumbrados, lleva a que el oyente tenga que *tomar* más atención a las palabras de los personajes y consecuentemente desarrolle su vocabulario.
Grupo de B2	
E11	Es increíble que la serie **se apoye en hechos reales** y, aunque parezca ciencia ficción, se puede concluir que **la veracidad** es central en el podcast.
E12	En suma, esta serie fue para mí una gran sorpresa, pues nunca pensé que, siendo una **serie radiofónica**, pudiera ser tan interesante y *cautivante*.

---

[9] Destacamos en cursiva los errores debidos a interferencias lingüísticas que encontramos en las producciones de los y las estudiantes y en negrita las palabras clave para nuestro análisis.

E13	(…) la serie me sorprendió *por la positiva* y me dejó con **ganas de continuar** *a seguirla*. También el hecho de ser una serie **sin la presencia de la imagen** es muy curioso y, al estar bien *realizado* tal como está, aparte de los puntos menos positivos como he mencionado anteriormente, me ha captado bastante.
E14	Para mí esta serie fue muy importante y **productiva** porque me ayudó mucho a aprender mejor el español.
E15	La primera temporada de la serie de ficción sonora "El gran apagón" me dejó **positivamente sorprendida** y con **ganas de** *acompañar* el resto de la serie.
E16	Personalmente **me gustó mucho** la serie ya que **incitaba siempre a ver más** y me dejaba con la curiosidad de saber lo que iba a suceder *a seguir*, *no obstante* fue una buena experiencia **oír una serie sin verla por** *la* **primera vez**. […] Fue una actividad muy diferente de las otras que solemos hacer, porque consistió en solo oír y *percibir* lo que se sucedía en pocos minutos y con pocos personajes.
E17	Después de escuchar la primera temporada del Gran Apagón, tengo sobre todo **impresiones positivas**. A lo largo de todos los ocho episodios el podcast mantiene *los* oyentes **en** *suspenso* y desde el primero hasta el último minuto consigue interesar y hasta asustar con su historia.

Como podemos apreciar, entre los aspectos motivadores destaca el carácter innovador de la serie y de la propia experiencia como oyentes de un *podcast* (E1, E9, E12, E13, E16), que en algunos casos significa entrar en contacto con una propuesta de ficción sonora por primera vez (E1, E9, E16). Como afirma Vázquez (Espinosa de los Monteros 2020, s/p): "Los podcasts son un espacio para la innovación narrativa", y en este caso la innovación percibida se asocia a ficción distópica (E5, E7, E8), un subgénero con muchas posibilidades de exploración en el mundo hispanohablante y más aún en el campo del lenguaje sonoro. Por otro lado, la estructura interna de la narración alterna episodios climáticos y anticlimáticos, con un avance de la acción como cierre de cada uno, lo cual atrapa a los y las estudiantes y, como veremos más adelante, también provoca la consideración de que algunos episodios anticlimáticos son aburridos.

El componente de suspense es uno de los rasgos más señalados, ya que diversos recursos narrativos (verbales y no verbales) captan la atención y el interés de los y las oyentes e impulsan a querer saber más (E4, E5, E8, E9, E12. E13, E15, E16 y E17). Este "querer saber más" tiene relevancia desde una perspectiva didáctica, dado que convierte una propuesta académica en una actividad que también despierta la curiosidad del alumnado, lo cual puede ser un punto de partida para escuchar nuevos *podcasts* con los que desarrollan de forma autónoma su competencia auditiva. Asimismo, se subraya la verosimilitud y la calidad de la documentación (E11), el realismo (E8), la calidad del producto (E5), y la utilidad sentida para el aprendizaje de español como lengua extranjera (E3, E4, E7, E9, E14), especialmente en el desarrollo de vocabulario (E4, E9) y la comprensión oral de una acción que se desarrolla en pocos minutos (E16). Por último y no por ello menos importante, los datos revelan la relevancia del ingrediente lúdico o de placer en el proceso de aprendizaje (E1, E4, E5, E6, E7, E8, E9, E12, E16), de modo que además de tener potencial para la reflexión crítica sobre el mundo que habitamos, la serie entretiene y motiva al alumnado. En consecuencia, podría favorecer la creación de hábitos como oyentes de narrativas digitales en español.

Estos datos, procedentes de los textos producidos por los y las estudiantes para la actividad final de escritura, sumados a la interacción oral semanal en clase en torno a la serie y a las relaciones que se establecieron con problemáticas del momento[10], validan la propuesta por su potencial para desarrollar la competencia comunicativa. Un ejemplo que ilustra la expansión de recursos comunicativos son las siguientes líneas escritas por E11 (grupo de B2). Obsérvese la precisión que logra en la descripción de los sonidos:

E11	El momento de clímax sucede cuando el equipo de televisión, que iba a hacer un reportaje, es atacado y asesinado por un grupo de reclusos, que tenían **silbidos aterrorizadores** como señal para dar inicio al ataque, y al final hay un **grito estridente escalofriante**.

Asimismo, los datos obtenidos en la aplicación de esta propuesta didáctica evidencian que puede favorecer el pensamiento crítico sobre el mundo contemporáneo. En el análisis cualitativo de resultados obtenidos esta cuestión merece un tratamiento aparte como categoría emergente que no podemos desarrollar en esta contribución por motivos de espacio. Con todo, los textos producidos por los y las estudiantes ponen de manifiesto que hubo espacio para el pensamiento crítico. Este fragmento del texto producido por E2 (grupo B1) apunta en esta dirección:

---

[10] Como fue el caso de los graves incendios en Portugal o la crisis catalana, en octubre de 2017, momento en el que aplicamos esta propuesta pedagógica.

E2	Me he *apercibido que* las tecnologías son tremendamente importantes para que la sociedad funcione de manera eficiente, pero creo que nosotros *estamos muy dependientes* de ellas, por eso es complicado intentar vivir sin ellas. En esta serie conseguimos ver que **la sociedad *desmorona* sin tecnología**: podría ocurrir una tormenta solar y nosotros tendríamos mucha dificultad en sobrevivir sin consultar las páginas de internet para saber en realidad lo que *se* pasa.

Como vemos en el texto de E2, nos lleva a cuestionar nuestra relación con los medios digitales, pero también sobre otros aspectos como el papel de las instituciones en momentos de crisis o los intereses ocultos de las teorías conspiratorias. En definitiva, esta experiencia didáctica basada en el EGA nos hace imaginar un futuro alternativo poco alentador que provoca consciencia sobre las fragilidades del presente.

Si hasta este punto del trabajo hemos analizado resultados que asocian motivación e innovación a la experiencia didáctica, veremos a continuación cómo también emergen algunos aspectos negativos.

Aspectos negativos	
Grupo B1	
E2	Los primeros episodios me han enganchado, pero en el episodio en que los militares invaden la casa de David me quita un poco las ganas de escuchar el resto de la serie porque es **muy violento** y al escuchar las voces **me imaginaba** a mí en una situación parecida y no creo que me *iría gustar*.
E3	[...] el episodio 3, "Las Llamadas", fue **muy aburrido y muy innecesario** para la serie (ha mostrado llamadas que las personas hicieron durante y pocos minutos después del apagón). Además, este episodio introdujo personajes innecesarios y que nunca más aparecieron en la serie...
E7	Los episodios que no me *gustaran* nada fueron los episodios tres "Las Llamadas" y siete "Escenario Cero", porque **no tienen acción y son muy aburridos**. Son episodios a *mí* ver innecesarios, porque no contribuyen mucho para la historia.
E8	La única *crítica* que hago al formato es que, en mi opinión, exige *muy* más **atención por parte del oyente**, ya que precisamos de estar más alerta a todos los sonidos para no *perdemos nadie*.
E10	El tercer episodio fue *lo* que me gustó menos, pues a pesar de enfocar el gran problema que sería el fallo de electricidad en un mundo que depende totalmente de la tecnología y para ello muestra el ejemplo de las centrales nucleares, hospitales y vuelos aéreos, que son *incomunicables* y en que miles de personas están en riesgo, durante las llamadas de emergencia, los personajes estaban demasiado *calmas*, **no transmitiendo veracidad**.

Grupo de B2	
E20	Antes de nada, pienso que el seriado ha sido interesante aunque **poco realista**. Se ha hablado mucho de las teorías de conspiración y de *lo* hecho del Gobierno saber lo que *iría ocurrir*. La narrativa de hipótesis (que no lo ha sido nunca, de verdad) se mantiene hasta el capítulo 5, La Mitad Oscura, donde Eduardo Bravo y Mauricio Galera nos hablan de pruebas irrefutables de que todos sabían: las agencias *estadunidenses*, el Escenario Zero; y los camiones en el Prado. "Los Gobiernos *lo* sabían que va a pasar, por lo menos 20h antes" dijeron. (…) Lo que menos me ha gustado, ha sido el ritmo de la narrativa, el hecho de estar lejos de la reacción humana de *sobrevivencia* y de muertes.

Como podemos observar, para algunos y algunas participantes en este estudio, la verosimilitud no alcanza los niveles deseados (E10, E20) y la alternancia entre episodios climáticos y anticlimáticos produce la valoración de que existen hilos narrativos innecesarios (E3, E7) que aburren a los y las oyentes y personajes "que nunca más aparecieron en la serie" (E3) –al menos en la primera temporada.

Otro aspecto señalado por los y las participantes como negativo pero que nos parece relevante y positivo es la atención que reclama por parte de los y las oyentes como producto sonoro (E8). Si por un lado la ausencia de imágenes puede ser exigente y demandar capacidad de concentración por parte del alumnado no habituado a este formato narrativo, por otro, la riqueza de efectos sonoros permite a los y las estudiantes imaginar y visualizar las escenas, lo cual constituye un apoyo para la comprensión de los elementos verbales del texto. En definitiva, los sonidos y los momentos de silencio, además de provocar suspense, son centrales para el significado de los episodios, por lo que no podemos ignorar sus posibilidades didácticas y su carácter complementario en relación con los elementos verbales. De ahí que sea pertinente invitar al alumnado a reflexionar sobre su importancia en la serie y proporcionarle vocabulario para expresarse sobre esta cuestión.[11]

Además, en el comentario de E2 se subraya un punto fundamental, ya que algunos episodios no están exentos de escenas que pueden herir la sensibilidad de los y las oyentes, especialmente el episodio 6, La Modelo, que traslada la acción a la prisión colombiana y relata un motín de 8.000 presos, describiendo las

---

[11] Véanse al respecto las preguntas del episodio 5 de la guía didáctica en el anexo.

extremas condiciones de vida en la cárcel y la difícil supervivencia del exfuncionario Sebastián Mejía. Esta es otra de las cuestiones que emergieron en los comentarios de los participantes, en relación con "los peores momentos" de la serie, la dureza de las condiciones de hacinamiento en La Modelo:

La Modelo	
E3, grupo B1	El peor momento fue oír el relato del funcionario de la cárcel porque yo me estaba imaginando en su lugar e imaginando el miedo que él estaba sintiendo y cómo yo actuaría en una situación similar...
E11, grupo B2	El segundo momento y el más obvio es en el episodio seis: "La modelo", cuando despuntó la violencia en la Cárcel La modelo de Bogotá. El momento de clímax sucede cuando el equipo de televisión, que iba a hacer un reportaje, es atacado y asesinado por un grupo de reclusos, que tenían silbidos aterrorizadores como señal para dar inicio al ataque, y al final hay un grito estridente escalofriante. Este episodio también sirvió de **crítica social** porque el *ex* funcionario, que habla dos años después del acontecimiento y que aún sufre con los recuerdos de aquel momento, tiene temblores, recuerda que la cárcel ya estaba desbordada de presos antes del apagón (eran 70 policías para 8 mil reclusos).

Ante esta cuestión, el docente debe advertir a los y las estudiantes de la dureza de algunas escenas como forma de preparación para contactar con ella. Por parte de los y las estudiantes-oyentes, los datos evidencian reacciones de empatía como respuesta a la narración; a pesar de todo, logran ponerse en el lugar de los personajes (E2, E3) y movilizan la capacidad para comprender el episodio con sentido crítico (E11).

6 Conclusiones

En los últimos años el abanico de *podcasts* en español se ha desplegado con una enorme riqueza de contenidos para las comunidades hispanohablantes. Con todo, este tipo de propuestas, y en particular, las de ficción sonora, siguen disfrutando de menor popularidad que otras ficciones como las que ofrecen el cine y las series audiovisuales, especialmente entre un público joven. Del mismo modo, en el aula de ELE su inclusión es relativamente reciente y requiere, por parte del alumnado, de competencias específicas: atención plena como oyentes en la sociedad de la imagen, tolerancia a la ambigüedad y apertura ante nuevas formas de consumo digital.

Como evidencian las producciones de los y las estudiantes, los resultados de la integración en el aula de EGA son en gran medida positivos. La primera temporada de la serie provoca numerosos interrogantes, estimula el pensamiento crítico sobre el presente, particularmente sobre el desarrollo científico y tecnológico, pero también sobre las relaciones entre política y seguridad ciudadana. Si en el momento de su aplicación práctica, en octubre de 2017, en la discusión en el aula emergieron cuestiones como la crisis catalana y los dramáticos incendios en el interior de Portugal, en el mundo después de la pandemia esta serie podría ser un instrumento adecuado para revisar el pasado reciente y considerar los peligros de una sociedad infodémica en la que se multiplican las teorías conspiratorias.

Para terminar, no podemos obviar que con esta propuesta se refuerza la cohesión del grupo de estudiantes como hablantes que comparten una experiencia de diálogo en el aula guiada por un mismo hilo narrativo. Un hilo narrativo en este caso digital que promueve intercambios comunicativos significativos y aumenta la motivación por comprender nuevos textos digitales no adaptados.

	Material didáctico para descargar / Didaktisches Material zum Herunterladen
Descripción / Beschreibung	Comenzando con una ficha técnica de "El gran apagón", el anexo incluye actividades para el alumnado para los episodios 1 a 8 del *podcast*. Estas actividades invitan a las y los aprendientes a tomar notas, buscar informaciones que no comprendan, completar informaciones, debatir en el aula y generar hipótesis del desarrollo de la historia, entre otras. La guía culmina con dos actividades finales escritas a elegir, ya sea en el nivel B1 o B2 del MCER. Además se encuentran las soluciones a las actividades en una guía para las y los docentes.
Título / Titel	Anexo 1: "El gran apagón" – Guía de trabajo Anexo 2: "El gran apagón" – Guía para las y los docentes
Acceso / Zugang	https://www.ibidem-verlag.de/pdf/1900/10.pdf

Bibliografía

Barceló, Elia. 2020. „Distopías, ensayo de la realidad", in: *Especial El País*. Online: https://elpais.com/especiales/2020/coronavirus-covid-19/predicciones/distopias-ensayo-de-la-realidad/ (22.05.2023).

Consejo de Europa. 2002. *Marco común europeo de referencia para las lenguas: aprendizaje, enseñanza, evaluación*. Online: https://cvc.cervantes.es/ensenanza/biblioteca_ele/marco/cvc_mcer.pdf (22.05.2023).

Espinosa de los Monteros, María José. 2018. „'El gran apagón': el principio del fin", in: *El País, 13.04.2018*. Online: https://elpais.com/elpais/2018/04/13/dias_de_vino_y_podcasts/1523604936_123223.html (22.05.2023).

Espinosa de los Monteros, María José. 2020. „Ignacio F. Vázquez: 'Los 'podcasts' son un espacio para la innovación narrativa'", in: *El País, 28.02.2020*. Online: https://elpais.com/elpais/2020/02/25/dias_de_vino_y_podcasts/1582665755_833960.html (22.05.2023).

Fundéu = Fundación del Español Urgente. 2022. *podcast, adaptación al español*. Online: https://www.fundeu.es/recomendacion/podcast-adaptacion-al-espanol/ (22.05.2023).

Galán Camacho, Felipe. 2018. *Aplicaciones del Podcast en el aula de ELE*. Online: https://ebuah.uah.es/dspace/bitstream/handle/10017/34682/aplicaciones_galan_eleando_2018_N8.pdf?sequence=1&isAllowed=y (22.05.2023).

Matz, Frauke. 2015. „Alternative Words – Alternative Texts: Teaching (Young Adult) Dystopian Novels", in: Delanoy, Werner & Eisenmann, Maria & Matz, Frauke. edd. *Learning with Literature in the EFL Classroom*. Frankfurt am Main [u.a.]: Peter Lang, 263-279.

Phatiki, Aek. 2014. *Experimental Research Methods in Language Learning*. London: Bloomsbury.

Pérez Ledo, José Antonio. 2016. *El Gran Apagón – Temporada 1 – Podium Podcast*. Online: https://www.podiumpodcast.com/podcasts/el-gran-apagon-podium-os/1/ (22.05.2023).

Santiago, Raúl & Bárcena, Elena. 2016. „El potencial de podcast como recurso didáctico para el desarrollo de las destrezas orales de segundas lenguas con dispositivos móviles", in: *Porta Linguarum* 1, 61-72. Online: https://dialnet.unirioja.es/servlet/articulo?codigo=6733380 (22.05.2023).

Marcos, Natalia. 2016. „El día en que la Tierra se quedó a oscuras", in: *El País, 16.08.2016*. Online: https://elpais.com/cultura/2016/08/18/television/1471532392_220195.html (22.05.2023).

Henning Peppel

Grammatikarbeit im Rahmen der *aula invertida*

1 Bestandsaufnahme zur Grammatikarbeit im Spanischunterricht – ein Bericht aus der Praxis

Beim Umgang mit Grammatik im Fremdsprachenunterricht lässt sich in der Unterrichtspraxis auf der einen Seite die Tendenz einer strikten Orientierung an grammatischen Themen innerhalb eines Schuljahres feststellen, wodurch der zu vermittelnde Inhalt bisweilen in den Hintergrund tritt. Dies zeigt sich u. a. darin, dass bei einer Bestandsaufnahme von neu übernommenen Kursen bei der Frage zu bereits behandelten Themen aus dem vorherigen Schuljahr lediglich grammatische Termini im Gedächtnis bleiben – eine inhaltlich-thematische Gebundenheit lässt sich aus Schüler*innenperspektive jedoch häufig vermissen. Gleichwohl manifestieren sich hinsichtlich der vermeintlich erworbenen grammatischen Kompetenz häufig Defizite, die auf eine grundlegende Problematik hinweisen, nämlich der fehlenden nachhaltigen Verankerung grammatischer Phänomene, was ebenso für den Wortschatz gilt. Das in der neueren Sprachwissenschaft und Spracherwerbsforschung postulierte Gesamtbild der Sprache als überwiegend lexikogrammatisches Konstrukt, konnte sich bislang nur vereinzelt in der Unterrichtspraxis etablieren (vgl. Siepmann 2007; Müller-Hartmann & Schocker 2016). Denn auch von den Lehrwerken wird dieser Paradigmenwechsel nur ansatzweise fokussiert, wovon eine eher überschaubare Anzahl von Übungen zu lexiko-grammatischen Spracheinheiten zeugt. Im Hinblick auf den Umgang mit Lehrwerken lässt sich in der Praxis beim Lehren zuweilen eine dogmatische Ausrichtung konstatieren, da diese in vielen Fachgruppen einen normierenden Charakter haben:[1] Ausgehend von der Denkweise, dass der Spanischunterricht am Ende des Schuljahres mit der Beendigung aller *unidades* eines Lehrwerks abgeschlossen sein müsse, bestehen – wenn überhaupt – nur rudimentäre Kenntnisse; häufig erinnert

---

[1] Dies hat eine Umfrage innerhalb einzelner Fachgruppen an Gymnasien in Niedersachsen ergeben. Wenn auch nicht repräsentativ, spiegelt es eine Tendenz wider.

sich lediglich die oberste Leistungsspitze des Kurses noch an das behandelte Phänomen und kann es anwenden. Jedwedes andere Bild würde an dieser Stelle überraschen, da die Quantität an zu vermittelnden Phänomenen im Spanischen innerhalb eines Schuljahres in der Spracherwerbsphase in vielen Lehrwerken eine hohe Anzahl aufweist, sodass Lehrkräfte gar nicht genug Kontexte darbieten können, um die Vorgaben der Rahmenrichtlinien der Länder und den letztlich daran orientierten Lehrwerken mit Blick auf die zu erwerbenden grammatischen Phänomene zu erfüllen. Eine notwendige didaktische Reduktion sucht man in vielen Rahmenrichtlinien vergebens, weshalb hier in Anlehnung an Schmelter (2016, 76 ff.) ein deutlich reflektierterer und qualitativ nachhaltigerer Umgang mit Grammatik postuliert wird als es vielerorts die Rahmenrichtlinien vorschreiben.[2] Auf der anderen Seite lässt sich die Tendenz einer missverstandenen Kompetenzorientierung feststellen, die dazu beigeträgt, dass scheinbar Inhalte nicht nur wichtiger als Korrektheit angesehen werden (was in bestimmten Unterrichtsphasen natürlich seine Berechtigung hat, *fluency before accuracy*), sondern ebenso sprachliche Mittel wie Grammatik nur eine untergeordnete Rolle spielen. Doch wie sollen Inhalte und Kompetenzen vermittelt werden, wenn grundlegende sprachliche Mittel im Bereich der Lexik und der Grammatik fehlen? Denn Kompetenzerwerb – sei er rezeptiv oder produktiv – ist ohne Wissen, d. h. Grammatik und Wortschatz, nicht möglich. An dieser Stelle ergibt sich für Lehrkräfte die Frage nach dem Wie der Wissensvermittlung und welche neuen und zugleich nachhaltigen Wege Grammatikarbeit gehen kann, um sowohl mehrkanalig als auch nachhaltig grammatische Phänomene zu erschließen und sie zu konsolidieren. Welchen Raum dabei digitale Medien einnehmen können, wird schwerpunktmäßig in diesem Beitrag behandelt und anhand eines Beispiels aus der Unterrichtspraxis konkretisiert.

2 Induktion, Deduktion und digitale Medien?

Bei der Frage nach dem Wie der Vermittlung grammatischer Phänomene stoßen

---

[2] Positiv sind in diesem Zusammenhang einige neue curriculare Vorgaben in diversen Bundesländern mit Blick auf coronabedingte Lernrückstände zu verzeichnen.

Lehrende zum einen auf das induktive Verfahren, das im Hinblick auf motivationale Faktoren und der Ausbildung von Sprachbewusstheit zu tatsächlichen Aha-Effekten führen kann (vgl. Peppel 2016, 31 ff.; Neveling 2016, 78). Andererseits sind induktive Verfahren zeitintensiv und sollten wohl überlegt nur da eingesetzt werden, wo Schüler*innen nicht durch das bloße Verstecken und unnatürliche Vorkommen bestimmter Formen in einem Text auf das neuartige Phänomen stoßen (vgl. Sommerfeldt 2016, 5 f.). In diesem Zusammenhang bieten sich insbesondere authentische Materialien an, die zwar häufig im Gegensatz zu Lehrwerkstexten nicht die gesamte Formen- oder Funktionsvielfalt abdecken, dennoch lassen sich vor allem die Funktion bestimmter Tempora und Modi nachhaltig durch authentische Texte verankern. Trotz der lerntheoretisch begründbaren Vorteile des induktiven bzw. entdeckenden Lernens lassen sich zum anderen im Bereich der Nachhaltigkeit – bezogen auf sprachliche Mittel – Studien heranziehen, die einen höheren Lerneffekt bei deduktiven Verfahren aufzeigen, d. h. solche Vorgehensweisen, bei denen die Lehrkraft oder ein anderes Medium ein bestimmtes grammatisches Phänomen erklärt und hinsichtlich Funktion sowie Formenvielfalt systematisiert (vgl. Siepmann 2007, 67 ff.; Norris & Ortega 2002). Anschließend wenden die Lernenden das neue Phänomen in Minikontexten an, festigen es in variantenreichen Übungen und transferieren es auf den thematischen Inhalt. Da dieses Vorgehen, insbesondere aufgrund der fehlenden Schüler*innenorientierung in der Phase der Darbietung und Erklärung des jeweiligen grammatischen Phänomens, wenig motivierend ist, stellt sich die Frage, wie sich die Erkenntnisse der o. g. Studien hinsichtlich der höheren Nachhaltigkeit deduktiver Verfahren in Kombination mit einer motivierenden Spracharbeit, so wie es eine induktive Herangehensweise bietet, für die Unterrichtspraxis nutzbar machen lassen. Hierzu lassen sich digitale Medien heranziehen, die bei den meisten Schüler*innen angesichts der Vertrautheit mit den neuen Medien und der fortgeschrittenen Digitalisierung unseres Alltags eine Motivation evozieren (vgl. Grünewald 2019, 10). Auch wenn ein digitales Medium per se keinen Lernzuwachs generiert, lässt sich dennoch nicht von der Hand weisen, dass sie als Hilfsmittel fungieren können, um durch ihren Neuigkeitseffekt Lernen nicht nur motivierender, sondern – der entscheidende Faktor – unter bestimmten Umständen auch nachhaltiger gestalten zu können (vgl. Grünewald 2016, 463). Hier werden in der Unterrichtspraxis trotz zum Teil mangelnder digitaler Infrastruktur in den Schulen bestehende Ideen nicht voll ausgeschöpft. Dass Lernende darüber hinaus die Gestaltungsmöglichkeiten digitaler Medien nur in Teilen für das Lernen zu nutzen wissen, wird im Unterrichtsgeschehen immer wieder in Phasen deutlich, in denen Handys oder Tablets zur Unterstützung oder Differenzierung herangezogen werden. Daher ist es von Bedeutung, dass die Lehrkraft vorhandene digitale Ressourcen nutzt, um tiefenstrukturelles Lernen in Hinsicht auf herausfordernde Aufgabenstellungen anzubahnen, die eine kognitive Aktivierung bedingen und dabei einer Individualisierung des Lernprozesses Rechnung tragen. Insbesondere im Bereich des individualisierten und selbstorganisierten Lernens wird die Sinnhaftigkeit einer Integration digitaler Medien im Bereich der Grammatik augenscheinlich (vgl. Sommerfeldt 2019, 14). Denn so weisen digitale Medien als neuartiges Lernwerkzeug das Potenzial auf, Lerngegenstände zu emotionalisieren, um tiefgehende Reflexionsprozesse anzustoßen (vgl. Engel & Knaus 2013, 33 ff.).

3 Das SAMR-Modell zur individuellen Erschließung grammatischer Phänomene

Ein didaktisches Reflexions- bzw. Analysemodell, um zu evaluieren, in welchem Maße zur Konzeption eines Lernangebots digitale Medien genutzt werden, bietet das SAMR-Modell von Puentedura (2006), das auf den vier Stufen *substitution*, *augmentation*, *modification* und *redefinition* basiert. Für den Unterricht bedeutet dies konkret, dass im ersten Schritt die herkömmlich genutzten (analogen) Medien durch neue Medien ersetzt werden, ohne dass sich die Funktion der Aufgaben ändert. Durch die neue Technologie ist es im folgenden Schritt möglich, Aufgaben umzugestalten und in ihrer Funktion zu erweitern (*augmentation*). Der dritte Schritt, die *modification*, eröffnet neue Unterrichtsmöglichkeiten, die schließlich in etwas münden, das vorher noch nicht umsetzbar war, die *redefinition*, für die digitale Medien nun zwingend erforderlich sind. Es wird ersichtlich, dass das SAMR-Modell eine graduelle Steigerung der Anwendung von neuen digitalen Medien im Unterricht fokussiert und durch diese Hierarchisierung wird impliziert, dass mit jeder Stufe eine höhere Bearbeitungstiefe erfolgt, welche besser ist als zuvor, mit dem Ziel bis zur letzten Stufe vorzudringen. Neue Lerntechnologie wird dabei als ein wesentlicher Einflussfaktor auf Unterricht betrachtet. Kritisch lässt sich in diesem Zusammenhang im Einklang mit Akcaouglo et al. (2016, 7 ff.) die fehlende Betrachtung des Lernprozesses auf dem Weg zum finalen Lernprodukt ansehen sowie die Beschreibung einer weitgehend kontextfreien Lehr-Lernumgebung. Darüber hinaus sind die Rahmenbedingungen stärker zu berücksichtigen, die die Entscheidung der Lehrkraft für die *substitution* bedingen. Ein alternatives Modell, das Bereiche wie den Kontext in Augenschein nimmt, ist das TPACK-Modell (vgl. Harris et al. 2008).[3] Das SAMR-Modell hat grundsätzlich nicht zum Ziel, analoge Medien zu ersetzen, es geht vielmehr um eine reflektierte Integration digitaler Medien, wodurch neue den Lernzuwachs der Schüler*innen fördernde Aufgabensettings unter Berücksichtigung individueller Lernwege entwickelt werden können. Auch hinsichtlich der Förderung der grammatischen Kompetenz der Lernenden lässt sich das SAMR-Modell sinnvoll heranziehen:

- *substitution:*

Ersetzung analoger Medien oder Materialien durch digitale Repräsentationen: zu lesende Texte werden digitalisiert auf Tablets dargeboten; Ziel ist die Erschließung einer neuen grammatischen Form.

- *augmentation:*

Auf dieser Ebene wird eine Erweiterung des Status Quo durch neue Technologien sichtbar, indem z. B. Multimedia-Inhalte verwendet werden, d. h. aufgefundene Signalwörter oder richtig zugeordnete Formen des neuen Paradigmas aus dem Text können medial sowohl visuell als auch auditiv eingebettet werden. Den Lernenden wird auf diese Weise bereits während der Erarbeitung mediales Feedback gegeben, was mit herkömmlich analogem Material nur vereinzelt oder gar nicht möglich ist. Allerdings stellen in diesem Zusammenhang simple Feedbackroutinen (z. B. richtig/falsch) per se keine Verbesserung im Sinne eines nachhaltigen Lernens dar, so wie es sich bei zahlreichen Apps feststellen lässt; hierfür wäre ein individuell zugeschnittenes Feedback von der Lehrkraft oder der App nötig.

---

[3] Das TPACK-Modell bildet folgende für die Unterrichtsvermittlung relevanten Wissensbereiche ab: technologisches (T), pädagogisches (P) sowie inhaltliches Wissen (CK). Dieses Modell hat das Ziel, einen Orientierungsrahmen für die für Lehrkräfte notwendigen Wissensbereiche darzustellen, um durch Technologien eine verbesserte Lernumgebung zu schaffen.

- *modification:*

Mit diesem Schritt beginnt die Transformation von Aufgabensettings durch digitale Medien, d. h. eine digitale Unterstützung wird aufgrund der Umgestaltung der Aufgaben für deren Bewältigung notwendig. Die Vorzüge der neuen Technologien werden von den Schüler*innen dahingehend genutzt, dass im Bereich der Grammatik spezifische grafische Darstellungen gewählt werden können, die die Funktion eines neuartigen grammatischen Phänomens erklären. Auch Apps zum grammatischen Thema mit Auswahl an Aufgaben können Anwendung finden oder sog. *minigames*, d. h. durch das Lösen von Übungen werden neue schwierigere Level erreicht, wobei das finale Ziel die Lösung einer situativen Aufgabe darstellt. Im methodischen Bereich können Schüler*innen gegenseitig ihre Ergebnisse teilen und diese anschließend überprüfen, kommentieren und diskutieren.

- *redefinition:*

Der Schritt der Neubelegung fokussiert Aufgabensettings, die ohne digitale Unterstützung nicht möglich sind. So können die Schüler*innen eigene Videos zum grammatischen Phänomen erstellen, um für andere Lernende schwer verständliche Inhalte didaktisch zu reduzieren (z. B. über Visualisierungen).

3.1 Unterrichtskonzept zur Schulung des *imperfecto de subjuntivo* durch schüler*innenseitige Lehrvideos

Dass digitale Medien im Unterricht zur nachhaltigen Verankerung von Grammatik verwendet werden können, zeigt sich im nachfolgend erläuterten und auf dem SAMR-Modell beruhenden Projekt, das der Einführung und Konsolidierung des *imperfecto de subjuntivo* gewidmet ist.

3.1.1 Didaktisch-methodischer Kommentar

Auf sachanalytischer Ebene stellt der *imperfecto de subjuntivo* ein für die Lernenden grundsätzlich schwierig zu erfassendes Phänomen dar; das komplexe grammatisch-morphologische System der einzelnen Tempora des Subjunktivs mit seiner Formenvielfalt stellt die Schüler*innen vor Herausforderungen. Sachanalytisch herausfordernd erweist sich in diesem Zusammenhang aus Schüler*innensicht besonders seine Funktion angesichts der Inexistenz eines solchen Modus in der Erstsprache der meisten Lernenden (Deutsch). Besonderheiten beim *imperfecto de subjuntivo* zeigen sich in dem Bestehen zweier Verbalformen, mit den Endungen *-ara* und *-iera* auf der einen und *-ase* sowie *-iese* auf der anderen Seite, die im heutigen Spanisch weitgehend synonym gebraucht werden, wenngleich sie regionalen Schwankungen hinsichtlich Gebrauch und Funktion unterworfen sind.[4] Im Sinne der didaktischen Reduktion bleiben dabei die Formen auf *-ase* und *-iese* in der Betrachtung ausgespart. Wie auch der *presente de subjuntivo* ist der *imperfecto de subjuntivo* syntaktisch betrachtet als Modus der Unterordnung anzusehen, da er fast ausschließlich in Nebensätzen Verwendung findet.[5] Er wird daher in Kontexten gebraucht, in denen in selbstständigen Satzgefügen ein Wille (volitive Funktion), ein Zweifel (dubitative Funktion) oder eine thematische Bewertung (thematisch-kommentierende Funktion) zum Ausdruck gebracht werden (vgl. Gsell & Wandruszka 1986). Beim *imperfecto de subjuntivo* referiert die Sprecher*innenaussage dabei auf einen Wunsch, Zweifel oder eine thematische Bewertung in der Vergangenheit. Eine weitere wichtige Funktion, in welcher der *imperfecto de subjuntivo* frequent auftritt, zeigt sich in irrealen Bedingungssätzen der Gegenwart, wobei der durch die Konjunktion *si* eingeleitete Nebensatz seinen obligatorischen Gebrauch nach sich zieht. Letztere Verwendungsweise wurde einleitend in dem hier skizzierten Unterrichtsprojekt zunächst fokussiert, und zwar anhand des Liedes *Si yo fuera un chico* von Beyoncé Knowles, das sowohl die Themenfelder *amor* und *desamor* als auch geschlechterspezifische Klischees in den Blick nimmt, die aus dem Liedtext herausgearbeitet werden können (vgl. für einen mehrsprachigen Ansatz Wirth 2015). Im hier skizzierten Unterrichtsvorhaben ist den Lernenden einer fortgeführten Einführungsphase oder Qualifikationsphase in der Sekundarstufe II die Funktion und auch das Verbalparadigma des

---

[4] In etymologischer Hinsicht entsprechen die Formen *-ase* und *-iese* dem Konjunktiv Imperfekt im Lateinischen, während die hauptsächlich im schulischen Kontext durch die Lehrwerke gelehrte und gelernte Form auf *-ara* und *-iera* dem lateinischen Plusquamperfekt Indikativ entspricht (vgl. Dietrich 1987, 28 f.).

[5] Formen wie *Ojalá fuera viva* entsprechen ebenfalls einem untergeordneten Satzgefüge, da derlei Konstruktionen als verselbstständigte Nebensätze zu betrachten sind.

presente de subjuntivo sowie des *condicional*, das zur Bildung des irrealen Bedingungssatzgefüges der Gegenwart im weiteren Verlauf benötigt wird, bekannt. Im Verlaufe der Einheit wurden immer wieder Situationen geschaffen, in denen die Lernenden diese beiden sprachlichen Mittel im Zusammenhang mit dem Themenfeld *amor y desamor* verwenden mussten. Darüber hinaus ist es bei der Einführung des *imperfecto de subjuntivo* von Bedeutung, die 3. Person Plural des *pretérito perfecto simple* (*indefinido*) kommunikativ einzubetten und zu seiner Verwendung anzuregen, da diese Formen für die Schüler*innen als Ausgangsbasis zur Bildung des *imperfecto de subjuntivo* fungieren.[6] Zur Erleichterung der morphologischen Herleitung ist daher eine Integration der 3. Person Plural des *pretérito perfecto simple* notwendig, z. B. mittels des Arbeitsauftrages: *Presenta lo que hicieron tus amigos/amigas/padres el fin de semana pasado*. Anknüpfend an derlei Arbeitsaufträge lassen sich im Rahmen des o. g. Liedes *Si yo fuera un chico* die Schüler*innenaussagen nutzen, um geschlechterspezifische Aktivitäten und Klischees zu sammeln, die sich im Zusammenhang mit dem Liedtext vergleichen und erweitern lassen. Auf der in diesem Vorhaben im Fokus stehenden sprachlichen Ebene ist die Erschließung der unbekannten Form *fuera* unproblematisch, weil deren Erschließung aus dem Kontext oder unter Heranziehung des englischen Originaltitels *If I were a boy* erfolgen kann (vgl. Wirth 2015). Obgleich für eine rein induktive Erschließung des Verbparadigmas nicht genügend Formen des *imperfecto de subjuntivo* im Liedtext vorkommen, ist das Sprachwissen der Lernenden über die Funktionalität von Verwendungen zu einer Erschließung hinreichend. Des Weiteren ist die Funktion der Form *fuera* als irrealer Sachverhalt dem englischen Konditionalsatzgefüge in ihrer Funktion für die Lernenden leicht zu durchschauen. Durch die sinnvolle Integration des *presente de subjuntivo* und insbesondere der 3. Person Plural des *pretérito perfecto simple* innerhalb der Einheit wurde zum einen die generelle Funktion des Subjunktivs und zum anderen

---

[6] Der Terminus *pretérito perfecto simple* wird der RAE folgend dem *indefinido* vorgezogen, um bei den Schüler*innen einer Konfusion in Bezug auf die Verwendungsweise des *pretérito imperfecto* vorzubeugen, wenngleich letztgenannter Terminus in vielen Lehrwerken genutzt wird (vgl. die Lehrwerke *¡Apúntate!*, *¡Vamos! ¡Adelante!* oder auch *¿Qué pasa?*).

die Herleitung des *imperfecto de subjuntivo* vorentlastet. Im Sinne der Substitution lässt sich sowohl der Liedtext als auch die Hypothesenbildung zur Form *fuera* durch digitale Medien darbieten, z. B. über digitale Tools wie *Task Cards* oder *Padlet*, bei der nach einer Phase der Einzelarbeit Hypothesen im Plenum zentral projiziert werden können und anschließend mit dem*der Partner*in die Hypothesen diskutiert werden. Kleinschrittige Instruktionen von Seiten der Lehrkraft erleichtern diese: *Destaca la función de la forma "fuera" en este contexto y su equivalente en inglés. ¿Con qué forma verbal tiene semejanza?* Beim Vorhandensein von Tablets lässt sich bereits der Bereich der Augmentation und Modifikation anlegen, da Kommentare und Hypothesen problemlos an den Rand notiert werden können, um diese anschließend direkt digital mit dem*der Sitznachbar*in zu teilen und ggf. erneut zu kommentieren und zu versenden. So besteht ein direktes wechselseitiges Feedback unter den Schüler*innen. Durch die Ähnlichkeit der Form *fuera* zum *pretérito perfecto simple* der Formen von *ser* (*fueron*) wird bereits die grundlegende Herleitungsregel aufgespürt, denn es besteht keine weitere Form im Spanischen, die für eine etwaige Ableitung in Frage käme; auch der Rückgriff auf die 3. Person Plural des *pretérito perfecto simple* ist durch das vorhandene -*r* in *fueron* augenscheinlich. Differenziert kann über digitale Technologien weitergearbeitet werden, indem sich Schüler*innen an dem Bedingungssatzgefüge probieren, z. B. durch anregende Teilsätze wie *Si yo fuera un chico/una chica, (yo) + condicional + porque... / Si fuera un animal / un color / un país / mi vecino/-a de clase (yo) + condicional + porque...* Durch dieses Automatisieren, das wiederum über Tablets oder über digitale Tafeln geteilt werden kann, ergibt sich bei allen Schüler*innen ein Lernzuwachs, da die Konstruktion *Si + fuera* + Person/Objekt ein lexiko-grammatisches Halbfertigprodukt der Sprache darstellt, das sich auf diese Weise internalisiert. Mit Blick auf das konkrete Vorgehen bietet es sich an, dass Schüler*innen auf einen der durch die o. g. Programme geschaffenen QR-Code oder Link Zugang erhalten und anschließend die Aufgabe bearbeiten. Anschließend können sich die Lernenden Peer-Feedback über das Programm geben und auch die Umsetzung der Ideen kommentieren.

In Bezug auf die Erweiterung des Sprachbewusstseins können Schüler*innen sich als *detective de la lengua* verstehen und das Formenparadigma mit ihrem vorhandenen Sprachwissen von *fuera* auf andere Personalformen beziehen und diese vervollständigen; diese Hypothesenbildung erweist sich in der Praxis von Schüler*innenseite meist als gelungen und oftmals zeigen Paradigmen die folgenden Formen: *fuero*/fuera, fueras, fuera, fueramos*/fuéramos, fuerais, fueran*. Lernende sind somit im Sinne der Sprachbewusstheit in der Lage, durch Analogie weitgehend korrekte Formen zu bilden.

3.1.2 *La clase invertida*

Im Folgenden überprüfen die Lernenden ihre Hypothesen, erweitern diese und übertragen sie auf weitere Verbparadigmen, indem sie sich im Rahmen der *clase invertida* (vgl. hierzu u. a. Gödeke & Rovirò 2018, 6 ff., Gloeckner 2018, 117 ff.) ein von der Lehrkraft ausgewähltes Lern- bzw. Erklärvideo zum *imperfecto de subjuntivo* eigenständig zu Hause anschauen.[7] Der Unterricht wird somit umgedreht, wodurch sich der Terminus *clase invertida* oder *flipped classroom* ergibt, denn der i. d. R. in der schulischen Präsenzphase stattfindende Input erfolgt nicht im Unterricht, sondern zu Hause; der Unterricht dient hingegen der Übung, Festigung und Vertiefung des Inhalts (vgl. Sprung 2017, 6). In Bezug auf Individualisierung (hier nach Lerntempo) und selbstorganisiertem Lernen weisen Erklärvideos ein großes Potenzial auf, das sich gezielt an dieser Stelle nutzen lässt, da Lernende immer wieder bei unklaren Aspekten stoppen, vor- und zurückspulen oder sich die Videos mehrfach anschauen können. Diesbezüglich ist es im Sinne der Transparenz sinnvoll, bereits an dieser Stelle darauf hinzuweisen, dass die *tarea final* darin besteht, in Kleingruppen ein eigenes Lernvideo zur Bildung und zum Gebrauch des *imperfecto de subjuntivo* zu erstellen, wodurch hinsichtlich einer Aufgabenorientierung ein Endprodukt im Fokus steht (vgl. Sawellion & Wolf-Zappek 2016, 174 ff.). Des Weiteren besteht eine zweite *tarea final* darin, dass Lernende ein inhaltliches Produkt erstellen, und zwar ein Erklärvideo, in welchem sie Tipps für eine Klausur geben (*consejos para un examen*); dabei verwenden sie sinnhaft den *imperfecto de subjuntivo* (z. B. *Si tuvieras un examen mañana, sería importante…*, aber auch *antes de un examen sería recomendable* /

---

[7] Der Link zu dem entsprechenden Erklärvideo lautet https://www.youtube.com/watch?v=duCcOPWKDL8; für das Bereitstellen des Videos sei meiner Kollegin Dr. Sandra Bermejo Muñoz vielen Dank ausgerichtet.

fundamental que tú...). Dies kann im Rahmen eines Projektes mit der (imaginären) Austauschschule im spanischsprachigen Ausland erfolgen. Zur weiteren Schaffung von Transparenz sowie einer nachfolgenden Evaluation hinsichtlich der Gestaltung der Videos und der damit zusammenhängenden inhaltlichen Wertschätzung der Schüler*innenprodukte ist es von Bedeutung, dass sich die Schüler*innen selbst im Vorfeld dazu äußern, welche Gütekriterien ein Erklärvideo aus ihrer Sicht beinhalten sollte und wie es gestaltet sein muss, um einen Lernzuwachs zu generieren. Die Lehrkraft kann weitere wichtige Kriterien hinzufügen. Damit sich Lernvideos grundsätzlich für die Schüler*innen als ertragreich erweisen, sind folgende Kriterien bei der Auswahl des Materials zu berücksichtigen (vgl. u. a. Jesper o. J., zit. Nach Sommerfeldt 2019, 15; Bergmann & Sams 2012, 99):

1) zeitliche Angemessenheit.

2) fachliche Korrektheit

3) gute Bild- und Tonqualität

4) angemessene Einsprachigkeit

5) sinnvolle (didaktische) Gliederung

6) Zugänglichkeit und Verfügbarkeit des Videos

7) transparenter Aufgabenapparat zum Video

8) kognitive Aktivierung der Lernenden durch das Video

9) sinnvolle didaktische Progression

10) Strukturiertheit des Videoinhalts

11) Altersangemessenheit und motivierende Gestaltung

12) Möglichkeit des Rückgriffs auf das Video im Unterricht selbst

Das ausgewählte Erklärvideo weist in Bezug auf die Funktionsweise des *imperfecto de subjuntivo* insofern eine Reduktion auf, als dieses ausschließlich seinen Gebrauch in volitiven, dubitativen und thematischen Kontexten der Vergangenheit thematisiert. Durch den vorherigen Fokus auf den Liedtext und seinem darin frequent vorkommenden und bereits durch die Lernenden erschlossenen irrealen Bedingungssatzgefüge bleibt dieser Anwendungsbereich aus dem Erklärvideo zur Vermeidung von Doppelungen ausgespart. Individualisierte Aufgabenstellungen zu den Videos erleichtern dabei das deduktive Nachvollziehen des Videoinhalts mit Blick auf sein Formenparadigma und seine Funktion (siehe AB 1a+b + QR-Code).[8] Das in spanischer Sprache gedrehte Video ist durch sein langsames Sprechtempo, den eingebauten Wiederholungen und der sich unter dem Video angeführten Erklärungen auch für Lernende gut nachvollziehbar, die mehr Unterstützungsbedarf benötigen. Nach der häuslichen Videophase ist es in der Folgestunde notwendig, dass Raum für etwaige Rückfragen zur Verwendung und Formenbildung des *imperfecto de subjuntivo* geboten wird. Dies erfolgt in erster Linie durch die gemeinsame Sicherung der Ergebnisse, die sich auf das Formenparadigma und die funktionale Anwendung der neuen Form in geschlossenen Aufgabenkontexten bezieht (siehe AB 1a+b). Die Lernenden können Unklarheiten zunächst untereinander besprechen oder Ergebnisse der Mitschüler*innen durch die geschaffene digitale Tafel der Lehrkraft einsehen und kommentieren. Die Ergebnisse werden dann mithilfe eines Beamers im Unterricht projiziert. Die Lehrkraft rückt dabei in den Hintergrund und kann ggf. Irrtümer im Falle von weiterhin bestehenden Unklarheiten ansprechen bzw. korrigieren. Anschließend bieten sich weitere variantenreiche und individualisierte Übungsformate im Rahmen eines Stationenlernens zur Festigung des neuen grammatischen Phänomens an. Zur individualisierten Überprüfung der Formen des neuen Verbalparadigmas in geschlossenen Aufgabenformaten lassen sich in diesem Zusammenhang Apps verwenden, die über die Seite https://learningapps.org abgerufen werden können. Hier finden sich etwa ein Dutzend geschlossene Aufgaben zur Formenüberprüfung – u. a im Quiz-Format – des *imperfecto de subjuntivo*; kritisch zu sehen ist bei diesen Apps, dass die Übungen dekontextualisiert sind, doch durch mögliche Spielmodi (im Sinne von „Wer wird Millionär?") ist der Neuigkeitseffekt zum Einschleifen der Formen, bevor der Transfer in einen situativen Kontext erfolgt, motivierend. Mit stärkeren Lerngruppen lässt sich dieser Schritt überspringen

---

[8] Das Material ist insofern differenziert aufbereitet, als den Lernenden mit mehr Unterstützungsbedarf zur Erleichterung der Herleitung mehr Formen dargeboten werden, die sich mit Blick auf eine korrekte Analogiebildung heranziehen lassen. Die Lernenden können dabei in Bezug auf den Ablauf der Differenzierung selbst entscheiden, welches Material oder welchen QR-Code sie wählen.

und es kann direkt im Sinne des SAMR-Modells zum letzten Schritt, der *redefinition*, übergegangen werden, indem die Lernenden eigene Videos zum Gebrauch und der Bildung des *imperfecto de subjuntivo* erstellen. In Bezug auf einen kumulativen Kompetenzaufbau sollte das inhaltliche Endprodukt zu den *consejos para un examen* im Anschluss erfolgen.

3.1.3 Lernen durch Lehren mit schüler*innenseitigen Erklärvideos

Ausgehend von dem bisher erworbenen Wissen, den erarbeiteten Kriterien für gelungene Erklärvideos sowie den Beispielvideos, anhand derer das neue grammatische Phänomen nachvollzogen wurde, erstellen die Lernenden eigene Erklärvideos, um das neue Phänomen handlungsorientiert durch das Prinzip Lernen durch Lehren zu internalisieren (vgl. Martin 1996). Bei der Durchführung der schüler*innenseitigen Lehrvideos ist eine dezidierte Planung notwendig, um gelungene Projekte zu erstellen, wobei die Lehrkraft als Fachexpert*in beratend zur Seite steht (vgl. Gloeckner 2019, 34 f.). Die Kleingruppen, aus drei Lernenden bestehend, haben den geplanten Inhalt zunächst auf einem Storyboard festgehalten, auf dem die Texte zum Inhalt verfasst wurden. Dafür wurde eine Doppelstunde veranschlagt. Da die Lernenden im Vorfeld den Aspekt der Strukturiertheit und Transparenz des Videos als besonders wichtig erachtet haben, wurden hierzu Kriterien erarbeitet: Im Konkreten bedeutete dies, dass die Videos eine *introducción*, eine *parte principal* und eine *conclusión* beinhalten mussten. Als zusätzlicher Anreiz wurde den Lernenden angeboten, dass die erstellten Videos – unter der Voraussetzung ihres Einverständnisses – für zukünftige Lerngruppen verwendet werden können, um dieses komplexe Phänomen anderen Schüler*innen zu erklären. Bei der Erstellung des Lehrvideotypen (z. B. Screencast oder Realvideo), für die eine weitere Doppelstunde sowie eine Einzelstunde verwendet wurden, hatten die Schüler*innen freie Hand. In dem gesehenen Erklärvideo zum *imperfecto de subjuntivo* war ein reales Video mit Animationen zu sehen. Weitere vorgestellte Möglichkeiten zur Videoerstellung bestehen in einem Screencast-Video, also bspw. die vertonte Aufnahme einer Power-Point-Präsentation. Eine weitere Technik ist die von vielen Schüler*innen aus anderen *flipped classroom*-Projekten bereits bekannte Wisch- und Legetechnik, bei der Wörter auf Papierschnipsel notiert und dann ins Bild geschoben werden, wodurch sich Bild- und Textelemente parallel aufnehmen lassen. Für letzteres ist es wichtig, dass die Lehrkraft Material in Form von DIN A3-Papier (weiß und bunt) bereithält sowie entsprechende Stifte für Notizen und zum Malen. Auch Animationsvideos oder Videos mit realen Tafeln waren bei der Erstellung möglich oder ggf. Kombinationen aus verschiedenen Lehrvideotypen (vgl. ebd.).

Während sich die meisten Gruppen für die Wisch- und Legetechnik entschieden haben[9], wählte eine Gruppe ein Realvideo in Kombination mit einer realen Tafel.[10] Für die Videoaufnahmen haben die Schüler*innen entweder Digitalkameras oder ihre eigenen Handys verwendet. Damit die Kommunikation in der Fremdsprache stattfindet, wurde durch die Lernenden selbst ein*e Sprachwächter*in ausgewählt, der*die auf die Einhaltung der Zielsprache in der Gruppe achtete. Des Weiteren wurde den Gruppen *un soporte lingüístico* (siehe AB 2) visualisiert am ActiveBoard zur Verfügung gestellt, um die Kommunikation in der Zielsprache aufrechtzuerhalten. Auf didaktischer Ebene haben die Lernenden während des Videodrehs ihre eigenen, schüler*innenorientierten Lernwege im Hinblick auf die Formenbildung gewählt, um im Rahmen des Prinzips Lernen durch Lehren für sie zugänglichere Wege zur Erschließung der Formenbildung zu skizzieren. So reduzierten einige Gruppen die Erklärung aus dem Video zur Formenbildung auf eine Grundbasis, indem – wie im Lehrvideo – die 3. Person Plural des *pretérito perfecto simple* (z. B. *vivieron*) als Ausgangspunkt genommen wurde und im Anschluss zur Bildung nicht vom Stamm abgeleitet wurde (*viv-*), sondern lediglich die Personalendung *-on* abgetrennt wurde, wodurch sich die Form *vivier-* ergibt. Von dieser Form ausgehend wurden sodann die Personalendungen *-a*, *-as*, *-a*, *-amos*, *-ais* und *-an* angefügt. Auf den Akzent der 1. Person Plural wurde gesondert hingewiesen. Da sich diese Herleitungsregel sowohl auf regelmäßige als auch auf unregelmäßige Verben (z. B. *tener* → *tuvieron* → *tuvieron* → *tuviera, tuvieras, tuviera* etc.) anwenden lässt, haben die Schüler*innen selbstständig in Anlehnung an das Erklärvideo eine vereinfachte Formenbildung erschlossen. Die morphologische Genauigkeit hinsichtlich des Stamms und der

---

[9] https://alp.cloud.streamworld.de/embedded/2fa009c4-0ffe-4ef9-b5c0-4c60c4b75031
[10] https://alp.cloud.streamworld.de/embedded/4ad8af37-ed46-49da-a09f-b60dbc3d2d15

Endung blieben hierbei zwar unberücksichtigt, doch die Herleitung war für die Schüler*innen durch den eigenen Lernweg logisch zu erfassen. Ein weiterer Weg bezog sich auf alle regelmäßigen Verben mit den Endungen *-ir* und *-er* sowie alle unregelmäßigen Verben. So rekurrierte eine Lerngruppe bei den o. g. Verbgruppen zur Formenbildung auf die unregelmäßigen Formen von *ser* des *imperfecto de indicativo*, indem sie erkannten, dass sich zur Herleitung des *imperfecto de subjuntivo* der Verbstamm + *-i-* des *pretérito perfecto simple* heranziehen lässt (z. B. *poder* → *pudieron* → *pudieron* → *pudiera, pudieras, pudiera, pudiéramos, pudierais, pudieran*). Es wird augenscheinlich, dass die Lernenden bei einem Großteil der Verben durch einen eigenen Lernweg, der keinen Bezug zum gezeigten Lehrvideo aufweist, zum Erfolg kommen. Selbst der häufig zu beobachtenden Problematik der Akzentsetzung bei der 1. Person Plural ließ sich auf diese Weise entgegenwirken.

Das zweite Video im Rahmen eines aufgabenorientierten Ansatzes nach der Internalisierung des Gebrauchs und der Bildung des *imperfecto de subjuntivo* bezog sich auf ein Projekt mit der bestehenden spanischen oder lateinamerikanischen Partnerschule: *En el marco de un proyecto con tu instituto asociado en Mérida discutís estrategias útiles para aprender y para prepararse para un examen. Por eso vais a grabar un vídeo en el que dais consejos acerca de un aprendizaje efectivo y una preparación para un examen.*

Da die Schüler*innen in diesem Aufgabenformat die Möglichkeit haben, auf all ihre sprachliche Kompetenz zurückzugreifen, wurden gestaffelte Hilfestellungen in Form von Chunks angeboten, die unterschiedliche Modi nach sich ziehen. Die unterschiedliche Komplexität ist dabei durch Asterisken gekennzeichnet:

Para prepararse bien para un examen, es esencial que tú (+ presente de subj.)**

Para aprender de modo efectivo, sería recomendable que tú (+ imperfecto de subj.)***

Si tuviera un examen mañana, (+ condicional)**

Durch die gekennzeichneten Schwierigkeitsgrade haben die Schüler*innen einen transparenten Einblick über die Komplexität der zu verwendenden sprachlichen Mittel. Tatsächlich griffen die meisten Lernenden während des zweiten Videos auf die Verbalformen des *imperfecto de subjuntivo* zurück, um sich herauszufordern und die neuen Formen weiter zu konsolidieren.

3.1.4 Auswertung und Feedback

Da sich alle Schüler*innen im Vorfeld dazu bereit erklärt hatten, dass die Videos zum Gebrauch und zur Bildung auch für Mitschüler*innen aus anderen Lerngruppen verwenden werden dürfen, bekam ein Parallelkurs in Abstimmung mit der unterrichtenden Lehrkraft die Möglichkeit, das *imperfecto de subjuntivo* anhand der Schüler*innenvideos (siehe Fußnoten 8 und 9) nachzuvollziehen; hierfür wurden zwei Videos ausgewählt, zu ersterem liegt differenzierendes Material bei, welches die Mitschüler*innen während der Bearbeitung nutzen können (siehe AB 3a+b). Dieser Kurs fungierte somit als Kontrollgruppe zur Überprüfung, ob die schüler*innenseitig erstellten Videos nachvollziehbar waren. Die Schüler*innen erhielten die Aufgabe sich diese zu Hause anzuschauen und dabei mithilfe eines zum Video passenden Aufgabenapparats zu bearbeiten. Durch die von den Mitschüler*innen sinnvoll und vielfach korrekt bearbeiteten Aufgaben lässt sich dank der Videos durchaus von einem Lernzuwachs bei den Mitschüler*innen sprechen. Zumal im Anschluss an die Aufgabenapparate die Lernenden der Kontrollgruppe den *imperfecto de subjuntivo* in einer situativen Aufgabe anwenden mussten, die auf eine Reise in die Vergangenheit abzielte mit Blick auf erfüllte und nicht erfüllte Wünsche: *En un proyecto con tu instituto asociado en Mérida habláis de las esperanzas que teníais de niño/-a. Escribe un e-mail a tu pareja de intercambio en el que le presentas tus esperanzas.*

Es wurden Beiträge genannt wie:

Buenos días Rocio:

Espero que estés bien y que tengas un buen tiempo en Mérida.

Quería escribirte por el proyecto que estamos realizando por el momento.

Cuando tenía 8 años, esperaba que cumpliera muy pronto 18 años. De hecho,

el tiempo pasó volando. Además, esperaba que pudiera vivir en un castillo como princesa, pero

claro que este deseo no se hizo realidad 😊 *.*

...

Um sich gegenseitiges Feedback zu den erstellten Erklärvideos zu geben, erfolgte in der Folgestunde eine gemeinsame Sichtung der Videos mit den Schüler*innen, die die Videos gedreht hatten. Hierfür wurden weder Punkte noch Noten durch die Mitschüler*innen vergeben, vielmehr wurde der Blick auf konkretes Feedback gelegt, das weit über eine Bepunktung oder zu unkonkreten Floskeln wie *muy bien* etc. hinausgeht. So hat die Lehrkraft im Vorfeld der Videoschau ein *Padlet* zum Thema Feedback erstellt, das Satzanfänge darbietet, die die Schüler*innen im Anschluss an das gesehene Video auf dem Tablet oder Handy vervollständigen. Die Videoproduzent*innen können nach dem Video sofort das anonymisierte Feedback einsehen, auf das sich durch das *Padlet* beim nächsten Videodreh problemlos zurückgreifen lässt. Folgende Satzanfänge sind dabei für ein differenziertes Feedback möglich, das für eine weitere Festigung Konstruktionen beinhalten kann, die den *imperfecto de subjuntivo* nach sich ziehen:

Lo que me gusta especialmente en vuestro vídeo, es (que)…	*porque…*
Para la próxima vez, sería recomendable que…	*porque…*
Vuestro vídeo me ha inspirado a usar … la próxima vez	*porque…*
Después de ver vuestro vídeo, tengo más claro que…	*porque…*

Hierbei sollte im Vorfeld thematisiert werden, dass ein wertschätzendes Feedback im Sinne einer Netiquette bedeutsam ist, um eine angenehme Art der Kommunikation im digitalen Raum zu schaffen, die zielführend, transparent und zwischenmenschlich adäquat ist (vgl. Thor 2011).

Die Nachhaltigkeitseffekte dieses Projektes durch die mehrkanalige Internalisierung des Phänomens, die tiefgehende Beschäftigung sowie kreative Umsetzung des Inhalts angesichts der selbsterstellen Videos müssten in einer längeren Studie zur Messung der Internalisierung der sprachlichen Mittel durch diesen Ansatz näher beleuchtet werden. Angesichts dargebotener individualisierter Lernwege, dem Neuigkeitseffekt sowie die weitgehend autonome Förderung des Lernens sind nachhaltige Lerneffekte wahrscheinlich. So müsste geprüft werden, ob es für einen Großteil der Schüler*innen möglich bleibt, das neu erworbene Phänomen produktiv sowohl im mündlichen als auch im schriftlichen Gebrauch spontan abzurufen. Weiterhin bedarf es immer wieder Situationen im Unterricht, in denen thematisch eingebettet die neuen sprachlichen Mittel von den Lernenden verwendet werden müssen. Dies bietet sich zum Beispiel in Form von Hypothesenbildungen (1) an, wenn Schüler*innen über das Verhalten von Charakteren Mutmaßungen anstellen oder durch Ratschläge das *imperfecto de subjuntivo* gebrauchen müssen (2):

---

(1) *Sería posible que...* / *Podría ser que...* (+ *imperfecto de subj.*)

(2) *Si estuviera en el lugar del / de la protagonista,* (+ *condicional*)

(3) *Parece como si el / la protagonista* (+ *imperfecto de subj.*)

Denn trotz dieser tiefgehenden Beschäftigung mit dem neuen Phänomen, sollten sprachliche Mittel immer wieder gefestigt und in neuen Situationen Anwendung finden, um einer nachhaltigen Konsolidierung Rechnung zu tragen. Des Weiteren bietet sich den Lernenden jederzeit die Möglichkeit, auf die selbst erstellten Erklärvideos zurückzugreifen, wovon einige Schüler*innen im Rahmen von Klausurvorbereitungen Gebrauch machten. Dadurch wird nicht nur die Sinnhaftigkeit solch digitaler Projekte mit den Schüler*innen augenscheinlich, sondern sie schaffen eine tiefenstrukturelle Auseinandersetzung mit den Lerninhalten.

4 Weitere digitale Medien zur Förderung der Sprachkompetenz

Neben der Nutzung von Erklärvideos und dem Erstellen von Lernvideos durch die Schüler*innen selbst lassen sich weitere digitale Tools verwenden, um Lernprozesse bewusst zu machen und somit nachhaltig zu fördern. Digitale Plattformen, z. B. *Padlet* (siehe AB 1a+b) und *TaskCards*, die im Laufe des Vorhabens mehrfach für Unterrichtsimpulse und zum Feedback gebraucht wurden, lassen sich grundsätzlich nutzen, um wichtige Inhalte nachhaltig zu sichern. Die Schüler*innen erhalten einen Link oder einen QR-Code von der Lehrkraft, der eine Aufgabe enthält, die zu Hause oder im Unterricht von den Lernenden bearbeitet wird. Auf diese Weise lässt sich z. B. eine eigene große digitale Grammatiktafel durch die Lernenden selbstständig entwerfen, indem sie sich interessensdifferenziert einem grammatischen Aspekt widmen und dieses auf der digitalen Tafel erklären und Beispielsätze geben. Die Mitschüler*innen und auch die Lehrkraft können dabei Feedback geben und mögliche Korrekturen vornehmen. Da sich auf die notierten Inhalte der Lerner jederzeit zurückgreifen lässt, erstellen die Schüler*innen ihre eigene digitale Grammatiktafel, die im Laufe der Schuljahre erweitert werden kann. Für grammatisches Feedback im Sinne einer Reflexionsaufgabe sind derlei Plattformen ebenfalls sinnvoll. So können die Lernenden am Ende der Einheit oder nach der Kognitivierung, Anwendung und Festigung eines neuen Phänomens – je nach Lernstand – über seine Funktion oder etwaige Schwierigkeiten durch vorgegebene Satzanfänge reflektieren:

En esta unidad he aprendido que / cómo / a (+ infinitivo) / lo que...
Ahora puedo / tengo la posibilidad de (+ infinitivo)... / sé cómo...
Esta construcción gramatical / Este tiempo verbal / modo verbal sirve para... / me ayuda a (+ infinitivo)...
Para mí, lo más fácil / difícil de esto es... porque...
Sigo teniendo problemas con... porque...

Diese auf ein grammatisches Phänomen bezogenen Selbstreflexionen der Lernenden lassen sich immer wieder bei Texten oder vor Klassenarbeiten und Klausuren heranziehen. Auch digitale Fehlerkorrekturgitter über die o. g. Plattformen lassen sich zielführend als Berichtigungsmethode einsetzen, da die Schüler*innen auf diese Weise ein individuelles Fehlerprotokoll führen, das sie immer wieder nutzen und erweitern können; dafür muss für jede*n Schüler*in am Anfang eines Schuljahres ein Link oder QR-Code erstellt werden.

Einen ganzen Fundus an behavioristischen Übungen bietet die Seite learningapps.org, die für alle Bereiche der Förderung der Sprachkompetenz Übungen bereithält. Da jedoch nicht alle Aufgaben zielführend und didaktisch brauchbar sind, sollte hier eine Vorauswahl durch die Lehrkraft erfolgen. Die einzelnen Bausteine setzen keine informatischen Kenntnisse voraus, sodass es ebenso möglich ist, niedrigschwellig weitere Bausteine durch die Lernenden erstellen zu lassen. Gleichwohl unterliegen – wie oben erwähnt – die meisten Übungen behavioristischen Prinzipien, was im Sinne eines nachhaltigen Lernprozesses problematisch ist. Andererseits können solche Übungen durch den Neuigkeitseffekt und bei einer adäquaten Vorauswahl durch die Lehrkraft hinsichtlich gut zu schaffender Aufgabenformate einen Motivationsschub gewährleisten. Im Idealfall stellen sich durch die behavioristischen Übungen Erfolgserlebnisse ein, die anschließend für die nächste Phase nutzbar gemacht werden, nämlich die Verwendung der sprachlichen Mittel innerhalb eines kontextualisierten Aufgabensettings, in welchem diese sinnhaft Anwendung finden.

Auch die Memofunktion des Handys, die auf mittlerweile fast allen Endgeräten vorinstalliert ist, lässt sich für eine Transferaufgabe nutzen, in die die neu erworbenen sprachlichen Mittel münden. Bezogen auf die mündliche Kommunikation der Schüler*innen kann für Transferaufgaben die Memofunktion insofern genutzt werden, als Aufnahmen an ausgewählte Mitschüler*innen (z. B. per E-Mail) nach der Aufnahme versendet werden. Der*Die Mitschüler*in erhält einen inhaltlichen Hörauftrag und legt beim zweiten Hördurchgang den Fokus auf das sprachliche Mittel, das notwendig zur kommunikativen Bewältigung der Aufgabe ist. So können Lernende z. B. unter Verwendung des *futuro perifrástico* über Aktivitäten des bevorstehenden Wochenendes sprechen, die Mitschüler*innen notieren nach mehrmaligem Hören der Aufnahme einige Aktivitäten (*…va a quedar con sus amigos*) und konzentrieren sich dann auf die richtige Verwendungsweise der neuen Form; dieses Feedback kann ebenfalls über die Memofunktion laufen und zeigt sich als zielführend mit Blick auf Motivation, gegenseitiges Feedback und einer Initiierung selbstständiger Lernprozesse.

5   Abschlussbetrachtung und Ausblick

Der sinnvolle Einsatz digitaler Technologien entspricht nicht nur den Bedürfnissen der Gegenwart, sondern insbesondere auch der Zukunft, für die die Lernenden gewappnet sein müssen. Digitale Medien lassen sich sinnvoll und zielführend für individualisierte Lernwege und selbstorganisiertes Lernen einsetzen, was sich durch das Unterrichtsprinzip der *clase invertida* und selbsterstellten Lernvideos schüler*innenorientiert umsetzen lässt. Durch die intensive Beschäftigung mit dem Inhalt, in diesem Fall in Bezug auf ein sprachliches Mittel, unter Berücksichtigung des Verfahrens Lernen durch Lehren tauchen die Schüler*innen tiefer in eine Unterrichtsmaterie ein als es herkömmliche Wege vermögen. So wäre es z. B. denkbar, zu Beginn eines Schuljahres eine Bestandsaufnahme an sprachlichen Mitteln – z. B. bisher erlernte Tempora oder andere Bereiche der Grammatik – durch die Lernenden mithilfe von selbst erstellten Erklärvideos zu wiederholen, um eine grundlegende Basis für die Weiterarbeit zu schaffen; dies kann sich naturlich ebenfalls an behandelte Inhalte orientieren. Für eine flächendeckende Verwendung digitaler Medien – z. B. in Form von Tablets oder stabilem WLAN – fehlt es leider vielerorts immer noch an funktionierender Infrastruktur. Gleichwohl lassen sich bereits heute digitale Ressourcen, wie z. B. die Verwendung von Handys zur Aufnahme oder in Kamerafunktion nutzen, um Lernprozesse zu individualisieren und aus Schüler*innensicht selbst zu organisieren. Spätestens die Covid 19-Pandemie hat gezeigt, dass digitale Medien von entscheidender Bedeutung beim Unterstützen von Lernprozessen sind und neue Formen des Erlernens und Anwendens hierdurch ermöglicht werden. Dies bedeutet allerdings nicht, dass herkömmliche analoge Medien aus dem Unterricht zu verbannen sind. Entscheidend ist aus motivationaler Sicht letztlich die Mischung und vor allem deren sinnvolle, komplementäre Verwendungsweise, um den Schüler*innen ein nachhaltiges, individualisiertes Lernen auf verschiedenen Wegen zu ermöglichen.

Material didáctico para descargar /	
Didaktisches Material zum Herunterladen	
Descripción / Beschreibung	Die Lernaktivitäten werden durch das Ansehen eines Lernvideos zum *imperfecto de subjuntivo* unterstützt. Die Arbeitsblätter begleiten den Prozess des Wissenserwerbs, der Systematisierung und des Übens im *flipped classroom* und bieten darüber hinaus sprachliche Unterstützung bei der Erstellung von Erklärvideos.
Título / Titel	AB 1a: La formación y el uso del ___ (versión menos difícil)
	AB 1b: La formación y el uso del ___ (versión más difícil)
	AB 2: Soporte lingüístico durante el trabajo en grupos
	AB 3a: La formación y el uso del ___ (versión menos difícil)
	AB 3b: La formación y el uso del ___ (versión más difícil)
Acceso / Zugang	https://www.ibidem-verlag.de/pdf/1900/11.pdf

Bibliographie

AKCAOGLU, Mete & HAMILTON, Erica & ROSENBERG, Joshua M. 2016. "The Substitution Augmentation Modification Redefinition (SAMR) Model: a Critical Review and Suggestions for its Use", in: *TechTrends* 60/5, 433-441.

BERGMANN, Jonathan & SAMS, Aaron. 2012. *Flip your classroom: reach every student in every class every day*. Eugene, Oregon & Washington, DC: International Society for Technology in Education.

DIETRICH, Wolf. 1987. "Die funktionale Entwicklung des Typs *cantaveram* in den romanischen Sprachen", in: Dahmen, Wolfgang & Holtus, Günter & Kramer, Johannes & Metzelin, Michael. edd. *Latein und Romanisch. Romanistisches Kolloquium I*. Tübingen: Narr, 126-143.

ENGEL, Olga & KNAUS, Thomas. 2013. *fraMediale – digitale Medien in Bildungseinrichtungen* (3. Bd.), München: kopaed, 21-60.

GÖDECKE, Georgia & ROVIRÓ, Bàrbara. 2018. "La clase invertida – mehr als eine neue Lehr-/Lernmethode", in: *Hispanorama* 162, 6-9.

GLOECKNER, Mareike. 2018. "Der geflippte Fremdsprachenunterricht", in: Werner, Julia & Ebel, Christian & Spannagel, Christian & Bayer, Stephan. edd. *Flipped Classroom – Zeit für deinen Unterricht Praxisbeispiele, Erfahrungen und Handlungsempfehlungen*. Gütersloh: Bertelsmann Stiftung, 117-128.

GLOECKNER, Mareike. 2019. "Lehrvideos aus Schülerhand", in: *Der fremdsprachliche Unterricht Spanisch* 65, 33-37.

GRÜNEWALD, Andreas. 2016. "Digitale Medien und soziale Netzwerke im Kontext des Lernens und Lehrens von Sprachen", in: Burwitz-Melzer, Eva & Mehlhorn, Grit & Riemer, Claudia & Bausch, Karl-Richard & Krumm, Hans-Jürgen. edd. *Handbuch Fremdsprachenunterricht*, 6. Auflage. Tübingen: A. Francke, 463-466.

GRÜNEWALD, Andreas. 2019. "Spanischunterricht mit digitalen Medien: Lernen mit Apps", in: *Hispanorama* 166, 10-13.

GSELL, Otto & WANDRUSZKA, Ulrich. 1986. *Der romanische Konjunktiv*. Tübingen: Niemeyer.

HARRIS, Judi & KOEHLER, Matthew J. & MISHRA, Punja. 2009. "Teachers' technological pedagogical content knowledge and learning activity types: Curriculum-based technology integration reframed", in: *Journal of Research on Technology in Education* 41/4, 393-416.

HUMMEL, Martin. 2013. "Modus", in: Born, Joachim & Folger, Robert & Laferl, Christopher F. & Pöll, Bernhard. edd. *Handbuch Spanisch. Sprache, Literatur, Kultur, Geschichte in Spanien und Lateinamerika. Für Studium, Lehre, Praxis*. Berlin: Erich Schmidt, 324-329.

MARTIN, Jean-Pol. 1996. "Das Projekt ‚Lehren durch Lernen' – eine vorläufige Bilanz", in: *Fremdsprachen Lehren und Lernen* 25, 70-86.

NEVELING, Christiane. 2016. "Verfügung über sprachliche Mittel", in: Bär, Marcus & Franke, Manuela. edd. *Spanisch-Didaktik. Praxishandbuch für die Sekundarstufe I und II*. Berlin: Cornelsen, 61-91.

NORRIS, John M. & ORTEGA, Lourdes. 2002. „Effectiveness of L2 Instruction: A Research Synthesis and Quantitative Meta-analysis", in: *Language Learning* 50, 417-528.

PEPPEL, Henning. 2016. „Aprender la gramática pintando", in: *Der fremdsprachliche Unterricht Spanisch* 55, 31-34.

PUENTEDURA, Ruben R. 2006. *Transformation, Technology and Education*. Online: http://www.hippasus.com/rrpweblog/archives/2012/08/23/SAMR_BackgroundExemplars.pdf (22.05.2023).

SAWELLION, Sandra & WOLF-ZAPPEK, Sabine. 2016. „Planung und Durchführung von kompetenzorientiertem Unterricht", in: Bär, Marcus & Franke, Manuela. edd. *Spanisch-Didaktik. Praxishandbuch für die Sekundarstufe I und II*. Berlin: Cornelsen, 174-210.

SCHMELTER, Lars. 2016. „Die dienende Funktion der Grammatik im Französischunterricht", in: Küster, Lutz & Krämer, Ulrich. edd. *Mythos Grammatik? Kompetenzorientierte Spracharbeit im Französischunterricht*. Seelze: Kallmeyer, 74-84.

SIEPMANN, Dirk. 2007. „Wortschatz und Grammatik: zusammenbringen, was zusammengehört", in: *Beiträge zur Fremdsprachenvermittlung* 46, 59-80.

SOMMERFELDT, Kathrin. 2016. „Verfügen über die sprachlichen Mittel", in: *Der fremdsprachliche Unterricht Spanisch* 55, 4-11.

SOMMERFELDT, Kathrin. 2019. „'Digitales Lernen' im Spanischunterricht – 10 Denkanstöße", in: *Der fremdsprachliche Unterricht Spanisch* 65, 9-16.

SPRUNG, Tina. 2017. „Wenn Lehrer ausflippen", in: *didacta* 2/2017, 4-7.

THOR, Alexander. 2011. *Knigge für soziale Netzwerke. Einstieg ins Web 2.0; Erfolg im Mitmachweb – stilvoller Umgang, kontrollierbare Privatsphäre*. Berlin: Rhombos.

WIRTH, Götz. 2015. „Mehrspachiges Grammatikprojekt mit Popsongs: Irreale Bedingungssätze der Gegenwart", in: von Kahlden, Ute. ed. *Mehrsprachigkeit im Unterricht*. Stuttgart: Klett, 7-14.

Romanische Sprachen und ihre Didaktik (RomSD)

Herausgegeben von Michael Frings, Andre Klump & Sylvia Thiele

ISSN 1862-2909

1 Michael Frings und Andre Klump
   (edd.)
   Romanische Sprachen in Europa. Eine
   Tradition mit Zukunft?
   ISBN 978-3-89821-618-0

2 Michael Frings
   Mehrsprachigkeit und Romanische
   Sprachwissenschaft an Gymnasien?
   Eine Studie zum modernen Französisch-,
   Italienisch- und Spanischunterricht
   ISBN 978-3-89821-652-4

3 Jochen Willwer
   Die europäische Charta der Regional-
   und Minderheitensprachen in der
   Sprachpolitik Frankreichs und der
   Schweiz
   ISBN 978-3-89821-667-8

4 Michael Frings (ed.)
   Sprachwissenschaftliche Projekte für
   den Französisch- und
   Spanischunterricht
   ISBN 978-3-89821-651-7

5 Johannes Kramer
   Lateinisch-romanische
   Wortgeschichten
   Herausgegeben von Michael Frings als Festgabe
   für Johannes Kramer zum 60. Geburtstag
   ISBN 978-3-89821-660-9

6 Judith Dauster
   Früher Fremdsprachenunterricht
   Französisch
   Möglichkeiten und Grenzen der Analyse von
   Lerneräußerungen und Lehr-Lern-Interaktion
   ISBN 978-3-89821-744-6

7 Heide Schrader
   Medien im Französisch- und
   Spanischunterricht
   ISBN 978-3-89821-772-9

8 Andre Klump
   „Trajectoires du changement
   linguistique"
   Zum Phänomen der Grammatikalisierung im
   Französischen
   ISBN 978-3-89821-771-2

9 Alfred Toth
   Historische Lautlehre der Mundarten
   von La Plié da Fodom (Pieve di
   Livinallongo, Buchenstein) und Col
   (Colle Santa Lucia), Provincia di
   Belluno unter Berücksichtigung der
   Mundarten von Laste, Rocca Piétore,
   Selva di Cadore und Alleghe
   ISBN 978-3-89821-767-5

10 Bettina Bosold-DasGupta und Andre
   Klump (edd.)
   Romanistik in Schule und Universität
   Akten des Diskussionsforums „Romanistik und
   Lehrerausbildung: Zur Ausrichtung und
   Gewichtung von Didaktik und
   Fachwissenschaften in den
   Lehramtsstudiengängen Französisch, Italienisch
   und Spanisch" an der Johannes Gutenberg-
   Universität Mainz (28. Oktober 2006)
   ISBN 978-3-89821-802-3

11 Dante Alighieri
   De vulgari eloquentia
   mit der italienischen Übersetzung von Gian
   Giorgio Trissino (1529)
   Deutsche Übersetzung von Michael Frings und
   Johannes Kramer
   ISBN 978-3-89821-710-1

12 Stefanie Goldschmitt
   Französische Modalverben in
   deontischem und epistemischem
   Gebrauch
   ISBN 978-3-89821-826-9

13 Maria Iliescu
   Pan- und Raetoromanica
   Von Lissabon bis Bukarest, von Disentis bis
   Udine
   ISBN 978-3-89821-765-1

14 Christiane Fäcke, Walburga Hülk und
   Franz-Josef Klein (edd.)
   Multiethnizität, Migration und
   Mehrsprachigkeit
   Festschrift zum 65. Geburtstag von Adelheid
   Schumann
   ISBN 978-3-89821-848-1

15 Dan Munteanu Colán
La posición del catalán en la Romania según su léxico latino patrimonial
ISBN 978-3-89821-854-2

16 Johannes Kramer
Italienische Ortsnamen in Südtirol. La toponomastica italiana dell'Alto Adige
Geschichte – Sprache – Namenpolitik. Storia – lingua – onomastica politica
ISBN 978-3-89821-858-0

17 Michael Frings und Eva Vetter (edd.)
Mehrsprachigkeit als Schlüsselkompetenz: Theorie und Praxis in Lehr- und Lernkontexten
Akten zur gleichnamigen Sektion des XXX. Deutschen Romanistentages an der Universität Wien (23.-27. September 2007)
ISBN 978-3-89821-856-6

18 Dieter Gerstmann
Bibliographie Französisch: Autoren
Zweite erweiterte und aktualisierte Auflage
ISBN 978-3-8382-1322-4

19 Serge Vanvolsem e Laura Lepschy
Nell'Officina del Dizionario
Atti del Convegno Internazionale organizzato dall'Istituto Italiano di Cultura Lussemburgo, 10 giugno 2006
ISBN 978-3-89821-921-1

20 Sandra Maria Meier
„È bella, la vita!"
Pragmatische Funktionen segmentierter Sätze im *italiano parlato*
ISBN 978-3-89821-935-8

21 Daniel Reimann
Italienischunterricht im 21. Jahrhundert
Aspekte der Fachdidaktik Italienisch
ISBN 978-3-89821-942-6

22 Manfred Overmann
Histoire et abécédaire pédagogique du Québec avec des modules multimédia prêts à l'emploi
Préface de Ingo Kolboom
ISBN 978-3-89821-966-2 (Paperback)
ISBN 978-3-89821-968-6 (Hardcover)

23 Constanze Weth
Mehrsprachige Schriftpraktiken in Frankreich
Eine ethnographische und linguistische Untersuchung zum Umgang mehrsprachiger Grundschüler mit Schrift
ISBN 978-3-89821-969-3

24 Sabine Klaeger und Britta Thörle (edd.)
Sprache(n), Identität, Gesellschaft
Eine Festschrift für Christine Bierbach
ISBN 978-3-89821-904-4

25 Eva Leitzke-Ungerer (ed.)
Film im Fremdsprachenunterricht
Literarische Stoffe, interkulturelle Ziele, mediale Wirkung
ISBN 978-3-89821-925-9

26 Raúl Sánchez Prieto
El presente y futuro en español y alemán
ISBN 978-3-8382-0068-2

27 Dagmar Abendroth-Timmer, Christiane Fäcke, Lutz Küster und Christian Minuth (edd.)
Normen und Normverletzungen
Aktuelle Diskurse der Fachdidaktik Französisch
ISBN 978-3-8382-0084-2

28 Georgia Veldre-Gerner und Sylvia Thiele (edd.)
Sprachvergleich und Sprachdidaktik
ISBN 978-3-8382-0031-6

29 Michael Frings und Eva Leitzke-Ungerer (edd.)
Authentizität im Unterricht romanischer Sprachen
ISBN 978-3-8382-0095-8

30 Gerda Videsott
Mehrsprachigkeit aus neurolinguistischer Sicht
Eine empirische Untersuchung zur Sprachverarbeitung viersprachiger Probanden
ISBN 978-3-8382-0165-8 (Paperback)
ISBN 978-3-8382-0166-5 (Hardcover)

31 Jürgen Storost
Nicolas Hyacinthe Paradis (de Tavannes) (1733 - 1785)
Professeur en Langue et Belles-Lettres Françoises, Journalist und Aufklärer
Ein französisch-deutsches Lebensbild im 18. Jahrhundert
ISBN 978-3-8382-0249-5

32 Christina Reissner (ed.)
Romanische Mehrsprachigkeit und Interkomprehension in Europa
ISBN 978-3-8382-0072-9

33 Johannes Klare
Französische Sprachgeschichte
ISBN 978-3-8382-0272-3

34 Daniel Reimann (ed.)
Kulturwissenschaften und Fachdidaktik
Französisch
ISBN 978-3-8382-0282-2

35 Claudia Frevel, Franz-Josef Klein und
Carolin Patzelt (edd.)
Gli uomini si legano per la lingua
Festschrift für Werner Forner zum 65. Geburtstag
ISBN 978-3-8382-0097-2

36 Andrea Seilheimer
Das grammatikographische Werk Jean Saulniers
Französischsprachige Terminologie und Sprachbetrachtung in der *Introduction en la langue espagnolle* (1608) und der *Nouvelle Grammaire italienne et espagnole* (1624)
ISBN 978-3-8382-0364-5

37 Angela Wipperfürth
Modeterminologie des 19. Jahrhunderts in den romanischen Sprachen
Eine Auswertung französischer, italienischer, spanischer und portugiesischer Zeitschriften
ISBN 978-3-8382-0371-3

38 Raúl Sánchez Prieto und M.ª Mar Soliño Pazó (edd.)
Contrastivica I
Aktuelle Studien zur Kontrastiven Linguistik Deutsch-Spanisch-Portugiesisch I
ISBN 978-3-8382-0328-7

39 Nely Iglesias Iglesias (ed.)
Contrastivica II
Aktuelle Studien zur Kontrastiven Linguistik Deutsch-Spanisch-Portugiesisch II
ISBN 978-3-8382-0398-0

40 Eva Leitzke-Ungerer, Gabriele Blell und Ursula Vences (edd.)
English-Español: Vernetzung im kompetenzorientierten Spanischunterricht
ISBN 978-3-8382-0305-8

41 Marie-Luise Volgger
Das multilinguale Selbst im Fremdsprachenunterricht
Zur Mehrsprachigkeitsbewusstheit lebensweltlich mehrsprachiger Französischlerner(innen)
ISBN 978-3-8382-0449-9

42 Jens Metz
Morphologie und Semantik des Konjunktivs im Lateinischen und Spanischen
Eine vergleichende Analyse auf der Grundlage eines Literaturberichts
ISBN 978-3-8382-0484-0

43 Manuela Franke und Frank Schöpp (edd.)
Auf dem Weg zu kompetenten Schülerinnen und Schülern
Theorie und Praxis eines kompetenzorientierten Fremdsprachenunterrichts im Dialog
ISBN 978-3-8382-0487-1

44 Bianca Hillen, Silke Jansen und Andre Klump (edd.)
Variatio verborum: Strukturen, Innovationen und Entwicklungen im Wortschatz romanischer Sprachen
Festschrift für Bruno Staib zum 65. Geburtstag
ISBN 978-3-8382-0509-0

45 Sandra Herling und Carolin Patzelt (edd.)
Weltsprache Spanisch
Variation, Soziolinguistik und geographische Verbreitung des Spanischen
Handbuch für das Studium der Hispanistik
ISBN 978-3-89821-972-3

46 Aline Willems
Französischlehrwerke im Deutschland des 19. Jahrhunderts
Eine Analyse aus sprachwissenschaftlicher, fachdidaktischer und kulturhistorischer Perspektive
ISBN 978-3-8382-0501-4 (Paperback)
ISBN 978-3-8382-0561-8 (Hardcover)

47 Eva Leitzke-Ungerer und Christiane Neveling (edd.)
Intermedialität im Französischunterricht
Grundlagen und Anwendungsvielfalt
ISBN 978-3-8382-0445-1

48 Manfred Prinz (ed.)
Rap RoMania: Jugendkulturen und Fremdsprachenunterricht
Band 1: Spanisch/Französisch
ISBN 978-3-8382-0431-4

49 Karoline Henriette Heyder
Varietale Mehrsprachigkeit
Konzeptionelle Grundlagen, empirische Ergebnisse aus der Suisse romande und didaktische Implikationen
ISBN 978-3-8382-0618-9

50 Daniel Reimann
Transkulturelle kommunikative
Kompetenz in den romanischen
Sprachen
Theorie und Praxis eines neokommunikativen
und kulturell bildenden Französisch-, Spanisch-,
Italienisch- und Portugiesischunterrichts
ISBN 978-3-8382-0362-1 (Paperback)
ISBN 978-3-8382-0363-8 (Hardcover)

51 Beate Valadez Vazquez
Ausprägung beruflicher
Identitätsprozesse von
Fremdsprachenlehrenden am Beispiel
der beruflichen Entwicklung von
(angehenden) Spanischlehrerinnen und
Spanischlehrern
Eine qualitative Untersuchung
ISBN 978-3-8382-0635-6

52 Georgia Veldre-Gerner und Sylvia
Thiele (edd.)
Sprachen und Normen im Wandel
ISBN 978-3-8382-0461-1

53 Stefan Barme
Einführung in das Altspanische
ISBN 978-3-8382-0683-7

54 María José García Folgado und
Carsten Sinner (edd.)
Lingüística y cuestiones gramaticales
en la didáctica de las lenguas
iberorrománicas
ISBN 978-3-8382-0761-2

55 Claudia Schlaak
Fremdsprachendidaktik und
Inklusionspädagogik
Herausforderungen im Kontext von Migration
und Mehrsprachigkeit
ISBN 978-3-8382-0896-1

56 Christiane Fäcke (ed.)
Selbstständiges Lernen im
lehrwerkbasierten
Französischunterricht
ISBN 978-3-8382-0918-0

57 Christina Ossenkop und Georgia
Veldre-Gerner (edd.)
Zwischen den Texten
Die Übersetzung an der Schnittstelle von
Sprach- und Kulturwissenschaft
ISBN 978-3-8382-0931-9

58 Stéphane Hardy, Sandra Herling und
Sonja Sälzer (edd.)
Innovatio et traditio – Renaissance(n)
in der Romania
Festschrift für Franz-Josef Klein zum 65.
Geburtstag
ISBN 978-3-8382-0841-1

59 Victoria del Valle und Corinna Koch
(edd.)
Romanistische Grenzgänge: Gender,
Didaktik, Literatur, Sprache
Festschrift zur Emeritierung von Lieselotte
Steinbrügge
ISBN 978-3-8382-1040-7

60 Corinna Koch
Texte und Medien in
Fremdsprachenunterricht und Alltag
Eine empirische Bestandsaufnahme per
Fragebogen mit einem Schwerpunkt auf Comics
ISBN 978-3-8382-0873-2

61 Eva Leitzke-Ungerer und Claudia
Polzin-Haumann (edd.)
Varietäten des Spanischen im
Fremdsprachenunterricht
Ihre Rolle in Schule, Hochschule, Lehrerbildung
und Sprachenzertifikaten
ISBN 978-3-8382-0865-7

62 Claudia Schlaak und Sylvia Thiele
(edd.)
Migration, Mehrsprachigkeit und
Inklusion
Strategien für den schulischen Unterricht und
die Hochschullehre
ISBN 978-3-8382-1119-0

63 Vera Knoll
Elternarbeit und Französischunterricht
- eine quantitative Untersuchung zu
Elternarbeit und Fremdsprachen-
unterricht an Gymnasien
ISBN 978-3-8382-1129-9

64 Dieter Gerstmann
Exercices de nominalisation – Übungen
zur Nominalisierung
ISBN 978-3-8382-1152-7

65 Christine Michler
Lehrwerke für den Unterricht der
romanischen Schulsprachen
Begutachtung ausgewählter
Untersuchungsfelder
ISBN 978-3-8382-1145-9

66 Frank Jodl
Fremdsprachenunterricht und Linguistik-Studium:
'Wozu brauchen wir das eigentlich?'
Eine Orientierungshilfe für sprachübergreifendes Lehren auf kontrastiver Basis
ISBN 978-3-8382-0908-1

67 Aline Willems, Sylvia Thiele und Johannes Kramer (edd.)
Schulische Mehrsprachigkeit in traditionell polyglotten Gesellschaften
ISBN 978-3-8382-1292-0

68 Marietta Calderón und Sandra Herling (edd.)
Namenmoden syn- und diachron
ISBN 978-3-8382-0790-2

69 Regina Schleicher und Giselle Zenga (edd.)
Autonomie, Bildung und Ökonomie
Theorie und Praxis im Fremdsprachenunterricht
ISBN 978-3-8382-0969-2

70 Christoph Gabriel, Jonas Grünke & Sylvia Thiele (edd.)
Romanische Sprachen in ihrer Vielfalt
Brückenschläge zwischen linguistischer Theoriebildung und Fremdsprachenunterricht
ISBN 978-3-8382-1289-0

71 Christophe Losfeld (ed.)
A la croisée des chemins ...
Wege einer fachübergreifenden Fremdsprachendidaktik
Festschrift für Eva Leitzke-Ungerer zum 65. Geburtstag
ISBN 978-3-8382-1405-4

72 Corinna Koch, Claudia Schlaak und Sylvia Thiele (edd.)
Zwischen Kreativität und literarischer Tradition
Zum Potential von literarischen Texten in einem kompetenzorientierten Spanischunterricht
ISBN 978-3-8382-1283-8

73 Dominique Panzer
Mündliche Sprachmittlung im Spanischunterricht
Die Anwendung von Design-Based Research zur Weiterentwicklung des fremdsprachlichen Unterrichts in der Sekundarstufe I
ISBN 978-3-8382-1394-1

74 Frank Heisel
Politische Bildung im Fremdsprachenunterricht
Eine Analyse aktueller Lehrbücher für den Spanischunterricht
ISBN 978-3-8382-1714-7 (Hardcover)
ISBN 978-3-8382-1734-5 (Paperback)

75 Yvonne Hendrich und Benjamin Meisnitzer (edd.)
Língua e identidade no mundo lusófono
Sprache und Identität in der lusophonen Welt
ISBN 978-3-8382-0978-4

76 Michaela Rückl
Mehrsprachigkeitsdidaktik als Schlüssel für effizienten Spracherwerb
Evidenzbasierte Erkenntnisse zur Lehrwerkwirkung im Bedingungsgefüge des kompetenzorientierten Unterrichts von Italienisch und Spanisch als dritte Fremdsprachen
ISBN 978-3-8382-1264-7

77 Frank Jodl
Scusiscusa
Oder: Was bedeutet SCUSI wirklich?
Italienisch lernen – kontrastiv zum Deutschen
Für Universität, Erwachsenenbildung und Selbststudium
ISBN 978-3-8382-0883-1

78 Frank Schöpp und Aline Willems (edd.)
Unterricht der romanischen Sprachen und Inklusion
Rekonstruktion oder Erneuerung?
ISBN 978-3-8382-1792-5

79 Marcus Bär, Melanie Arriagada, Alexander Gropper (edd.)
Diálogos en el aula
Digitales Lehren und Lernen als Schnittstelle für die Kompetenzförderung im Spanischunterricht
ISBN 978-3-8382-1900-4